广东省乡村振兴战略专项资金
（农业科技能力提升）荔枝产业攻关示范项目

Guangdong

Lizhi Chanye

Gaozhiliang Fazhan

Lanpishu

陆华忠 周灿芳 方伟 等／编著

广东荔枝产业高质量发展蓝皮书

（2021）

中国财经出版传媒集团

经济科学出版社

Economic Science Press

图书在版编目（CIP）数据

广东荔枝产业高质量发展蓝皮书. 2021/ 陆华忠等
编著. —北京：经济科学出版社，2021.12
ISBN 978 – 7 – 5218 – 3242 – 6

Ⅰ. ①广… Ⅱ. ①陆… Ⅲ. ①荔枝 – 作物经济 – 农业
产业 – 产业发展 – 研究报告 – 广东 – 2021 Ⅳ.
①F326. 13

中国版本图书馆 CIP 数据核字（2021）第 248371 号

责任编辑：周胜婷
责任校对：王肖楠
责任印制：张佳裕

广东荔枝产业高质量发展蓝皮书（2021）
陆华忠 周灿芳 方 伟 等/编著
经济科学出版社出版、发行 新华书店经销
社址：北京市海淀区阜成路甲 28 号 邮编：100142
总编部电话：010 – 88191217 发行部电话：010 – 88191522
网址：www. esp. com. cn
电子邮箱：esp@ esp. com. cn
天猫网店：经济科学出版社旗舰店
网址：http：//jjkxcbs. tmall. com
北京财经印刷厂印装
710×1000 16 开 17 印张 300000 字
2021 年 12 月第 1 版 2021 年 12 月第 1 次印刷
ISBN 978 – 7 – 5218 – 3242 – 6 定价：88. 00 元
（图书出现印装问题，本社负责调换。电话：010 – 88191510）
（版权所有 侵权必究 打击盗版 举报热线：010 – 88191661
QQ：2242791300 营销中心电话：010 – 88191537
电子邮箱：dbts@esp. com. cn）

前　　言

《广东荔枝产业高质量发展蓝皮书（2021）》从整个产业体系上对广东现阶段荔枝产业进行梳理，阐述了荔枝产业宏观发展状况、荔枝产业理论以及荔枝产业政策，从理论和现实角度对广东荔枝产业运行的内在规律和发展模式进行诠释。

在广东荔枝产业宏观发展状况层面上：第一，本书对国内外荔枝产业发展格局进行剖析，指出当前我国荔枝产业存在的主要问题，为推动我国荔枝产业商品化、科技化、生态化、市场化、国际化发展进行把脉；第二，介绍广东荔枝品种资源、品种结构的现状，分析各优势区的荔枝品种分布特点，提出广东荔枝品种结构优化调整建议；第三，对广东荔枝全产业链空间布局与高质量发展路径进行梳理，对广东荔枝全产业链发展存在的问题及空间布局情况进行阐述，提出广东荔枝产业高质量发展路径；第四，对广东荔枝产业高质量发展平台建设进行深入分析，包括 2 个荔枝种质资源圃建设情况、国家和省级荔枝产业园、产业集群等 10 个产业平台建设情况，以及 19 个省级"一村一品、一镇一业"荔枝专业镇、62 个专业村建设情况；第五，针对广东荔枝产业中的流通销售领域进行分类阐述，梳理近年来广东荔枝销售现状的变化，对其新的特点进行归纳总结，重点阐述广东荔枝冷链物流模式以及影响荔枝物流方式选择的主要因素，详尽分析广东荔枝冷链物流存在的问题，并对广东荔枝流通销售模式提出相应的应用对策；第六，对 2021 年广东荔枝产业基本概况进行分析，对荔枝产业的品种结构及变化特征、科技支撑与发展情况、经营主体及成本收益情况、绿色发展及品牌建设情况、消费、供需及贸易情况进行详尽梳理，并对广东荔枝产业存在的问题进行分析，针对问题提出相关对策建议。

在广东荔枝产业理论层面上：本书一方面对广东荔枝高质量发展现状、问题与对策进行阐述，并对广东推进荔枝产业高质量发展总体思路进行刻画；另一方面对广东荔枝产业信息化发展现状、问题与对策进行概括，并对广东荔枝产业信息化技术科技创新进展进行诠释。

在广东荔枝产业政策层面上：本书首先回顾总结了由广东省农业科学院主持的荔枝专项的组织实施过程、研发的克服中晚熟荔枝"大小年"产业技术方案及其推广应用效果；其次，本书对荔枝产业相关政策进行回顾，并对荔枝产业建设项目进行述评，针对性地提出相关政策建议。

目　　录

产业宏观发展篇

产业理论篇

产业政策篇

产业宏观
发展篇

荔枝产业发展形势

马华明[*]

[摘要] 中国是荔枝原产国，有两千多年的发展历史，目前种植面积和产量均居世界第一，随着农产品市场国际化日益加深，我国荔枝产业迎来重大发展机遇。本文从生产格局、品种分布、贸易格局等三个方面对国际荔枝产业发展格局进行分析，并进一步剖析我国荔枝产业布局、品种结构、产期结构、加工流通、消费及进出口情况，指出当前我国荔枝产业存在的主要问题，为推动我国荔枝产业商品化、科技化、生态化、市场化、国际化发展进行把脉。

[关键词] 荔枝；产业格局；发展形势

一、国际荔枝产业发展格局

(一) 生产格局

荔枝主要分布在南北纬度 18°～24°、海拔 100 米以下的气候湿热地区。目前，世界上商业性栽培荔枝的国家与地区有：亚洲的中国、印度、越南、缅甸、孟加拉国、柬埔寨、老挝、马来西亚、菲律宾、斯里兰卡、印度尼西亚、日本和以色列；非洲的南非、毛里求斯、马达加斯加、留尼旺岛、加蓬等；美洲的美国、巴西、巴拿马、古巴、洪都拉斯、波多黎各以及特立尼达

* 马华明，广东省农业科学院农业经济与信息研究所产业经济研究室助理研究员、博士；主要从事农业产业经济研究。

和多巴哥；欧洲的西班牙和法国。世界荔枝种植面积在 1200 万亩左右，年产量超过 360 万吨，北半球产量占到全球产量的 95% 以上。我国是世界上最大的荔枝生产国，种植面积和产量均超过世界总量的 60%。印度是世界第二大产区，产量约 70 万吨，第三是越南（38 万吨），马达加斯加、泰国、巴基斯坦等国也有数万吨的年产量①。

（二）品种分布

1. 越南

越南荔枝主要产区在北部地区，作为荔枝的原产国之一，越南并未对本地栽培的荔枝品种进行全面的科学分类，一个品种多种命名的现象十分普遍。目前越南共收集并确认了 33 个荔枝品种，包括妃子笑、三月红、白糖罂，以及"Duongphen""Hoahong""Banhtroi""Dua""Vanganh""Vatkhan""Longvang""Luc""Ongthieu""Moidai""Thieuthanhha""Thieu""Laithanhha""Hunglong""Phudong""Laihungyen""Laibinhkhe""Phuchoa""Laihuongson""Lailienson""Honoi""Bieuquan""Bop""Chintrang""Laithuyxuyen""Laingocson""Thachbinh""PhuHo" 等，其中"Duongphen""Hoahong""Hunglong""Phudien""Phuchoa""Laihungyen""Laibinhkhe""Thieuthanhha"等 8 个为主栽培品种。

2. 印度

荔枝于 18 世纪引入印度，是印度第七大水果，主要分布在东北部地区，特别是与孟加拉国接壤的比哈尔邦、西孟加拉邦和特里普拉邦，这 3 个邦的荔枝种植面积占全国荔枝种植总面积的 90%。印度栽培荔枝品种有 50 多个，包括早熟、中熟、中迟熟以及迟熟品种，大规模商业化品种有"Shahi""RoseScented""China""Bombai""Dehradun"等品种，其中"Shahi"在印度栽培面积最大，分布最广，果肉因带有玫瑰香而得名。②

3. 澳大利亚

荔枝 100 年前被引进澳大利亚，在该地商业性栽培有 40 年历史。最近几

---

① 国际果蔬报道. 印度荔枝产量全球第二，出口潜力大 [EB/OL]. https：//guojiguoshu. com/article/5018.

② 徐迟默. 世界荔枝品种 [J]. 世界热带农业信息，2007 (5)：20 – 23.

年中，澳大利亚荔枝产量直线上升。澳大利亚的荔枝90%产于昆士兰，10%产于新南威士东北部。目前澳大利亚共有40多个荔枝品种，其中主栽品种有粉红桂味、妃子笑、水东、怀枝以及"KwaiMayPink""FayZeeSiu""Souey-Tung""Salathiel""WaiChee"。澳大利亚的荔枝30%用于出口，主要市场有新加坡、中国香港、英国、波利尼西亚、欧洲和中东等地区。[①] 基于南半球荔枝"反季节"（采收季节从10月份开始，到3月份结束）的生产优势，竞争力强，出口价格高。长期以来，澳大利亚从联邦、州、科研机构至果农都很重视荔枝的保鲜、加工（包装）技术研究，已探索出一套包装、保鲜办法，有效地延长了荔枝的保鲜期和货架期。

4. 泰国

泰国荔枝栽培品种可分为低地品种（热带品种）和高地品种（亚热带品种）。热带品种分布在低地和中部地区，约有20多个品种，其中最重要的一个品种为"Kom"，株型矮化紧凑。其他热带品种还有"KralokBaiYaw""SampaoKaew""SarackTong""Jean""JeanYak""Tai""TaiYai""ChorRakum""KiewWaan""DangPayom""KratoneTongPrarong""KralokBaiDum""Pantip"。亚热带品种分布在泰国北部，冬季相对低温，约有10个品种。北部主栽品种有"HongHuay""Chakrapad""KimCheng""OHia""HaakYip""TaiSo""WaiChee"。其中"HongHuay"和"Chakrapad"是该国品质一流的品种，果形大，果肉亮、多汁，焦核。

5. 尼泊尔

尼泊尔的荔枝产区遍布全国，主要分布在低海拔的平原和丘陵地区。尼泊尔的荔枝品种可分为两类——"Terai"平原品种和丘陵品种。大部分"Terai"品种引自印度，成熟期在5月中旬至6月中旬，主要包括"Mujafpuri""RajaSaheb""Deharaduni""China""Calcuttia"。丘陵品种较晚熟，成熟期在5月底至6月底，果实比"Terai"类的大，种核也大，主要包括"Pokharalocal""Udaipurlocal""Tanahulocal""Chitwanlocal""Kalikalocal""Gorkhalocal"。尼泊尔国内的荔枝品种绝大部分种核粗大，影响了果实的品质。

---

① 徐迟默. 世界荔枝品种 [J]. 世界热带农业信息，2007（5）：20－23.

6. 孟加拉国

在孟加拉国，"Bombai"是最古老、最高产、分布最广的荔枝品种。其他还有"Rajshahi""Madrajie""Mongalbari""Kadmi""Kalipuri""Muzaffarpuri""Bedana""China-3"等。"Bedana"和"China-3"于20世纪50年代引自中国，目前已在该国的多个地区推广，"Bedana"是该国品质最好的品种，"China-3"在适当的栽培管理下可稳定结果，但管理不当则会表现结果不稳定。新引进的品种有"BARILichu-1""BARILichu-2""BARIlichu-3"，"BARILichu-3"的综合表现最好，接近"China-3"。

7. 以色列

以色列的两个主要荔枝品种为"Mauritius"和"Floridan"。在过去的30年内，以色列先后自澳大利亚、中国、印度、美国、南非、泰国和越南等国家和地区引进80多个品种。其中不少品种源自中国，但因从别的国家或地区引入，故又冠上别的名称。以色列也自行选育了几个新品种。直到2002年，商业栽培品种仅剩"Mauritius"。经过品种评价推荐为半商业栽培的品种有"NuoMiCi""HuaiZhi"，以及两个本地选育品种"BD5-27"和"BD17-70"。

（三）贸易格局

荔枝主要出口国家与地区有中国、南非、泰国、越南、印度、以色列、澳大利亚、马达加斯加、毛里求斯、留尼旺岛等。主要进口国家与地区为美国、日本、加拿大、新加坡、马来西亚、法国、英国、德国以及中国香港和中东地区等。世界荔枝主产区，包括中国、印度、泰国的荔枝以内销为主，每年鲜荔枝的国际贸易量不到10万吨，仅占总产量的2%。出口产品主要以鲜果和荔枝罐头为主，也有少量的荔枝干和荔枝果汁。

荔枝鲜果的进出口贸易情况大致是：从进口来看，中国香港和新加坡每年5～7月从中国和泰国进口约1万~2万吨荔枝（主要为早熟品种）；法国、英国和德国等欧洲国家每年11月~次年3月从马达加斯加、南非、毛里求斯和澳大利亚等国进口约1万~2万吨荔枝，5～8月从以色列进口少量荔枝。从出口来看，马达加斯加种植面积较小，但它是世界最大荔枝出口国，占全球出口量的35%，出口地主要为欧洲；越南荔枝60%在国内销售，其余10余万吨出口，是世界第二大荔枝出口国，中国为越南荔枝出口的主要市场，在国际市场，越南荔枝比印度的和中国的更受欢迎，近年来出口增长比较强劲，是中国荔枝的最主要竞争者；中国为第三大荔枝出口国（占18%），其次是泰国（10%）和南非（9%）；印度拥有世界第二大荔枝种植面积，但逾99%印度荔枝在印度国内消费，出口极少。

由于不同产区荔枝的成熟期差异，国际市场上几乎全年有荔枝供应：澳大利亚为10月~次年2月；孟加拉国为4~9月；巴西为11月~次年1月；中国为5~8月；菲律宾为4~8月；洪都拉斯为3~5月；印度为5~7月；印度尼西亚为11~12月；以色列为8~10月；马达加斯加为11~次年1月；马来西亚为7月；毛里求斯为1~3月；尼泊尔为5~6月；南非为1~3月；西班牙为7~9月；泰国为3~6月；美国为6~7月；越南为5~6月。

二、国内荔枝产业现状[①]

（一）产业布局

2020年中国荔枝种植面积约810.46万亩，占全国热带水果总面积的近30%，是我国热区栽培面积最大的水果；中国荔枝产量为255.35万吨，占全国热带水果总产量的近10%，鲜果产值400多亿元。我国荔枝主要分布于北纬18°~29°范围内，广东栽培最多，广西和福建次之，四川、云南、重庆、浙江、贵州及台湾也有少量栽培。其中，2020年广东荔枝种植面积占比48.7%（410万亩），广西荔枝种植面积占比37.8%，两省区合计占全国的86.5%以上。我国荔枝主要种植省区产量见表1。

表1　　　　　　　全国部分省份2010~2020年荔枝种植面积　　　　单位：万亩

年份	全国	广东	广西	福建	海南	四川	云南
2010	766.55	370.00	302.98	44.83	32.62	11.40	4.72
2011	759.39	361.88	305.01	44.83	30.87	12.04	4.76

---

① 本部分未特别注明的资料均来源于农业农村部设立的科研团队"国家荔枝龙眼现代农业产业技术体系"。

续表

年份	全国	广东	广西	福建	海南	四川	云南
2012	760.96	367.55	305.05	44.61	29.22	9.35	5.18
2013	750.80	364.48	298.85	43.22	29.67	9.75	4.85
2014	762.19	373.42	298.06	42.19	30.78	13.11	4.64
2015	796.89	372.54	335.72	40.15	30.35	13.49	4.64
2016	804.05	382.63	331.99	40.05	30.78	13.97	4.64
2017	799.88	379.82	330.88	37.47	33.46	13.97	4.28
2018	810.98	409.56	301.08	37.15	35.19	14.53	13.48
2019	794.30	400.71	306.77	24.74	31.32	17.55	13.21
2020	810.46	394.91	306.35	22.28	37.06	18.43	31.43

资料来源：国家荔枝龙眼现代农业产业技术体系。

荔枝是广东省单一水果种植面积最大的热带水果，2020 年的产量（130 万吨，同比增长 19%）占全国一半和世界的 1/3，遍及全省 80 多个县市，种植面积 10 万亩以上的地级市有 9 个，重点产区为茂名、东莞、中山、江门市新会区，以及广州市郊的从化、增城、花都区等。

（二）品种结构

2020 年，中国荔枝品种中妃子笑总产量最多（产量 54.38 万吨），其次为黑叶（产量 45.46 万吨），第三为怀枝（产量 18.1 万吨）。广东荔枝品种有三月红、双肩玉荷包、妃子笑、黑叶（乌叶）、桂味、挂绿、糯米糍、怀枝、尚书怀等，已经形成了粤西早中熟、粤东中迟熟和珠三角晚熟的区域特色。广西荔枝品种有丁香、黑叶、大糙、水荔等。四川荔枝品种有大红袍、涌木叶、青皮等。我国主要荔枝品种产量见表 2。

表 2 我国主要荔枝品种 2010～2020 年的产量变化　　　　单位：万吨

品种	2010年	2011年	2012年	2013年	2014年	2015年	2016年	2017年	2018年	2019年	2020年	平均
白蜡	6.84	6.99	5.42	5.59	7.50	6.66	5.97	8.86	9.43	7.66	7.70	7.15
白糖罂	2.55	4.60	4.56	5.22	6.80	7.48	6.88	8.43	9.77	7.68	10.30	6.75
妃子笑	17.97	18.48	21.41	24.17	29.27	29.81	24.62	37.67	46.59	42.52	54.38	31.54

续表

品种	2010年	2011年	2012年	2013年	2014年	2015年	2016年	2017年	2018年	2019年	2020年	平均
桂味	6.83	10.34	7.91	7.50	12.22	10.21	7.42	2.98	22.90	3.44	11.31	9.37
黑叶	44.36	47.75	30.93	35.53	46.53	45.28	33.57	46.75	58.82	31.38	45.46	42.40
鸡嘴荔	2.45	3.05	2.67	3.28	4.01	4.34	4.21	4.56	9.27	6.34	6.42	4.60
糯米糍	2.51	3.04	2.21	1.32	2.87	3.44	1.84	1.56	7.61	1.46	5.18	3.00
双肩玉荷包	6.05	7.02	1.01	2.89	5.06	2.76	1.63	3.72	4.73	1.11	4.35	3.67
总计	112.53	125.78	103.26	110.25	144.78	142.89	110.71	138.65	220.27	132.65	184.48	138.75

资料来源：国家荔枝龙眼现代农业产业技术体系。

（三）产期结构

依托热区优势资源，我国建成了海南特早熟荔枝优势区、粤西—桂西南早熟优势区、粤中—桂南中晚熟优势区、粤东晚熟优势区、闽南晚熟优势区、川南晚熟优势区、云南高原荔枝立体生产优势区，见表3。

表3　　　　我国主产县地区2010～2020年荔枝产量　　　　单位：万吨

产区	地区	2010年	2011年	2012年	2013年	2014年	2015年	2016年	2017年	2018年	2019年	2020年
海南早熟荔枝产区	海口市	1.30	1.19	1.87	2.61	2.36	2.09	2.22	4.60	5.78	4.75	5.39
	琼海市	0.89	0.67	0.96	1.37	1.31	1.27	1.18	1.25	1.49	1.70	2.20
	儋州市	0.57	0.48	1.05	0.95	1.31	1.23	0.42	0.80	1.12	0.65	1.05
	白沙县	0.17	0.15	0.20	0.15	0.26	0.24	0.09	0.11	0.28	0.12	0.22
	乐东县	0.07	0.09	0.16	0.16	0.30	0.26	0.15	0.15	0.41	0.09	0.18
	临高县	0.50	0.38	0.33	0.36	0.39	0.40	0.20	0.40	0.38	0.29	0.24
	琼中县	0.15	0.12	0.16	0.14	0.08	0.08	0.03	0.05	0.10	0.06	0.07
	澄迈县	0.26	0.22	0.51	0.54	0.34	0.30	0.58	0.55	0.85	0.76	0.95
	定安县	0.33	0.30	0.70	1.03	0.98	0.87	1.01	1.10	1.08	1.30	1.60
	陵水县	0.77	1.13	1.46	1.37	1.25	0.73	0.68	0.53	2.10	0.85	1.74
	合计	5.01	4.73	7.40	8.68	8.58	7.47	6.51	9.54	13.59	10.57	13.64

续表

产区	地区	2010年	2011年	2012年	2013年	2014年	2015年	2016年	2017年	2018年	2019年	2020年
粤西桂南早中熟荔枝产区	雷州市			0.43	0.51	0.59	0.46	0.22	0.31	0.61	0.37	0.59
	廉江市	7.33	5.38	4.26	4.23	5.45	4.78	2.30	4.63	5.50	7.88	6.61
	高州市	14.72	19.21	9.20	10.59	14.45	14.20	13.55	16.88	19.29	14.35	16.76
	化州市	4.85	5.73	6.80	6.92	7.99	7.99	7.23	10.32	12.24	10.32	11.69
	茂南区	0.63	0.84	0.41	0.72	0.86	0.77	0.35	1.69	2.15	1.19	2.08
	信宜市	2.42	3.82	2.80	2.62	2.77	3.13	3.16	4.26	4.39	3.76	3.76
	阳春市	1.87	2.17	1.78	1.40	2.60	2.41	0.78	0.77	2.58	0.18	1.05
	电白区	12.00	11.70	13.94	18.24	21.82	18.97	14.43	19.32	20.65	14.72	16.50
	阳东区	3.91	5.68	0.53	1.61	3.72	1.44	0.96	2.49	3.81	0.73	3.49
	阳西县	4.23	3.82	2.02	3.13	3.52	3.42	2.04	2.83	3.95	2.56	3.36
	博白县	1.06	1.49	1.00	1.35	1.58	1.61	0.99	2.09	6.16	1.83	4.66
	合浦县	0.83	0.96	2.37	2.42	3.02	3.40	3.02	2.92	3.11	1.81	2.73
	铁山港区	0.03	0.05	0.18	0.19	0.22	0.18	0.20	0.20	0.18	0.15	0.17
	邕宁区	0.20	0.38	0.29	0.28	2.50	0.16	0.80	0.60	0.90	0.30	0.50
	防城区	0.15	0.21	0.17	0.16	0.20	0.91	0.91	0.14	1.04	0.72	0.72
	灵山县	9.66	10.50	10.00	10.60	11.90	12.50	12.60	11.47	15.30	12.00	14.20
	浦北县	2.48	4.60	3.83	4.60	5.60	5.85	6.37	6.87	8.72	8.27	9.80
	钦北区	9.04	9.85	9.38	10.00	9.70	11.00	9.83	10.96	13.97	8.90	10.50
	钦南区	0.60	0.91	0.72	0.75	0.80	1.34	1.19	0.64	0.92	0.40	0.50
	合计	76.01	87.30	70.11	80.32	99.29	94.52	80.93	99.39	125.47	90.44	109.67
粤中桂东南中晚熟荔枝产区	东莞市	1.05	1.21	0.31	0.26	1.17	0.93	0.31	0.23	3.46	0.53	1.34
	深圳市	0.70	0.96	0.50	0.31	0.88	0.74	0.30	0.12	1.88	0.17	0.60
	新兴县	0.89	1.09	1.08	1.05	0.99	0.89	0.76	0.72	0.87	0.80	1.05
	从化区	2.84	2.87	2.97	2.71	4.50	4.50	3.00	3.00	7.00	1.50	5.00
	增城区	1.26	1.34	1.33	1.08	2.69	1.55	0.71	0.85	3.44	1.20	2.76
	北流市	6.87	7.71	8.47	7.79	9.07	10.16	6.16	7.07	11.47	8.10	7.04
	桂平市	3.70	3.50	4.76	4.45	4.95	4.55	3.13	1.88	6.20	4.25	4.26
	陆川县	0.47	0.56	0.68	0.69	0.76	0.85	0.62	0.51	0.92	0.68	0.66
	容县	0.80	0.86	1.10	1.02	1.21	1.36	1.38	1.42	1.96	1.30	1.28
	兴业县	0.70	0.75	0.92	0.92	0.99	1.11	1.02	0.85	1.39	0.97	0.94
	合计	23.98	26.20	26.21	22.11	32.82	31.82	19.30	18.88	50.52	22.21	28.74

续表

产区	地区	2010年	2011年	2012年	2013年	2014年	2015年	2016年	2017年	2018年	2019年	2020年
粤东晚熟荔枝产区	汕尾市							0.71	2.06	15.69	2.48	14.62
	潮州市			0.07	0.06	0.44	0.54	0.12	0.09	1.97	0.94	2.04
	惠来县	2.51	2.51	0.17	1.60	3.20	3.41	1.81	2.74	6.61	0.80	6.68
	博罗县	3.60	3.90	2.73	1.32	2.91	2.09	1.15	1.17	3.03	0.51	1.47
	惠东县	1.10	1.45	1.36	0.51	2.70	3.09	0.76	1.06	8.90	2.20	2.34
	合计	7.21	7.86	4.33	3.49	9.25	9.13	4.55	7.12	36.20	6.93	27.15
闽南晚熟荔枝产区	长泰区								0.39	0.43	0.22	0.53
	龙海区	0.78	0.81	1.30	0.90	1.23	1.55	0.88	1.24	1.34	0.85	1.21
	南安市	0.08	0.07	0.08	0.07	0.09	0.10	0.05				
	云霄县	2.02	2.11	1.98	1.78	2.61	3.66	1.57	2.53	3.00	1.53	2.00
	漳浦县	4.91	5.00	2.87	2.79	5.24	4.65	2.51	4.38	4.54	0.80	3.93
	诏安县	2.65	2.74	1.04	0.77	1.98	2.55	1.45	0.94	4.09	1.43	3.09
	合计	10.44	10.73	7.27	6.31	11.15	12.51	6.46	9.48	13.40	4.83	10.76
长江上游特晚熟荔枝产区	宜宾市	0.02	0.03	0.12	0.03	0.05	0.05	0.04	0.06		0.13	0.16
	龙马潭区									0.01	0.01	0.01
	合江区	0.05	0.11	1.10	0.72	0.76	1.46	0.90	2.09	2.24	2.61	2.00
	江阳区	0.05	0.03	0.13	0.08	0.30	0.24	0.16	0.12	0.11	0.38	0.33
	合计	0.12	0.17	1.35	0.83	1.11	1.75	1.10	2.27	2.36	3.13	2.50
云南高原立体特色荔枝产区	元江县										0.08	0.11
	屏边县								0.23	0.70	0.35	0.20
	隆阳区	0.01	0.11	0.15	0.10	0.10	0.15	0.14	0.11	0.13	0.11	0.14
	新平县	0.15	0.24	0.23	0.28	0.23	0.17	0.15	0.15	0.43	0.32	0.38
	盈江县	0.00	0.06	0.02	0.00	0.02	0.01	0.01	0.01			0.05
	永德县	0.06	0.03	0.02	0.02	0.04	0.03	0.03	0.05	0.31	0.23	0.29
	元阳县	0.08	0.07	0.22	0.19	0.14	0.12	0.12	0.11	0.27	0.21	0.30
	合计	0.30	0.51	0.64	0.59	0.53	0.48	0.45	0.66	1.90	1.32	1.47

资料来源：国家荔枝龙眼现代农业产业技术体系。

广东为全国最大产区，以中晚期为主。广东荔枝产期自5月中下旬~7月上旬，成熟期与广西重叠度较高，其中，妃子笑、黑叶和怀枝产量均比较高，

5～6月往往面临较大的销售压力，而优质品种桂味、糯米糍和鸡嘴荔虽然在这2个产区也重叠，但产量中等，受影响较小；广东的早熟优质品种白糖罂虽然产量较高且成熟期紧接海南，但销售较理想。广东产量较高的荔枝品种依次是妃子笑、黑叶、白糖罂和桂味，合计约占总产量的70%。

广西产区中晚期为主。广西荔枝产期为5月上旬～7月上旬。5～6月上市高峰期与广东重叠，销售压力较大。产量较高的荔枝品种依次是黑叶、妃子笑、怀枝和鸡嘴荔，合计约占总产量的75%。

海南荔枝产期早、产量稳定，销售压力较小。海南在全国属早熟产区，荔枝产期为4月下旬～5月下旬。产量较高的品种依次是妃子笑、白糖罂、紫娘喜、大丁香和无核荔，其中妃子笑占总产量比80%。

福建属中晚熟产区，荔枝产期为6月中旬～7月中旬。因总产量较小，销售压力不大。产量较高的品种依次是黑叶、兰竹、双肩玉荷包和大丁香，其中黑叶约占总产量的70%。

云南产区荔枝产期最早且跨度最大，但产量较低，无销售顾虑。云南海拔高差多样导致气温差异明显，早、中、晚熟荔枝品种均有种植，产期为4月下旬～8月上旬，其中6月产量最高。产量较高的品种依次是妃子笑、水东、褐毛荔和大红袍，合计占总产量的80%以上。

四川在全国属特晚熟产区，销售优势明显。四川产区绛纱兰、带绿、泸州桂味、红绣球、楠木叶和马贵荔几乎与其他产区和品种错开上市，成熟时间在7月下旬～8月中旬，晚熟优势明显，产量较高的品种依次是大红袍、楠木叶、妃子笑和带绿，其中大红袍占总产量的65%左右。

（四）加工流通

荔枝加工产品仍以荔枝干、荔枝罐头等传统加工产品为主，加工率仅为5%。目前，荔枝加工企业主要分布在广东茂名、广州、揭阳和惠州，广西北海、贵港，以及福建漳州等地。据统计，2018年荔枝总加工原料消耗量18万吨，比2017年的9万吨增加了近一倍，约占总产量的6.9%，2019年后，果汁、果酒等荔枝加工产业得到了持续长足发展，荔枝酒、果汁等产品日渐丰富。我国加工的荔枝果汁及浓缩汁95%出口到欧洲。

（五）消费分析

我国荔枝上市期从 4 月中旬至 8 月末，消费以鲜食为主，约占总消费量的 95%；贸易则以荔枝罐头为主，荔枝干和鲜荔枝有少量出口。当前，我国荔枝年人均消费量约为 1.2 千克，为苹果、梨等传统大宗水果消费量的 1/10。荔枝在产区和非产区的消费比例约为 7∶3，东北市场主要消费荔枝青果，各大中城市和海外市场主要消费荔枝熟果。[①]

（六）进出口分析

虽然我国为荔枝主产国之一，但需求量较高，进口数量大于出口数量。2020 年中国鲜荔枝进口 24414 吨，同比下降 63.3%，主要进口地区为越南和泰国；2020 年从越南进口荔枝 23954 吨，占总进口数量的 98.1%；从泰国进口 460 吨，占总进口数量的 1.9%。2020 年中国鲜荔枝出口数量为 18203 吨，同比增长 145.1%。2020 年中国鲜荔枝出口数量最多地区为中国香港地区，出口 6549.3 吨；第二位是美国，出口 2865.8 吨；第三位是马来西亚，出口 2471.9 吨。[②]

三、我国荔枝产业发展趋势

（一）政府重视程度持续增强

农业农村部于 2017 年启动荔枝标准化生产示范园联盟。国家现代农业产业园、国家农业科技园区以及国家荔枝标准化示范区等建设项目纷纷在荔枝产业落子，并配套重多资金投入。作为荔枝第一大产区的广东省，对荔枝产业的重视程度不断升温。继 2017 年颁布广东省第一个产业保护法律条例《广东省荔枝产业保护条例》，2018 年 5 月，成立广东荔枝产业联盟，旨在通过

---

① 中国农业产业化微信号. 我国荔枝市场与产业调查分析报告 [EB/OL]. http://news. food-mate. net/2021/03/588715. html.

② 2020 年中国荔枝种植面积、产量及主要进出口地区分析：广东产量占比超过 50% [EB/OL]. https://www. chyxx. com/industry/202106/954471. html.

"政商企联合、产加销联动、一二三产业融合，共同唱响'广东荔枝'区域品牌，让'广东荔枝'成为广东对外交流的亮丽名片"①。2020 年底，《广东荔枝产业高质量发展三年行动计划（2021—2023 年）》发布，进一步提出把广东打造成为世界荔枝产业中心、研发中心、交易中心、文化中心。

（二）现代产业要素不断升级

近年来，我国农业现代化推进步伐加快，农业科技扶持政策的实施力度持续增强，荔枝产业现代化特别是机械化水平不断提高，经济适用的中小型果园生产管理机械以及采后处理设施设备不断推陈出新。来自其他产业具有市场意识和经营资本、经验、能力的人才转战荔枝产业而形成的"新农人"，以及受了良好教育具备市场意识和系统专业知识而返乡就业的"农二代"，为荔枝产业的现代化发展提供了人才的基础保障。

（三）社会化专业服务队伍日益壮大

荔枝生产仍以小农户分散经营为主，在一定程度上制约了产业升级的自发动力与现实能力。而通过土地流转方式来提高产业规模化经营水平的发展路径面临诸多的现实困难，在很多区域短时间内难见成效。在这种情况下，社会化专业服务作为产业发展需求驱动下的市场自发供给行为，日益发展并逐步规范化和专业化。据国家荔枝龙眼产业技术体系 2017 年的调研数据显示，广东和广西荔枝主产省区中约 27% 的荔枝果农存在生产环节外包行为，在产业需求日益迫切的大形势下，发展社会化专业服务这一趋势在 2019 年及以后将得到延续并加强。

（四）一二三产业融合发展开始提速

特别是靠近都市圈的荔枝果园开始从单纯的荔枝生产园向荔枝生态、采摘、休闲公园转型。以增城仙村镇基岗村为代表的多地提出了打造"荔枝特色小镇"的发展目标并开始付诸行动。加工品方面，荔枝混合果汁产品、含

---

① 广东荔枝产业联盟正式成立 [EB/OL]. http：//www. nfncb. cn/html/2018/importantnews_0526/1161407. html.

荔枝果肉（酱）焙烤休闲食品、荔枝酸奶果粉及泡腾片系列产品等多元化加工品得到研发并大力推广。同时多样化的专业产业服务团队，如策划团队、信息服务以及金融服务团队等加入产业发展。

（五）新型销售方式加速发展

在消费升级的大环境下，荔枝销售的电子商务发展迅速，而社群电商的发展尤为值得关注。同时，果树认养、共建、众筹等新型销售方式也陆续出现。多种新型销售方式的日益完善和活跃，为传统的荔枝产业注入了活力，逐步推动荔枝产业从生产导向向市场导向转变，促进产业生产和流通发展升级。在传统购销基础上，线上销售、文旅采摘销售占比逐年提升，据不完全统计，2020 年广东茂名荔枝线上销售量超过 2 万吨。①

四、我国荔枝产业存在的主要问题

（一）品种产期相对集中

荔枝中熟品种占比大、产期集中，大部分集中于 6 月中旬～7 月中旬成熟，品种同质化问题较严重，1 个月内要将上百万吨的荔枝销售完毕非常困难，"果贱伤农"、丰产不丰收或季节性过剩等事件屡有发生。近年来，早中熟品种妃子笑、黑叶、怀枝、桂味、白糖罂、糯米糍增产幅度大，集中于 5～6 月荔枝上市，其中广东 5 月上市荔枝量占 30.85%，6 月占 67.84%，广西 6 月上市高峰期与广东重叠。据近年的产销数据分析，未来的消费品种潜力将主要集中在"白糖罂""妃子笑""桂味""糯米糍""鸡嘴荔""仙进奉""井岗红糯""岭丰糯"等优质品种，而目前这些品种仅占荔枝种植总面积和总产量的不足 50%。②

---

① 南方日报. 荔枝产业高质量发展的"茂名答卷" ［EB/OL］. https：//www.sohu.com/a/467279610_121106875.

② 齐文娥，陈厚彬，罗滔，宋凤仙. 中国大陆荔枝产业发展现状、趋势与对策［J］. 广东农业科学，2019，46（10）：132 – 139.

（二）荔枝生产组织化程度低

我国荔枝以分散式家庭种植为主，存在经营规模不大、管理粗放等问题，缺乏具有市场影响力的龙头企业带动与引导，"千军万马"闯市场仍然是主要业态。以主产区广东为例，全省现有荔枝类省级重点农业龙头企业 15 家、绿色食品（荔枝）认证企业 32 家、无公害食品（荔枝）认证企业 35 家，荔枝行业企业数量较少、规模偏小，与荔枝产业规模和体量不匹配，荔枝产业大而不强的特征十分明显。

（三）荔枝市场品牌化意识弱

政府、企业、种植户品牌经营管理意识淡薄，主产区多以品种名进行销售，大路货居多，上不了规模，打不出"叫得响"的品牌，未见强势商品品牌，区域公用品牌离成熟尚远，"区域公用品牌＋企业品牌＋产品品牌"的品牌体系基本未建立，缺乏一套与国际市场接轨的果品品牌评价标准与管理制度，未能充分满足国内外市场需求。

（四）二三产业发展相对滞后

受鲜果年总产量变动影响，荔枝原料成本高、加工期限短、加工品种少、适销对路的加工产品少，我国荔枝生产仍以传统生产模式为主，第二产业加工技术、第三产业文化品牌营销严重滞后，一二三产业融合度低。荔枝可加工成的产品较多，可制醋、制酒，果肉和果汁还可以加工面包、糕点、果酱、酸奶、冰淇淋等。国内产区荔枝大部分以鲜果形式销售，荔枝深加工企业较少，加工种类不多，多数停留在生产荔枝干等较为初级的产品，全国荔枝实际年加工量约 12 万吨，仅占全国荔枝总产量的 5% 左右。① 荔枝在现代生活中，不仅仅是一种美味的水果，同时也是非常重要的一种文化遗产，作为岭南水果的突出代表，荔枝以鲜明的文化符号传递着丰富的岭南文化内容，目前广东增城、茂名等地开展了荔枝小镇、大唐荔乡等荔枝文化开发利用，但

---

① 我国荔枝市场与产业调查分析报告 [EB/OL]. https://www.sgsx.cn/32406.html.

内涵丰富、品位高雅的荔枝文化形象尚未树立，以荔枝为文化符号的相关产品开发力度有待加强。

（五）国际市场尚未成形

2020 年以来，广东扎实推动"12221"荔枝营销行动，通过布局"线上、线下"两个市场，打好国内、国际市场"两张牌"，广东荔枝已走出国门，远销澳大利亚、加拿大、美国、日本等地，但作为最大荔枝产区，国际市场份额却较低的局面未得到根本性改善，我国荔枝出口量仅占总产量的 2% 左右。① 国际市场是缓解我国荔枝集中上市压力的有效途径，面对泰国、越南等竞争者，我国仍然要在荔枝文化、品牌营销、国际物流、食品安全等方面加强与国际市场的衔接，持续发力，特别是在欧美发达国家和东北亚的邻近地区市场。

参考文献：

［1］齐文娥，陈厚彬，罗滔，宋凤仙．中国大陆荔枝产业发展现状、趋势与对策［J］．广东农业科学，2019，46（10）：132 – 139.

［2］徐迟默．世界荔枝品种［J］．世界热带农业信息，2007（5）：20 – 23.

---

① 人民日报．海南荔枝抢抓鲜市［EB/OL］．http：//news. cnr. cn/native/gd/20180520/t20180520_524239697. shtml.

广东荔枝品种分布与结构优化调整策略

李欢欢　陈厚彬[*]

[摘要] 本文简要介绍了广东荔枝品种资源、品种结构的现状，分析了各优势区的荔枝品种分布特点、发展优势及制约因素，探讨了荔枝品种选育水平有待提高、荔枝品种品质不优且"大小年"问题严重、荔枝品种结构亟待优化等主要问题，提出了强化种质资源保护与开发利用、分区域加快品种改良速度、加大推广优良新品种力度、着力优化品种熟期结构、开发与推广适宜加工专用品种的广东荔枝品种结构优化调整建议。

[关键词] 荔枝；品种结构优化；区域分布

一、广东荔枝品种资源与品种分布

（一）广东荔枝品种资源概况

中国是世界荔枝原产地，也是荔枝种质最多样化的国家，荔枝种植面积占世界总面积的七成以上，荔枝栽培品种约有 200 多个。[①] 其中，广东是中国分布荔枝最多的省，遍及全省 80 多个县（市、区）。早在 20 世纪 50 年代末，

---

* 李欢欢，广东省农业科学院农业经济与信息研究所产业经济研究室助理研究员，主要从事农业区域规划与农业产业经济研究。

陈厚彬，华农农业大学园艺学院研究员，国家荔枝龙眼产业技术体系首席科学家，主要从事荔枝栽培生理与调控技术研究。

① 陈银. 2019 年中国荔枝行业产量及分布情况，荔枝电商发展模式前景广阔 [EB/OL]. https://www.huaon.com/story/493304.

广东就开始了荔枝种质资源收集和保存工作，茂名市国家荔枝种质资源圃是世界最大的荔枝种质资源圃，已收集国内七大荔枝主产区及11个国家的荔枝种质资源700多份，形成了我国荔枝种业的"芯片"。国家果树种质广州荔枝圃收集保存的荔枝种质600余份，包括荔枝品种、品系、单株达350多个，原产广东本地的品种近200个，商品栽培品种近30个（向旭，2020）。

（二）广东荔枝品种及分布

1. 广东省主栽品种及分布

广东省主栽品种有三月红、玉荷包、妃子笑、黑叶（乌叶）、桂味、挂绿、糯米糍、尚书怀等（向旭等，2011），如表1所示。其中桂味、糯米糍是上佳的品种，也是鲜食之选，挂绿更是珍贵难求的品种；"萝岗桂味""笔村糯米糍""增城挂绿"有"荔枝三杰"之称；惠阳镇隆桂味、糯米糍更为美味鲜甜；深圳大南山荔枝因独特的地理位置而享誉全球，堪称世界最好吃的荔枝。

表1   **广东荔枝主要种植品种特性简介**

品种名称	熟种	成熟期	产区分布[①]	性能评价[②]
三月红	最早熟	农历3月下旬成熟（阳历4月中下旬）	主产广东的新会、中山、增城等县	果实呈心脏形，上广下尖；龟裂片大小不等，排列不规则，缝合线不太明显；皮厚，淡红色；肉黄白，微韧，组织粗糙，核大，味酸带甜，食后有余渣。由于上市早，尚受消费者欢迎
圆枝	早熟	5月下旬或6月上旬成熟	分布于广州市郊和珠三角各县	果实短卵圆形，或歪心形，果肩边高边低；龟裂片略平宽，呈深红色；果肉软滑多汁，甜中带酸，微香
白糖罂	早熟	五月下旬果实成熟	主要产区在茂名市的高州根子镇，电白羊角镇等地也有零星栽培	约有二三百年的栽培历史，该品种引到广州地区栽种，成熟期推迟到6月中旬
妃子笑	中早熟	成熟期6月中旬	主要分布在茂名、湛江一带（种植面积有10万余亩）	妃子笑的特点是果皮青红，个大，肉色有如白蜡，脆爽而清甜，果核小。传说当年唐明皇为博杨贵妃一笑，千里送的荔枝就是妃子笑

续表

品种名称	熟种	成熟期	产区分布①	性能评价②
白腊	中早熟	6月上中旬成熟上市	主产于茂名的高州、电白等县市，广东湛江等市	栽培历史有200~300年，一般植后三年挂果，较丰产，在3月上旬开花
黑叶	中早熟	6月中旬成熟	主要在高州、电白（占全省黑叶的50%以上），其次在揭阳市的惠来、汕尾市一带	果实短卵圆形，果顶浑圆或钝，果属平；皮深红色，壳较薄，龟裂片平钝，大小均匀，排列规则，裂纹和缝合线明显；肉质坚实爽脆，香甜多汁，多数为大核；较耐贮存
挂绿	晚熟	6月下旬至7月上旬成熟	主要在广州增城区种植	挂绿为广东增城的荔枝中珍品，也是广东荔枝的名种之一。封建时代列为贡品。果实大如鸡印，核小如豌豆；果皮暗红带绿色；龟裂片平，缝合线明显；肉厚爽脆，浓甜多汁，入口清香，风味独好
玉荷包	晚熟	每年的6~7月上市	主要分布阳西	果实大、肉厚、果皮青红、核小、味甜，肉色有如白蜡，脆爽而清甜，品质风味优良
水晶球	晚熟	6月下旬至7月上旬成熟	主要在广州市郊、增城等地种植	水晶球产地广东，果肉爽脆清甜，肉色透明，果核细小，是一个有数百年栽培历史的优质品种
怀枝	晚熟	7月上旬成熟	主要分布在从化（占全省怀枝的60%~70%）以及惠来、海丰等一带	广东栽培最广、产量最多的品种。鲜食、干制皆宜。果实圆球形或近圆形，蒂平；果壳厚韧，深红色，龟裂片大，稍微隆起或近于平坦，排列不规则，近蒂部偶有尖刺，密而少；肉乳白，软清多汁，味甜带酸，核大而长，偶有小核
桂味	晚熟	7月上旬成熟	主要在广州增城、从化等地，其次分布在惠来、海丰等一带。珠三角占广东全省桂味的70%~80%	最优良的品种之一，广州市郊所产最佳。桂味有全红及鸭头绿两个品系。果实圆球形，果壳浅红色，薄而脆；龟裂片突起小而尖，从蒂脖两旁绕果顶有圈较深环沟，此两者为桂味的特征；向黄白柔软饱满，核小，味很甜

品种名称	熟种	成熟期	产区分布①	性能评价②
糯米糍	晚熟	7月上旬成熟	主产广州市郊区萝岗区和增城区新塘镇（珠三角占广东全省糯米糍的70%～80%）	广东价值最高的品种，是闻名中外的广东特产果品。为消费者最喜爱的品种。最适宜鲜食和制干。果实属心脏形，近圆形，果柄歪斜为其品种特征；龟裂片大而狭长，呈纵向排列，稀疏，微凸，缝合线阔而明显；果顶丰满，蒂部略凹；肉厚，核小，陶色黄白半透明，含可溶性固形物达20%，味极甜，香浓，糯而嫩滑，品质优良

资料来源：①本文研究团队的调研资料；②搜狗百科。

主栽品种按种植面积大小顺序，粤西：黑叶、白蜡、白糖罂、妃子笑、三月红、桂味、进奉、糯米糍、玉荷包、双肩玉荷包、鸡嘴荔、鉴江红糯和马贵荔等；珠三角：怀枝、糯米糍、桂味、妃子笑、无核荔、雪怀子、水晶球、红绣球、增城挂绿、黑叶、焦核三月红、水东、状元红、仙婆果等；粤东：黑叶、怀枝、桂味、糯米糍、妃子笑、无核荔等。

2. 广东省主推荔枝优新品种及特性

近年来，广东省大力推广井岗红糯、凤山红灯笼、岭丰糯、仙进奉、观音绿、御金球、冰荔、塘厦红、翡脆、北园绿等10个品质上乘、具有优良特色性状或区域特色、丰产稳产、不易裂果、耐贮运、商品性好、市场价值高、前景看好的优新品种（见表2）。

表2　　　　　广东省十大主推荔枝优新品种基本情况

品种名称	早中晚熟种	成熟期
井岗红糯	迟熟荔枝品种	成熟期比怀枝迟7～10天
凤山红灯笼	迟熟荔枝品种	6月下旬成熟
仙进奉	迟熟荔枝品种	7月上中旬成熟
岭丰糯	迟熟荔枝品种	成熟期比糯米糍迟7～10天
观音绿	迟熟荔枝品种	7月上旬成熟
御金球	迟熟荔枝品种	6月下旬成熟
冰荔	迟熟荔枝品种	6月下旬成熟
塘夏红	迟熟荔枝品种	6月下旬成熟

品种名称	早中晚熟种	成熟期
翡脆	迟熟荔枝品种	6月中下旬成熟
北园绿	迟熟荔枝品种	广州地区6月下旬至7月上旬成熟

资料来源：本文研究团队的调研资料。

3. 广东省选育及审定新品种

近年来，通过全国热带作物品种审定委员会审定的新品种有井岗红糯、马贵荔、贵妃红、红绣球、观音绿5个，省（区）审定的荔枝新品种25个，广东省选育并审定新品种有16个（见表3），它们是井岗红糯、马贵荔、红绣球、观音绿4个国审新品种以及脆绿、荷花大红荔、岭丰糯、庙种糯、凤山红灯笼、仙进奉、御金球、塘厦红、翡脆、北园绿、冰荔、桂爽12个省审新品种（胡桂兵、黄旭明，2018）。

表3　　　　　　　　　广东省选育并审定荔枝新品种简介

品种名称	品种特点
井岗红糯	井岗红糯荔枝为迟熟荔枝品种，成熟期比怀枝迟7~10天。果实外观好，果皮鲜红，果肉厚，爽脆，味清甜，裂果少，商品性好，蕉核率高，品质优良。丰产稳产，较抗荔枝霜霉病。适宜广东省珠三角荔枝产区种植
马贵荔	马贵荔属特迟熟荔枝品种，树势生长较壮旺，果大，肉厚，肉质嫩滑，汁多味较甜，品质优。成熟期比迟熟荔枝品种怀枝推迟10~15天，在正常管理条件下很少有大小年及隔年结果现象，粗生易管，砧木亲和力强，嫁接成活率高。幼树易形成树冠，具有生长迅速壮旺、早结丰产稳产、果大肉厚、优质迟熟、抗逆性强、适应性广优点。适宜广东省所有荔枝产区种植
红绣球	红绣球属晚熟荔枝品种。在集美成熟期7月下旬；产量较高；果肉黄蜡色，有蜜香味，品质优；田间调查主要病害有霜疫霉病、炭疽病，发生危害程度低于兰竹等主栽品种。生产上注意控冬梢、短截花穗、适时疏果。适宜广东省所有荔枝产区种植
观音绿	观音绿荔枝果实于7月上旬成熟，比糯米糍迟7~10天。丰产稳产，果实卵圆形，焦核率95%，果肉细软、味清甜带香味，品质特优。适宜在广东省珠三角等荔枝产区种植
脆绿	脆绿荔枝为早熟荔枝品种。树冠开张，树势中等，座果能力强，裂果少，果实大小均匀；果肉脆、乳白色。丰产，较稳产。适宜广东省珠三角荔枝产区种植

品种名称	品种特点
荷花大红荔	荷花大红荔是经实生选育而成的荔枝品种。结果早、丰产稳产，成熟期比怀枝早5～7天。果特大，正心形，果皮色泽鲜红，果实肉质脆嫩、味清甜，品质优。适宜广东省珠三角和粤西荔枝产区种植
岭丰糯	岭丰糯荔枝为迟熟荔枝品种，成熟期比糯米糍迟7～10天。丰产性较好。果实外形与糯米糍相似，焦核率90%以上，品质优良。适宜广东省珠三角荔枝产区种植
庙种糯	庙种糯荔枝为迟熟品种，果实6月底至7月上旬成熟。丰产稳产。果正心形、中等大，果皮浅红色，果肉爽嫩、味清甜，品质较优。适宜广东省珠三角荔枝产区种植
凤山红灯笼	凤山红灯笼荔枝果实6月下旬成熟，丰产性能好，果实正心形，皮色鲜红，焦核率82%以上，裂果率低，果肉爽脆细嫩、味清甜，品质优良。适宜广东省珠三角和粤东荔枝产区种植
仙进奉	仙进奉荔枝为迟熟荔枝品种，果实在7月上中旬成熟，比糯米糍迟熟7～10天。丰产性能好。果较大，果肉厚，有蜜香味，味清甜，裂果少、品质优。适宜广东省珠三角荔枝产区种植
御金球	御金球荔枝丰产稳产，果实于6月下旬成熟，果实中等大，圆球形，果皮鲜红、微带金黄色，小核率较高，品质优，肉质嫩滑，风味浓郁，可溶性固形物含量19.9%～20.3%，综合性状优良。适宜广东省所有荔枝产区种植
塘厦红	塘厦红荔枝丰产稳产，无明显的大小年结果现象。果实6月下旬成熟，短心脏形，果皮红色，肉厚、质软滑，味清甜、香气浓郁，可溶性固形物含量18.5%，品质优。适宜广东省珠三角荔枝产区种植
翡脆	翡脆荔枝丰产稳产。果实6月中下旬成熟，果实心形，果皮红带黄色，裂纹浅而窄，缝合线明显，果肉爽脆、蜡白色，平均单果重22.2克，可溶性固形物含量18.3%，小核率高，品质优。生理落果少，裂果率低。综合性状优良。适宜广东省所有荔枝产区种植
北园绿	北园绿是从增城荔枝实生变异单株中选育的优质荔枝新品种。该品种果实歪心形或扁歪心形，果肩平或一边略高，果顶浑圆，果皮红中带黄绿，鲜艳多彩。龟裂片平，排列不规则，裂片峰钝圆，裂纹深度浅，宽度中等。果实纵径3.1～3.4cm，果实横径3.4～3.8cm，平均单果重25.8g。适宜广东省珠三角荔枝产区种植
冰荔	冰荔为中晚熟荔枝品种，焦核率极高，可食率75.3%，成花容易，丰产、稳产性好，肉质细滑、无渣、消甜带蜜味，风味浓郁，可溶性固形物含量19.4%。适宜广东省珠三角和粤东荔枝产区种植
桂爽	桂爽荔枝丰产稳产，晚熟，果实大、歪心形，平均单果重31.7克，果皮暗红，果肉黄蜡色，肉质爽脆、无渣、不流汁，具有香味，品质优良。适宜广东省珠三角和粤东荔枝产区种植

资料来源：搜狗百科。

二、广东荔枝优势区域品种分布特点

根据荔枝产地品种集中度和成熟期，广东省早中晚熟品种区域优势集中明显，已基本形成粤西早中熟荔枝优势区、珠三角晚熟荔枝优势区、粤东中迟熟荔枝优势区三个明显的集中优势区（向旭等，2011；胡桂兵、黄旭明，2018），表 4 列示了这三个区域的荔枝品种。

表 4　　　　　　　　　广东荔枝三大熟区及主要种植品种情况

分区	主要县市	主要种植品种
粤西早中熟荔枝优势区	茂名、湛江、阳江	黑叶、白蜡、白糖罂、妃子笑、双肩玉荷包、鸡嘴荔等
粤东中迟熟荔枝优势区	揭阳（惠来）、汕尾（海丰、陆丰）、潮州（饶平）	黑叶、怀枝、桂味等
珠三角晚熟荔枝优势区	广州（从化、增城）、东莞、惠州、深圳	怀枝、糯米糍、桂味、增城挂绿、仙婆果等

（一）粤西早中熟荔枝优势区

基本情况：以茂名为中心，包括湛江（廉江）、阳江（阳西、阳东）、云浮（郁南）等地市，主栽品种按面积大小顺序有黑叶、白蜡、白糖罂、妃子笑、三月红、桂味、进奉、糯米糍、玉荷包、双肩玉荷包、鸡嘴荔、鉴江红糯和马贵荔等。该区的特征是荔枝成熟期为全省最早，特早熟品种三月红 4 月底~5 月初成熟采收，早熟品种白糖罂、妃子笑等于 5 月中下旬陆续采收上市；同一品种均比其他两区早熟 10~20 天或以上。品种分布特点是早（特早）熟品种以高州、廉江为主栽区，主要为白糖罂、三月红、妃子笑等品种种植，面积约 40 万亩；中熟品种以高州、电白、廉江、郁南、阳东为主栽区，主要为黑叶、白蜡等品种，其中：高州、电白黑叶、白腊种植面积达 90 万亩以上，廉江黑叶种植面积 3 万亩，郁南黑叶种植约 5 万亩，阳东黑叶、白蜡种植面积约 4 万亩；迟熟品种以高州、电白、阳东、阳西为主栽区，以桂味、进奉、双肩玉荷包、糯米糍、鸡嘴荔等为主，其中：高州、电白桂味、进奉、糯米糍种植面积约 15 万亩，廉江鸡嘴荔种植 27 万余亩，阳东、阳西双肩玉荷包种植面积达 23 万亩。

发展优势：夏秋季气温高，日照时间长，雨量充沛，冬季低温充足，干旱明显，基本无霜害，1 月平均气温 14℃～16℃，有利于荔枝枝梢生长和控梢促花；早春气温回暖快，花穗发端早，花分化质量好，花期 3 月中旬～4 月上旬，遇低温阴雨天的概率较少，有利于坐果；果实成熟期较早，收获期为 5 月中旬～6 月中、下旬，同一品种与海南产区衔接，比珠江三角洲地区早成熟上市 10～20 天，该区域适宜发展三月红、白糖罂、白蜡、妃子笑、黑叶、鸡嘴荔、桂味等优质早、中熟品种，这些品种在该产区均表现出较强的适应性和较好的商品性。

限制因素：高需冷量品种一些年份可能花诱导低温不足，鸡嘴荔、桂味品种常会成花不良；花期偶遇低温阴雨导致"花而不实"；沿海地区多台风为害；大坡度荔枝园占 25% 以上，基础设施尚较落后，果园机械化处于起步阶段，农事管理成本高；产期集中，鲜果营销压力较大；荔枝精深加工产品数量尚少；荔枝文化旅游开发有待加强。

（二）粤东中迟熟荔枝优势区

基本情况：以揭阳（惠来）、汕尾（海丰、陆丰）为主的粤东中迟熟荔枝优势区，主要种植黑叶、怀枝、桂味等品种，该区的特征是荔枝成熟期在全省居中，黑叶 5 月底～6 月上旬成熟上市，迟熟品种怀枝、桂味 6 月中下旬成熟上市。品种分布特点是以粗生易管的普通品种为主，以惠来县、陆丰市、海丰市为荔枝主栽区，品种以黑叶为主，该区域种植面积为黑叶约 20 万亩，占种植总面积的 55% 以上；桂味、怀枝、糯米糍的栽培总面积不超过 10 万亩。此外，凤山红灯笼等新品种在陆丰、海丰地区种植面积约 1 万亩。

发展优势：该区域土地肥沃，有适宜种植荔枝的平原、滩涂和山坡地，荔枝种植历史悠久，品种资源较丰富，区内气候条件适宜发展荔枝晚熟品种，具备荔枝制酒、酿醋等精深加工产业有较好基础和发展潜力。

限制因素：种植户兼业现象突出，专营荔枝积极性较低；黑叶、怀枝品种明显占主导地位，桂味、糯米糍等优质品种比例偏少；荔枝园管理技术创新不足，技术运用难以到位；有的年份成花欠佳，开花期常遭遇低温、阴雨，导致花而不实；沿海地区存在台风为害；"大小年"结果现象突出。

（三）珠三角晚熟荔枝优势区

基本情况：以广州（从化、增城）为中心，包括东莞、惠州、深圳等地市的珠三角晚熟荔枝优势区，主要种植怀枝、糯米糍、桂味、妃子笑、无核荔、雪怀子、水晶球、红绣球、增城挂绿、黑叶、增城挂绿、水东等晚熟品种为主。此外，各地市都有自己的主打品种，深圳以桂味、糯米糍、妃子笑等优良品种占比最高；东莞以优良品种糯米糍、桂味、妃子笑荔枝为主，近几年又培育出红绣球、无核荔枝、冰荔等新品种；惠州当地的特色品种仙婆果等。该区的特征是荔枝成熟期为全省最晚，妃子笑6月中下旬成熟上市，迟熟品种怀枝、糯米糍、桂味6月底~7月上旬成熟上市。总的来看，该区域怀枝品种种植占全省怀枝的60%~70%；桂味、糯米糍品种种植占全省桂味、糯米糍的70%~80%。如从化怀枝面积达13万亩，桂味和糯米糍面积7万余亩；惠东县大面积栽培的是怀枝，面积约有4万余亩，桂味、糯米糍、妃子笑种植面积相当，各有2万亩左右。

发展优势：著名优良品种资源丰富，除桂味、糯米糍品种之外，仙进奉、井岗红糯品种已逐步形成规模种植，还有新兴香荔、雪怀子、挂绿、北园绿、仙婆果、水晶球等优质特色品种；生态气候特别适合荔枝高品质发育；背靠珠三角等文化都市圈，是优质荔枝主要消费地和采摘消费地，市场容量大；物流体系发达；荔枝加工基础好，荔枝干、荔枝酒、荔枝醋加工量较大；是主要研发机构所在地，技术研发和推广服务实力强。

限制因素：山地生产条件较差；种植户兼业现象突出；部分产区优质品种比例偏小；有的年份成花欠佳，若开花期延至清明节前后常遭遇低温阴雨导致花而不实；沿海地区存在台风为害；优质品种"大小年"生产现象突出。

三、广东荔枝品种结构特点与发展策略

（一）广东荔枝品种结构特点分析

1. 广东荔枝品种选育水平有待提高

广东省现今的荔枝主栽品种绝大部分是经 2000 多年的人工栽培和选择自然形成的适合本地栽培的地方性优良品种，仅有少数具一定栽培面积的如无核荔、鸡嘴荔是近十多年来从外省引入。但这些新品种都是通过"自然恩赐"的实生选种途径获得，而实生选种定向改良品种性状的能力有限，同时，从长远来看，以前选育出的新品种带有很多偶然性因素、是不可持续的（向旭等，2011）。

2. 广东荔枝品种品质不优且"大小年"问题严重

广东荔枝主栽品种除黑叶、怀枝、妃子笑、双肩玉荷包等少数几个外，多数荔枝品种稳产性差，即仍存在明显的"大小年"现象，具体表现在成花不稳定（如白蜡、桂味等）、落花落果严重、易裂果（白糖罂、糯米糍等）等问题，虽然荔枝的产量（单位面积产出）总体仅处于中等偏上的水平，但是各地区极不均衡，大部分荔枝品种单位面积产量均有待提高。同时，多数荔枝品种也存在品质不优的问题，具体表现在外观着色不良（三月红、白糖罂、妃子笑、黑叶等），风味偏淡偏酸（三月红、水东、妃子笑等）和肉质不爽滑（三月红、水东、妃子笑、无核荔、马贵荔和紫娘喜等）等。

3. 广东荔枝品种结构亟待优化

受地域分割局限，品种分区分布明显，一些地区供选择的优质品种数量有限，广东省以低值低效品种种植为主。根据广东省统计局的资料，广东省荔枝种植面积稳定在 410 万亩左右，年均总产 130 万吨，面积和产量均超过全国 50%。广东省黑叶、怀枝、白蜡、双肩玉荷包等低值低效品种面积大，其中：黑叶达 162 万亩、怀枝 37 万亩、白蜡 26 万亩、双肩玉荷包 18 万亩，合计 243 万亩，占总面积 59%。不同品种在成熟期性状上层次不分明，大部分集中于 6 月中旬~7 月下旬内成熟。广东省在 5 月 30 日之前和 7 月 15 日之

后上市的品种不足 20%，而超过 80% 的荔枝鲜果主要集中于 6 月上旬至 7 月中旬成熟上市。此外，适宜加工荔枝品种少，传统观念是"鲜食为主，残次果加工"，加工企业被迫采用一些仅能鲜食，不适合加工的品种，不仅加工季节短，还出现糖酸比不符合要求，风味差，出汁率低等问题，加工率较低，附加值不高。总的看来，广东荔枝品种结构单一，产期集中，制约产业效益，亟待进行品种结构优化。

（二）广东荔枝品种及结构优化策略

1. 强化种质资源保护与开发利用

持续支持荔枝国家种质资源圃建设和古树资源保护，继续开展资源调查、收集、保护、鉴定和创新利用。支持荔枝实生系选种、芽变选种、杂交育种、生物技术辅助育种等多途径选育种工作。加快培育优质鲜食、特早熟、特晚熟和加工专用品种。支持荔枝良种区域化试验基地和繁育圃基地建设，在优势区域内的茂名、广州、汕尾、揭阳市的惠来各建设 1 个荔枝良种区域化试验基地和新品种采穗圃，加快荔枝品种更新换代与技术推广。

2. 分区域加快品种改良速度

主要通过高接换种技术，将黑叶、怀枝、白蜡等非优品种改为井岗红糯、岭丰糯、桂味等优质高效新品种，促使荔枝品质更优、区域布局更合理。对于各个优势产区具体而言，粤西早中熟荔枝优势区品种定位为优质鲜食品种区，重点加大鲜食优质品种结构调优力度，合理区域内早中晚熟品种结构搭配，荔枝品种优质率达到 60% 以上，早中晚熟比例调整约为 3∶4∶3，实现荔枝优质化发展、均衡上市，提高广东产区荔枝竞争力。珠三角晚熟荔枝优势区品种定位为名优特稀品种区，充分发挥区位和优质品种众多、技术的优势，继续加快品种优质化、多元化，专注优稀品种的培育。粤东中迟熟荔枝优势区品种定位为适宜加工品种、优稀晚熟特晚熟品种区，以荔枝加工出口贸易为重点，辅以调整广东省荔枝熟期结构，全产业链提升荔枝产业价值。

3. 加大推广优良新品种力度

新品种推广示范是育种过程的最终一环，也是选育成果接受实践检验的关键一环。要继续推广适宜鲜食的桂味、红蜜荔、白糖罂、仙进奉、增城挂绿等现有种植品质好、效益明显、市场良好品种；加大井岗红糯、凤山红灯笼、岭丰糯、仙进奉、观音绿、御金球、冰荔、塘厦红、翡脆、北园绿等10个品质上乘、具有优良特色性状或区域特色、丰产稳产、不易裂果、耐贮运、商品性好、市场价值高、前景看好的优新品种。在新品种推广过程中，尤其重视新品种推广示范基地建设，确保每个品种至少建立1个标准化生产示范基地，并在此基础上，精选2个左右基地，按国家标准果园建设的要求，将其建设成为广东省荔枝新品种试验示范基地。

4. 着力优化品种熟期结构

加大发展特早熟、特晚熟品种力度，因地制宜示范推广优质新品种，延长广东产区果品上市期，为市场提供层次丰富多样的优质果品。廉江重点研发引种特早熟品种，为粤西地区的荔枝特早熟市场提供优质原料，精细初级加工，探索精深加工，创建地方品牌。普宁、揭西重点发展优稀晚熟特晚熟品种，整体上延长广东荔枝上市时间。

5. 开发与推广适宜加工专用品种

继续加快适宜加工的桂味、糯米糍、白糖罂、兰竹品种，这些品种具有风味好、品质佳，适宜鲜食和加工，市场价值高、市场前景好。加大开发适宜加工专用品种力度，解决加工产品较单一问题，促进荔枝产品精深加工发展。以惠来、陆丰作为该区域的重要核心发展区，大力推动荔枝适宜加工品种换种，重点将黑叶等低质低效品种换为适宜加工的糯米糍、桂味等品种以及其他开发适宜加工新品种，形成连片适宜加工品种的生产基地。此外，阳东和阳西也可以进一步丰富优质品种，提高初加工水平。

参考文献：

［1］广东省统计局，国家统计局广东调查总队. 广东省农村统计年鉴［M］. 北京：中国统计出版社，2021.

［2］胡桂兵，黄旭明. 荔枝新品种和高接换种技术图说［M］. 广东：广东科技出版社，2018.

［3］向旭. 广东荔枝产业发展主要瓶颈问题与产业技术研发进展［J］. 广东农业科

学，2020，47（12）：32 – 41.

　　［4］向旭，欧良喜，陈洁珍. 广东省荔枝育种中长期战略与策略的探讨［J］. 广东农业科学，2011（19）：19 – 44.

广东荔枝全产业链空间布局与高质量发展路径研究

王玉梅[*]

[**摘要**] 广东荔枝产业存在品种结构问题突出、精深加工不足、产业技术瓶颈有待突破等诸多问题。本文从全产业链的视角将广东省荔枝产业规划为"两极引领、三区联动、心片串联、点带结合"的总体空间布局,并从调优品种结构、改善设施装备条件、强化科技支撑、推行绿色生产、培育新型经营主体、强化品牌宣传、完善政策措施等七个方面提出广东荔枝产业高质量发展的路径。

[**关键词**] 广东荔枝;全产业链;空间布局;高质量发展

根据广东省统计局的资料,2020 年,广东荔枝栽培面积稳定在 410 万亩、产量约 131 万吨。全省荔枝栽培面积 10 万亩以上的地级市有 9 个,面积 1.5 万亩以上的县有 47 个。2021 年,广东荔枝投产面积 394.93 万亩,产量 147.31 万吨,实现产值 140.8 亿元,上半年出口总量达 6504 吨,同比增加 79.8%,取得广东荔枝出口历史最好成绩(麦倩明、张子煜,2021)。

一、广东荔枝产业发展基本情况[①]

广东荔枝分布区域广阔,除粤北少数地区外,全省均有荔枝栽培。历史

---

  * 王玉梅,广东省农业科学院农业经济与信息研究所产业经济研究室助理研究员、硕士,主要从事农业产业经济理论与政策研究。
  ① 本文资料由广东荔枝产业联盟提供(已标注来源的除外)。

上最著名的产区有东莞、高州、深圳、中山等市，以及惠来、饶平、新兴等县和增城、从化、电白、黄埔等区。因区域经济与工业发展的不平衡，这一区域分布已有大的改变，东莞、深圳、广州、中山等发达地区荔枝面积大幅度缩减，而茂名地区则一跃成为广东省最重要的荔枝生产基地，其面积与总产量约占全省荔枝的1/3以上。目前，全省已基本形成三个明显的荔枝优势区，即以茂名为中心的粤西早中熟荔枝优势区，以汕头、汕尾等市为主的粤东中迟熟荔枝优势区和以广州为中心的粤中晚熟荔枝优势区。

广东省主要荔枝产区包括有：粤西的茂名、湛江、阳江等市；粤中珠三角的广州（从化、增城、花都、南沙）、东莞、惠州、佛山、清远等市；粤东的汕头、汕尾等市；以及粤北河源、梅州等市。目前广东省荔枝种植面积稳定在410万亩，年均总产120万～150万吨，面积和产量分别占全国的46%和60%以上。

广东省现今的荔枝主栽品种绝大部分是经2000多年的人工栽培和自然选择形成的适合本地栽培的地方性优良品种，仅有少数具有一定栽培面积的如无核荔、鸡嘴荔是近十多年来从外省引入的。各地主栽品种如下（按面积大小顺序），粤西：黑叶、白蜡、白糖罂、妃子笑、三月红、桂味、进奉、糯米糍、玉荷包、双肩玉荷包、鸡嘴荔、鉴江红糯和马贵荔等；粤中：怀枝、糯米糍、桂味、妃子笑、无核荔、雪怀子、水晶球、红绣球、增城挂绿、黑叶、焦核三月红、水东、状元红等；粤东：黑叶、怀枝、桂味、糯米糍、妃子笑、无核荔、仙婆果等；粤北：怀枝、糯米糍、桂味、细核荔等。

荔枝产业是广东省南亚热带地区农业重要的支柱产业之一，已成为该区域农民重要的经济来源，荔枝产业直接带给农民增收90亿元以上，带动产业相关环节创造产值30亿元以上。广东省荔枝种植环节固定就业人口就有60万人。但广东省荔枝产业在品种结构上存在问题突出、精深加工不足、产业技术瓶颈有待突破等诸多问题。因此，有必要从全产业链角度出发对荔枝产业进行宏观布局、总结荔枝产业高质量发展路径，对广东省荔枝产业持续健康发展意义重大。

二、广东荔枝全产业链发展存在的问题

(一) 栽培管理技术总体粗放

广东荔枝种植面积相对较大，但栽培技术进步和普及速度跟不上面积高速扩张。一是果园基础设施投入不够，一些果园立地条件较差，再加上水利设施匮乏，造成"赖地生树，靠天结果的状况"。二是果农的综合栽培管理技术不够，在施肥、修剪、病虫防治等方面没有正确掌握和灵活应用，导致产量低而不稳定；三是果园机械化、智能化程度低。荔枝栽培以山地果园为主，地形地貌复杂，劳动力强度高，生产劳动力严重短缺，果园机械化水平远不适应现代化大生产的要求，荔枝栽培管理技术需全面升级，尚未达到水肥一体化、生产机械化、防控绿色化、管理数字化的"五化"标准。

(二) 品种结构单一、产期短

荔枝品种结构不合理，制约产业效益，广东全省一般性品种黑叶达162万亩、怀枝37万亩、白蜡26万亩、双肩玉荷包18万亩，合计243万亩，占总面积59%。受地域分割局限，品种分区分布明显，一些地区供选择的优质品种数量有限。新品种推广速度较慢，据不完全统计，近年来，广东全省每年荔枝新品种换种面积2万~3万亩，品种结构优化步伐缓慢。产期方面也存在时间短、时间集中的问题。不同品种在成熟期性状上层次不分明，大部分集中于6月中旬~7月下旬内成熟。两个月内要将上百万吨的荔枝销售完毕非常困难，丰产不丰收或季节性过剩等事件屡有发生。以茂名为例，其荔枝主要品种是黑叶、白腊、妃子笑、白糖罂、桂味、仙进奉、糯米糍等，其中面积最大是黑叶荔枝69.06万亩，占全市总面积的50%，面积最少是糯米糍3.85万亩，占荔枝总面积的3%。按成熟期划分，中熟品种黑叶、白腊的面积之和为94.08万亩，占总面积的68%；早熟品种妃子笑、白糖罂的面积之和为23.72万亩，占总面积的18%；迟熟品种桂味、仙进奉、糯米糍的面积之和14.54万亩，占总面积的11%。

（三）采后处理、冷链设施不足

荔枝对保鲜要求很高，常温贮运保鲜期只有 5 天，之后就开始变味变色。在贮运过程中，保鲜技术较传统，例如，产地预冷、冷链运输体系、冷库建设与产品生产不相适应，产品运抵终端市场后货架期达不到销售要求。近年来，通过泡沫箱加冰的方式，较好地解决了长距离保鲜外运的问题。但是收获季节天气炎热，荔枝果极易氧化变色、腐烂，影响消费者的体验。荔枝外运仍是以冰柜冷藏大货车运力为主，例如，顺丰速运等电商要将鲜果通过冷藏大货车从茂名运至广州白云机场后才发至外地，物流成本太高且不利鲜果的品质保障。

（四）加工业总体滞后

广东荔枝目前仍是以鲜果销售为主，占总产量的近 90%，加工消化 10% 左右，且消化鲜果中本省近 39%，外省占 58%，每年出口不足 3%。目前，荔枝加工中荔枝干占比 50% 以上，其余 50% 消化鲜果的加工品依次为荔枝肉罐头、荔枝汁、荔枝醋、荔枝酒以及冻干荔枝肉等。近几年来出现一些新业态加工品，如：半干型荔枝干、真空冷冻干燥荔枝干、荔枝果醋、荔枝乳酸菌果汁饮料等，由于保存了荔枝鲜果的香气风味，慢慢获得消费者的喜爱，应有较大的市场空间和发展潜力。此外，荔枝深加工技术也缺乏创新，尤其是荔枝功能性成分提纯与产业化应用创新，将成为未来荔枝产业发展的重要支撑。

（五）产业技术难题仍突出

广东荔枝主栽品种除黑叶、怀枝、妃子笑、双肩玉荷包等少数几个外，多数荔枝品种稳产性差，即仍存在明显的产量"大小年"现象，具体表现在成花不稳定（如白蜡、桂味等）、落花落果严重、易裂果（白糖罂、糯米糍等）等问题，大部分荔枝品种单位面积产量均有待提高。今后可适度增加中迟熟优质且丰产稳产性良好的新品种的选育，通过该类新品种的适应性筛选，增加中迟熟优质品种的种类及其推广范围，缓解荔枝产期过于集中的矛盾。

病虫害绿色防控技术有待完善和提升。荔枝蒂蛀虫是荔枝树上的首要害虫，防治荔枝蒂蛀虫所用的杀虫剂占全部荔枝杀虫剂的70%以上。目前急需开发出一些替代或减少农药使用的技术，如物理防控技术、生物防治技术、果园生态调控技术等，或者筛选研制推广一些高效低毒低残留农药，包括生物农药和微毒的化学农药。

（六）国内、国际市场开拓不足

广东荔枝以鲜果销售为主，占总产量近90%；鲜果消化中本省占近39%，外省占58%，国内销售运能不足，运销成本高；每年出口不足3%，即使是在出口销量历史最高的2021年，出口量也不足5%。在出口方面，尽管低温贮运保鲜期可以达到38天以上，但由于国际市场进口限制、非关税壁垒不断加强，以及国际市场培育不足，消费群体局限在华人群体，对产能消化的影响十分有限。

（七）品牌带动效应有待提升

广东荔枝省内知名品牌众多，包括"惠来荔枝""罗浮山荔枝""东莞荔枝""南山荔枝""钱岗糯米糍荔枝""增城荔枝""增城挂绿""茂名白糖罂荔枝""高州荔枝""阳东双肩玉荷包荔枝""新兴香荔""庞寨黑叶荔枝""萝岗糯米糍荔枝""镇隆荔枝"等，但国内国际知名度不高，仍需继续挖掘品牌文化故事，进而提升广东省荔枝文化旅游的品牌和档次。

综上，要实现广东荔枝高质量发展，需从全产业链角度进行空间布局，规划高质量发展的路径。

三、广东荔枝全产业链布局

农业全产业链建设是贯通产加销、融合农文旅、对接科工贸、拓展农业多种功能、促进乡村产业高质量发展的重要途径。依据区位理论、比较优势理论、均衡与非均衡理论等（唐晓华、王伟光，2018），综合考虑地理位置、自然因素、社会因素、经济因素、技术因素等影响因素，从全产业链视角出发，对广东荔枝一二三产业及上下游相关产业进行全产业链布局，包括生产、加工、流通、销售、科技、文旅等诸多环节，优化产业上中下游协同发展机制，推动全产业链转型升级，打造荔枝成为广东省农业全产业链建设典型标杆，促进荔枝产业高质量发展。

（一）产业总体空间布局

为了把广东荔枝打造成为高品质、有口碑的农业"金字招牌"，以荔枝产业"小切口"推动农业产业"大变化"，现结合广东省各荔枝产区实际情况，将广东荔枝产业规划为"两极引领、三区联动、'心片'串联、点带结合"的总体空间布局，以加工流通延链、以科技创新补链、以园区集群壮链、以融合发展优链，构建创新能力强、产业链条全、绿色底色足、安全可控制、联农带农紧的荔枝全产业链协同发展新格局，为广东省乡村全面振兴和农业农村现代化提供支撑。

1. 两极引领

两极引领即科技、加工引领荔枝产业发展，成为荔枝产业高质量发展的两大新增长极。

科技引领：依托"粤东荔枝加工研发基地、珠三角全产业链研发基地、粤西世界荔枝种业研发基地"的荔枝科技研发体系布局，形成以科技引领荔枝产业高质量发展的重要增长极。

加工引领：依托粤东荔枝加工现代农业产业园建设，布局广东省荔枝加工体系，形成以现代加工业引领荔枝产业高质量发展的另一个增长极。

2. 三区联动

三区即粤西早中熟荔枝优势区、珠三角晚熟荔枝优势区、粤东中晚熟荔枝优势区，对广东全省荔枝生产一盘棋布局。

三区联动就是要形成三大主产区各具特色、差异化发展的新格局。

3. "心""片"串联

"心"：指在茂名国家荔枝产业园内规划建设世界知名国际荔枝交易中心。

"片"：指对应荔枝生产三大优势区规划兼具内销、外销和加工仓储功能的荔枝三大交易片，即粤西大宗鲜食出口交易片、珠三角精品鲜食出口交易片、粤东北运加工交易片。

"心""片"串联即形成以"国际荔枝交易中心"串联三大交易片的交易物流体系,带动荔枝产销有效衔接。

4. 点带结合

规划粤东、粤西优势发展区形成"荔枝生产＋文旅产业带",以茂名高州的大唐荔乡、红荔阁、贡园等荔枝田园综合体、文化公园为"点"串联成粤西、粤东以生产带动文旅发展的荔枝产业带。

规划珠三角优势发展区形成"古树保护＋文旅产业带",以增城挂绿广场、从化荔枝皇公园等荔枝公园、荔枝博物馆等为"点"串联成珠三角以古树保护、文化资源保护为主,同时兼具市民休憩的荔枝文旅发展产业带。

以"点带结合"促粤西、粤东、珠三角三条荔枝文旅产业带协同发展,做强广东省荔枝优势产区以荔枝为主题的农业休闲旅游业。

(二) 产业链各环节布局

1. 品种熟期结构改良布局

在广东全省范围内规划一批良种采穗圃和新品种生产示范(或区域试验)基地,推进优良品种的区域化,优化品种结构布局。全省继续加大荔枝品种结构调整力度,至2025年,全省荔枝品种优质率提高到65%以上,高接换种面积89万亩左右;早熟(含特早熟):中熟:晚熟(含特晚熟)品种的产期结构目标为1:1:2.3。

(1) 加快品种改良速度。通过高接换种技术,将黑叶、怀枝、白蜡等非优品种改为井岗红糯、岭丰糯、桂味等优质高效新品种,促使荔枝品质更优、区域布局更合理,至2025年广东省完成高接换种面积89万亩以上,其中粤西早中熟荔枝优势区51万亩、珠三角晚熟荔枝优势区23万亩、粤东中迟熟荔枝优势区15万亩。

(2) 着力优化品种熟期结构。加大发展特早熟、特晚熟品种力度,因地制宜示范推广优质新品种,延长广东产区果品上市期,为市场提供层次丰富多样的优质果品。规划在廉江、雷州、徐闻发展特早熟品种10万亩;在从化、增城、紫金、五华、郁南、饶平发展优稀晚熟特晚熟品种近12万亩。

（3）适度开发、推广适宜加工专用品种。适度加强开发适宜加工专用品种力度，解决加工产品较单一问题，促进荔枝产品精深加工发展。规划在惠来、陆丰换种鸡嘴荔、雪怀子等适宜加工的传统品种近 6 万亩；陆丰、海丰发展鲜食加工均可的新品种井岗红糯、凤山红灯笼、翡脆等 2 万余亩，这些品种具有风味好、品质佳，适宜鲜食和加工，市场价值高、市场前景好。

2. 交易物流体系布局

依托广东省优越的荔枝资源与基础优势，加快延伸产业链，聚焦加工、流通、交易等关键环节，布局辐射华南地区的荔枝大型交易流通集散地，规划全省荔枝交易物流体系空间布局为"一心三片"。

（1）一心：国际荔枝交易中心。在茂名国家荔枝产业园内高州市建设世界最大、集低温仓储、物流配送、现货交易、期货交易、电子商务于一体的国际荔枝智慧交易中心。建设集生产数据、交易数据、流通溯源等多维数据融合的"世界级荔枝产业大数据中心"，向全球发布荔枝采收信息、价格信息等，运用大数据分析等手段，对荔枝进行市场价格预警和产业指导。用数字化技术实现荔枝市场需求、生产供给、冷链物流信息发布及对接撮合、网上展会等功能，促进冷链物流、农村电商、供应链金融等线上线下新业态新模式集群式发展，提升荔枝产业的数字化水平、国际化视野，使大数据应用真正成为广东省荔枝产业发展的重要抓手，加速产业转型升级、提质增效。

（2）三片：三大交易片。三片即粤西大宗鲜食出口交易片、珠三角精品鲜食出口交易片、粤东北运加工交易片。通过航空快运，突破保鲜瓶颈，覆盖常规货运难以到达的地区，使荔枝销售区域得到空前拓展。

粤西大宗鲜食出口交易片布局在高州、电白、廉江、化州、阳西、阳东、信宜等，定位为北运、出口和加工功能片。依托高州南邻湛江国际机场的区位优势，以国际荔枝交易中心为核心，在廉江、化州、电白、阳西、阳东、信宜等荔枝主产区分别建设区域性仓储物流基地，配套建设一批综合、多功能型冷库，形成粤西大宗鲜食外向型交易片。

珠三角精品鲜食出口交易片布局在从化、增城、博罗、惠阳、惠东、东莞等，定位为面向粤港澳大湾区都市消费、出口功能片。依托珠三角花都白云国际机场交通枢纽优越地理位置，在惠州市建设集加工仓储、物流配送、现货交易、电子商务于一体的区域性荔枝综合交易中心，在从化、增城、博罗、惠阳、惠东、东莞等荔枝主产区分别建设区域性仓储物流基地，配套建设一批综合、多功能型冷库；形成中部精品鲜食外向型物流片，以高端的国际品牌成为重要的欧美、东南亚市场荔枝鲜果出口地。

粤东北运加工交易片布局在陆丰、海丰、惠来、紫金、五华、饶平等，定位为北运和加工功能片。依托毗邻揭阳潮汕国际机场的优越地理位置，在惠来县建设加工仓储、物流配送、现货交易、电子商务于一体的区域性荔枝综合交易中心，在海丰、陆丰、紫金、五华、饶平等粤东荔枝主产区分别建设区域性仓储物流基地，配套建设一批综合、多功能型冷库；形成东部以荔枝加工、北运为重点，便捷高效的现代综合物流片。

3. 科技研发体系布局

广东省荔枝产业科技体系规划形成珠三角以华南农业大学、省农科院为引领的荔枝全产业链科技研发基地，粤西以荔枝种业发展研究中心为引领的世界荔枝种业研发基地，粤东以荔枝加工产业园为引领的荔枝加工技术研发基地。

（1）珠三角荔枝全产业链科技研发基地。依托国家荔枝龙眼产业技术体系主要岗位设置在华南农业大学、省岗位体系设置在省农科院的科研优势，整合中山大学（生命科学学院、药学院）、东莞市农业科学研究中心以及从化、增城省级现代农业产业园内科研机构的研究力量，形成珠三角荔枝全产业链科技研发基地。该基地主要进行荔枝分子育种技术、栽培、保鲜、病虫害防治技术，荔枝生产机械化和自动化技术等的研发，涵盖了产业链上、中、下游各环节的科研与技术开发应用。

（2）粤西世界荔枝种业研发基地。在茂名市高州建设占地 500 亩以上国际一流的国家荔枝种质资源库（圃），成为国内外该属植物遗传多样性涵盖量最大、种质资源最丰富的种质资源库。依托国家荔枝种质资源库丰富的种质资源，在茂名建设世界荔枝种业发展研究中心，开展荔枝种质资源保护、分子育种、基因比对等技术的研发，与茂名市荔枝研究院、茂名市水果科学研究所、中国热带农业科学院南亚热带作物研究所（湛江）形成粤西以品种改良、分子育种为主的世界荔枝种业研发基地。

（3）粤东荔枝加工技术研发基地。规划在粤东的惠来县建设荔枝加工省级现代农业产业园，联合省农科院蚕业与农产品加工研究所在园内建设荔枝加工技术研发中心，主要进行荔枝保鲜加工、中间产物的研发和利用技术，形成粤东荔枝加工技术研发基地。

4. 加工体系布局

广东省荔枝加工产业规划形成"一园"引领，"两群"联动的荔枝加工产业体系布局。

（1）"一园"引领。在粤东布局荔枝加工省级现代农业产业园，产业园核心区包括惠来县、陆丰市、海丰县等县（市），带动普宁市、紫金县、五华县、潮南区、陆河县、汕尾城区、饶平县、揭西县、揭东县等。以惠来县的荔枝加工省级龙头企业为经营主体，成立荔枝加工技术研发中心，形成荔枝初加工、精深加工相结合的省级荔枝加工现代农业产业园。

（2）"两群"联动。珠三角荔枝加工产业集群、粤西荔枝加工产业集群各具特色，两群与粤东加工产业园共同带动荔枝产业的发展。

珠三角加工产业集群包括以下企业：一是广州从化的荔枝加工企业，主要加工产品为荔枝干、荔枝酒；二是惠州的荔枝加工企业，主要生产荔枝干、荔枝酒、荔枝醋等产品；三是广州的荔枝加工科技成果转化企业，主要产品为高品质荔枝果酒、荔枝果醋、荔枝乳酸菌果汁饮料等新产品；四是从化、增城现代农业荔枝产业园内的加工企业。

粤西加工产业集群以茂名国家、省荔枝现代农业产业园内的加工企业为主，联合粤西众多荔枝中小型加工企业，共同构成粤西荔枝加工产业集群，产品主要为荔枝干、荔枝饮料、荔枝酒等。

5. 休闲文旅产业布局

在广东省范围内规划建设一批以荔枝古树、古村落、古文化为主题的荔枝休闲公园（荔枝小镇、荔枝博物馆等），做强广东省以荔枝为主题的休闲旅游业。

（1）"荔枝生产＋文旅"产业带。建设粤西、粤东"荔枝生产＋文旅"产业带，在粤西、粤东荔枝优势产区规划建设一批以生产带动文旅发展的荔枝公园（荔枝小镇、荔枝博物馆等）。

以茂名市荔枝国家现代农业产业园内的红荔阁、贡园等荔枝公园和大唐荔乡国家级田园综合体为示范引领，在荔枝优势产区的国家级、省级现代农业产业园内，建成一批以生产带动文旅发展、产业充分融合的荔枝公园（荔枝小镇、荔枝博物馆等）。

（2）"古树保护＋文旅"产业带。建设珠三角"古树保护＋文旅"产业带，在珠三角荔枝优势产区规划建设一批以保护荔枝古树、古村为主兼具市民休憩的荔枝文化公园（荔枝小镇、荔枝博物馆等）。

依托广东省丰富的荔枝古树、古村落、荔枝传说故事等资源，在广州市从化区荔枝产业园内、广州市增城区仙进奉荔枝产业园内，以及深圳市福田区、珠海斗门、广州黄埔、东莞厚街镇等地建成多个供市民休憩兼具保护荔枝古树和荔枝文化的荔枝公园（荔枝小镇、荔枝博物馆等）。

四、广东荔枝产业高质量发展路径

（一）调优品种结构，促进产业健康发展

1. 大力推进荔枝品种结构优化

以《广东省荔枝产业保护条例》为指导，大力推进"双创"示范县建设等工作，督导荔枝品种结构调整，加强高接换种的培训和指导，通过建立品种改良示范点的形式，以点带面，辐射带动主产区农户加快荔枝品种改良步伐。着力优化品种结构，发展特早熟、特晚熟品种，因地制宜示范推广优质新品种，延长果品上市期，为市场提供层次丰富多样的优质果品。着力推广品质上乘、具有优良特色性状或区域特色、丰产稳产、不易裂果、耐贮运、商品性好、市场价值高、前景好的优新品种。加大品种改良力度，通过高接换种技术，将非优品种改为优质高效新品种，促使荔枝品质更优、区域布局更合理，均衡广东省荔枝上市期。

2. 探索建立荔枝"育繁推"一体化新模式

科研院校应加大育种理论与技术的创新研发，迅速调整组建优化研发团队，协同攻关解决荔枝遗传改良环节的关键技术难题，为产业可持续发展提供丰富多样可供选择的新品种；同时在政府组织下，与优势产区技术推广部

门、龙头企业及合作社合作，以品种结构调整为中心，围绕产业链各环节的核心技术需求，探索建立荔枝"育繁推"一体化新模式，选育适应市场需求、消费升级和电商物流的新品种，建立新品种繁育圃（采穗圃），利用高接换种技术进行示范推广，可以迅速将优良新品种转化为生产力，同时，规范新品种配套栽培管理技术、并制定相关的技术规程与标准，建立适应现代果业的"荔枝生产—加工—冷链物流—销售"技术集成应用及体系，培育有机生态旅游果园等新业态的发展等，既能显著提高果农收入，又能带动农业农村经济的发展，而且对推动广东乃至全国荔枝产业的健康可持续发展具有重要引领作用。

（二）改善设施装备条件，促进产业现代化发展

1. 全面提升产业技术装备水平

开展果园现代化改造与机械化应用的"机艺融合"模式研发，研究制订施肥、喷药、修剪及采摘的机械化技术配套方案，形成适应现代高效栽培技术的农机与农艺结合的果园机械化技术应用模式。建立完善"从产地到消费者"的荔枝冷链物流体系。鼓励龙头企业、农民专业合作社建设机械冷库、气调冷库、低温货架、保鲜袋等冷链保鲜设施，发展冷链运输。鼓励主流生鲜电商平台在产业园自建冷链物流渠道，在主产区推广"产地仓＋冷链"模式，解决荔枝"最先一公里"的运输问题。

2. 大力推进果品商品化处理，实行等级定价

加强硬件设施建设，提升荔枝长途运输保鲜能力，按1小时车程辐射的区域，在主产区规划建设一批区域性采后商品化处理中心和田头简易商品化处理中心，为广东省荔枝卖得出、卖得远、卖得好提供保障。制定果品商品化分级销售标准，实行等级定价，优果优价。规范广东荔枝销售包装，以市场需求为导向，创新荔枝等级分类包装方式，高端产品包装实现小型化、精致化。

3. 着力加强智慧果园建设

推进荔枝果园基础设施改造，改善水电路网渠等基础设施状况，改善生产条件、运输条件、通信条件。开展数字农业项目建设，推动荔枝种植基地

生产作业及田间管理数字化,田间设施及生产设备管控智能化、可视化,作业管理、生产加工到市场营销的全程信息化,配套智能化信息采集系统、智能化采后处理设施、智能控制冷库等设施,提高荔枝果园智能化水平。

(三) 强化科技支撑,促进产业智能化发展

1. 大力扶持荔枝种业发展

支持荔枝良种区域化试验基地和繁育圃基地建设,在茂名建设世界最大的种质资源圃,重点培育特早特晚熟、耐贮运和出口专用的优质品种,以资源创新带动品种创新,推动全国荔枝品种更新换代。依托技术优势突出、设施条件完备的教学科研及推广单位和龙头企业,在广东省内优势产区布局荔枝良种区域化试验基地,注重提高苗木繁育基地的建设水平,加快利用高接换种技术对低产、低质、低效的果园进行品种更新换代,加快荔枝品种更新换代与技术推广。

2. 加快加工关键技术研发、科技成果转化

制定荔枝产业加工标准,形成行业技术规范,推动荔枝产业向精深加工领域发展。加快发展荔枝加工产业,巩固扩大荔枝传统产品生产,改进提升荔枝精深加工产品工艺和品质,推动荔枝提取物等市场化。加强科研攻关,力争解决一批关键技术难题。加强科企合作,加快荔枝科研成果转化,鼓励有条件的企业成为技术创新决策、研发投入、科研组织和成果转化的主体。鼓励龙头企业与优势农业科研院所、高等院校联合建立产学研协同创新联合体,大力开发具有自主知识产权的技术和产品。

3. 推进智慧交易流通体系建设

在茂名国家荔枝产业园内建设世界最大的智慧荔枝交易中心,加快专业性荔枝物流配送网络、综合性农产品配送中心和物流节点建设,形成覆盖荔枝等主要农产品生产加工、恒温冷链物流、市场营销等环节,具有跨区域配送能力的交易物流体系。运用大数据分析等手段,加强对荔枝市场的价格预警和产业指导,整合现有农产品电子交易平台,提升荔枝"生产端"与"销售端"连接、互通、融合水平。鼓励产业园企业采取电子商务、拍卖、可视化等新营销模式拓展市场,支持产业园内企业、行业协会和合作社利用电子

商务加强营销推介。

（四）强化绿色生产，促进产业可持续发展

1. 建立荔枝标准化生产制度

以广东荔枝产业联盟和各主产区农业主管部门为依托，分地区、分品种制定荔枝种植标准化生产技术规程和产品分级包装标准，指导各地按标生产销售。选择种植规模和标准达到规定要求的区域，将其建设为优质高效示范基地，以增强优质鲜果生产能力，从源头上抓好果品供应。以创建优质高效示范基地为契机，集成推广关键技术，积极推行标准化生产，提高荔枝生产效益。加快建立并完善荔枝果品质量标准检测认证体系，建立一套与国际市场接轨的果品品牌评价标准与管理制度，使品牌果品基地化生产、标准化管理、集约化经营。

2. 建立荔枝绿色低碳生产制度

坚持绿色发展，坚持节约资源和保护环境，加快建设资源节约型、环境友好型荔枝种植模式，推动建立绿色低碳生产制度，推动荔枝产业低碳循环发展。全面推广测土配方施肥，加强对化肥的替代使用，坚持化肥减量提效、农药减量控害，推广使用生物农药和高效低毒低残留农药。筑牢生态安全屏障，引导增施有机肥，示范推广高效、低毒、低残留农药。加强农药使用安全风险监控和农药残留监控，扶持农业生产社会化服务组织，结合品牌创建行动开展科学用药施肥专项培训，向荔农推广绿色防控和清洁生产技术。

3. 强化荔枝果品质量安全监管

结合优势荔枝果品生产基地、标准化生产基地和无公害荔枝果品生产示范基地建设，探索推广荔枝果品生产档案登记制度。强化荔枝果品质量安全追溯管理工作，逐步实现生产记录可存储、产品流向可追踪、储运信息可查询。支持建设荔枝溯源服务中心，通过"三确一检一码"，实现全程质量追溯，逐步实现在荔枝果品生产、加工、包装、运输、储藏及市场销售等各个环节建立完备的质量安全档案记录和荔枝果品标签管理制度，把产品标签与荔枝果品认证标志、地理标志、产品商标等结合起来，逐步形成产区、销区一体化的荔枝果品质量安全追溯信息网络。

（五）强化产业联盟领航，促进产业集群式发展

1. 培育跨区域的产业集群

统筹推进国家和广东省荔枝现代农业产业园建设，做大做强产业示范引领和辐射带动，提高国家级荔枝现代农业产业园和省级荔枝现代产业园建设水平，打造荔枝优势产业区（带），培育跨区域的产业集群；大力发展"一村一品、一镇一业"富民兴村产业，支持建设一批荔枝标准化种植园、生产基地。做好专业镇、专业村的建设工作，主动与现代农业产业园建设相衔接，做到首尾相顾、相得益彰，共同做强做大荔枝产业。

2. 加强产业联盟领航作用

鼓励联盟企业积极参与现代农业产业园建设，发展"龙头企业 + 生产基地 + 农户""龙头企业 + 合作社 + 农户"等生产组织形式。鼓励联盟企业担起领航者的责任，对当地农民合作社、家庭农场、广大果农进行技术推广和经营管理交流。依托联盟加强对农民合作社、家庭农场等新型经营主体进行生产技能、微商、电子商务等新型营销手段的培训。

3. 培育壮大产业龙头企业

发挥加工龙头企业的带动作用，推进农业内外联动、产加销一体化经营。开展"加工龙头企业 + 新型经营主体 + 专用原料基地"的一体化经营试点。重点推进荔枝加工企业整合农业生产经营产业链，将农业生产的产前、产中和产后环节纳入企业经营的内部价值链，降低农户生产经营风险，保障并提高农民收益水平。

4. 提升农民合作社和家庭农场

加大力度扶持荔枝种植大户、家庭农场、农民合作社等新型经营主体。大力开展荔枝新技术、新品种、新模式培训推广，充分发挥农业技术推广网络作用，推广广东荔枝种植匠的成功经验，通过荔枝技术培训班、农民田间学校，对技术骨干、种植大户等进行农村实用人才培训，加强设备改造和优化升级，不断改进种植、加工装备和加工工艺。

5. 构建新型助农服务体系

在主产区建设专业化服务平台，培育一批社会化专业服务组织，对重要

管护环节开展社会化服务，提高荔枝产业的组织化与专业化技术服务水平。加快发展新型农业生产性服务产业，培育专业化经营性农业服务组织，统筹开展病虫害统防统治、农机作业、农资供应等生产性服务。鼓励大型电商、合作社、龙头企业等提供荔枝产地初加工、仓储流通等产后社会化服务。

（六）充分发掘荔枝文化资源，促进产业品牌化发展

1. 充分发掘荔枝文化

依托广东荔枝栽培历史悠久，古树、古诗等题材，充分发掘"妃子笑""挂绿""仙婆果"等知名品牌文化底蕴，讲好品牌故事，充分赋予"广东荔枝"文化内涵。加强荔枝产业与旅游业的融合，在荔枝主产区积极开发旅游项目，提升广东荔枝文化知名度。研究开发荔枝旅游产品，打造荔枝特色小镇、荔枝文化公园。鼓励荔枝产区与省内外旅行社合作，推出旅游线路，增强旅游业和荔枝文化对荔枝产业的带动作用。充分利用国家、广东省现代农业产业园和广东省"一村一品"建设的契机，大力发展休闲农业和乡村旅游，在全域旅游发展理念的引领下，各地因地制宜，拓展荔枝生态旅游、休闲旅游、荔枝文化体验等产业模式，打造"农业＋文化＋旅游"的荔枝产业新业态。

2. 实施荔枝产业品牌战略

打造"广东荔枝"区域公用品牌，构建公用品牌、企业品牌和产品品牌各有侧重、相得益彰的品牌体系。实施荔枝产业品牌战略，加大品牌创建、宣传和保护力度，鼓励企业打造优势品牌、培育驰名商标，全面推行荔枝产业品牌化经营，重点打造一批国内外有影响力的知名企业品牌，鼓励龙头企业和农民专业合作社等创建特色品牌。

3. 加强荔枝品牌宣传

按照政府引导、市场运作的原则，加大对区域荔枝品牌的创建扶持和保护力度，实施"区域公用品牌＋企业品牌"双品牌扩张，重点打造一批国内外有影响力的知名企业品牌，放大品牌效应，带动全省荔枝生产和销售。将"广东荔枝"品牌建设提升到融入世界市场竞争体系的高度，组织专家和专业队伍提升荔枝果品的质量与科技含量，健全荔枝果品的质量标准体系。对广

东荔枝产业统一采用"广东荔枝"品牌进行对外宣传，树立"广东荔枝"绿色营养健康的品牌形象。

4. 拓展荔枝销售市场

巩固升级传统的省外销售模式，搭建荔枝集中批量走货的平台，在主产区建设规范的大型荔枝批发市场，加快荔枝物流速度，扩大荔枝销售半径。培育壮大本土的经销商队伍，以在广东省外消费大市设立分销点、培育当地分销商等形式，拓展巨大的省外市场空间。注重拓展出口市场，加大荔枝出口程序和出口标准等有关方面的培训和宣传力度，鼓励扶持荔枝出口基地认证，对荔枝出口提供绿色便捷快速通道，实行优先检疫、优先放行。

（七）完善政策措施，优化产业发展环境

1. 加大财税支持力度

一是加大荔枝产业扶持资金。荔枝产业是广东省最具岭南特色、最具竞争优势的特色种植业，荔枝产业作为实施乡村振兴最重要的产业和率先实现走在全国前列目标的引领性产业，要根据产业年度发展目标和资金测算，优先保障财政支持，确保产业发展目标按期实现。二是创新财政资金扶持方式。建立全产业链同步扶持机制，根据"渠道不乱、用途不变、各负其责、各记其功、形成合力"的原则，统筹荔枝产业发展的财政资金，根据规划统一部署，分年度、按计划集中投入重点区域、重点产业，分批分期分区推进广东省荔枝产业高质量发展。

2. 加大金融扶持力度

完善荔枝产业金融服务体系建设、培育多层次资本市场、拓宽投融资渠道、丰富金融服务支持方式，形成"政府为主导、企业为主体、信贷为辅助、社会广泛参与"的多元化投融资体系。一是提倡民间资本进入农村金融，放开市场准入机制支持社会资本进入荔枝现代农业产业园区建设；二是引入村镇银行以及小额贷款公司，探索建立多种所有制形式并存的、不同治理结构的金融市场主体，满足荔枝产业融资的多方面需求；三是以政府为主导成立农业产业担保公司，引入政府资金，联合商业保险公司，实行市场运作方式，引入农业龙头企业以建立股份制担保公司，开展适应荔枝生产经营主体需要的担保服务，化解商业银行信贷资金风险。

3. 加强产业人才培养

制定专门规划和政策，整合教育培训资源，围绕荔枝产业开展农业技能和经营能力培训，弘扬荔枝种植"匠人精神"，发挥示范带动作用，扶持培养荔枝果品经纪人队伍，促进果品的流通销售，加大对荔枝专业大户、家庭农场经营者、农民合作社带头人、农业企业经营管理人员、农业社会化服务人员和返乡农民工的培养培训力度，提高其专业技术和管理水平。

参考文献：

［1］广东省统计局，国家统计局广东调查总队. 广东农村统计年鉴［M］. 北京：中国统计出版社，2020.

［2］麦情明，张子煜. 踏平坎坷成大道——2021 广东荔枝季圆满收官［N］. 南方农村报，2021－07－19.

［3］唐晓华，王伟光. 产业经济学导论（第二版）［M］. 北京：经济管理出版社，2018.

荔枝高质量发展产业平台分析

雷百战[*]

[摘要] 本文对广东荔枝产业高质量发展平台建设进行了深入分析,一是分析 2 个荔枝种质资源圃建设情况,二是分析国家和省级荔枝产业园、产业集群、农产品优势区、田园综合体、荔枝小镇等 10 个产业平台建设情况,三是分析 19 个省级"一村一品、一镇一业"荔枝专业镇、62 个专业村建设情况。

[关键词] 种质资源圃;现代农业产业园;"一村一品、一镇一业"

一、荔枝种质资源圃^①

(一) 农业农村部广州荔枝种质资源圃

中国是世界荔枝的起源中心,20 世纪 50 年代末,广东省农业科学院果树研究所作为国家荔枝种质资源普查工作的牵头单位,开始全面收集保存国内的荔枝种质资源、建立荔枝种质资源圃。广州荔枝种质资源圃的任务是对国内外的荔枝资源有计划地进行收集、整理、登记、鉴定、保存、交流和利用,荔枝圃向国内的科研、教学和生产提供荔枝种质的实物共享利用,是荔枝选育种的重要基因库,并成为国家现代荔枝产业体系中资源与育种功能研究室的合作与交流平台。

---

* 雷百战,广东省农业科学院农业经济与信息研究所区域经济研究室副研究员,主要从事农业区域经济研究。
① 资料来源:广东省农业科学院果树研究所。

目前，荔枝圃面积 80 亩，收集保存荔枝种质共 600 多份。圃内保存的荔枝资源在成熟期、果实大小、种子饱满程度、果实形状、肉质风味和丰产稳产等性状上涵盖了丰富的多样性，如成熟期最早的三月红和褐毛荔枝，最迟的马贵迟荔；果实特大的紫娘喜、鹅蛋荔，最小的野生荔枝 10 号；特异性状的南岛无核荔，单性结实的禾虾串，具有四季成花性能的惠东四季荔，果皮颜色特别鲜红美观优质的红灯笼、红绣球，花粉发芽率特别高的麻雀春，染色体为嵌合体的甜岩，肉质脆实、"干胞"的增城挂绿，品质特优的糯米糍、桂味，适宜制罐的雪怀子、青皮甜等特异或优异种质，丰富的遗传多样性，为荔枝资源研究和育种提供了物质基础。

通过鉴定评价筛选出优良、特异种质资源 100 多份，其中已审定品种 4 个，"红绣球""凤山红灯笼""仙进奉"等列入农业部热带南亚热带作物主导品种和广东省农业主导品种；"赛糯"和"离娘香"已申请品种权。通过创新利用获得同期结束的杂交育种材料 4000 余份，其中华荔 1～25 号等一批优株有待申请品种权及推广应用。种质圃的建设对我国荔枝产业和科研工作具有极大的推动作用。

（二）茂名市国家荔枝种质资源圃

茂名市国家荔枝种质资源圃位于茂名市高州市根子镇，占地 535.8 亩，汇集全球 12 个国家和地区的荔枝种质资源，打造中国荔枝种业"硅谷"。[①] 主要分为荔枝种质资源保存试验区、科技创新与展示区两大区域。所有馆区通过空中廊道、观景亭相连，集科研、科普、观光旅游、示范推广多功能于一体。项目建成后将成为引领荔枝产业可持续发展的实验研究基地，具有文旅特色的荔枝研究中心及国内外合作与交流平台。

荔枝种质资源保存试验区包括种质资源保存圃、鉴定圃、隔离圃、展示圃（区）四部分。其中，展示区按品种来源分为国内 7 区和国外 11 区，每个区域根据当地风土人情及品种特点，进行园林式设计。目前种质资源圃已收集到包括国内 7 大荔枝主产区（广东、广西、福建、海南、云南、四川、台

---

① 南方都市报. 汇聚 700 份种质资源，国家荔枝种质资源圃在茂名落成 [EB/OL]. https：// www.sohu.com/a/467596599_161795.

湾）及国外 11 个国家（印度、孟加拉国、尼泊尔、越南、泰国、以色列、澳大利亚、马达加斯加、南非、毛里求斯、巴西）的荔枝种质资源 600 多份，是当前国内保存荔枝种质资源最齐全、最丰富和最具特质的资源圃。资源圃中既有目前国内推广度高的，如糯米糍、妃子笑、桂味等品种，也有来自国外的，像空（Kom）、本格尔（Bengal）等品种。除品种孵化培育外，资源圃还承担着品种保存的功能。虽然有些品种受制于环境、气候、地域等多方面因素不具市场价值，但确实是很好的育种材料。资源圃的建设也是希望能汇聚全球更多的荔枝种质资源，给品种培优提供更多的选择，为荔枝产业持续发展注入动能。

荔枝科技创新与展示区包括荔枝博览馆、科研中心、孵化中心、实验室等。中国荔枝博览馆主体工程已经完工，正在进行室内布展，展馆展品也在征集中。孵化中心还将作为中国荔枝产业大会的永久会址，建设能够容纳 1000 人的会馆，集培训与活动举办功能于一体。实验室主要承担品种检测与研究以及配套技术的研究功能，将引进先进的技术及设备。资源圃建成后，将为我国荔枝新品种的选育，推动荔枝产业高质量发展发挥重要的作用。整个展示区通过引入地域文化符号与荔枝科技、科普有机融合，让游客参与互动体验，加深对荔枝历史、文化、栽培技术的认知，达到科普教育的目的。

二、产业园及其他荔枝产业发展平台

（一）广东省茂名市荔枝现代农业产业园①

2018 年，茂名市荔枝现代农业产业园成功入选国家级现代农业产业园创建名单。2020 年底，农业农村部、财政部印发了《关于认定第三批国家现代农业产业园的通知》，38 个现代农业产业园被认定为第三批国家现代农业产业园，广东省茂名市荔枝现代农业产业园名列第一。

---

① 人民资讯. 树标杆：茂名市荔枝国家现代农业产业园［EB/OL］. https：//baijiahao. baidu. com/s？id = 1700232124672849980&wfr = spider&for = pc.

1. 产业园概况

（1）覆盖范围：规划总面积143.46万亩，其中荔枝种植面积为39.6万亩，涉及茂南区、电白区和高州市3个区（县级市）11个乡镇206个行政村，园内农户共19.58万户。

（2）产业布局：包括生产种植示范区、加工物流仓储区、研发培训创新区、生态休闲旅游区、产业园管理中心等。

2. 建设成效

2018年入选国家现代农业产业园创建名单以来，广东省、茂名市高度重视产业园的创建工作，经过几年的建设，已将产业园打造成为主导产业强健、要素高度聚集、建设水平领先、设施装备先进、生产方式绿色、经营制度完善、经济效益显著的"生产＋加工＋科技＋销售"全产业链现代农业示范园。农民利益联结机制更加牢固，就业增收效果显著。

（1）荔枝产业发展水平已全国领先。一是产业规模大。荔枝产量约占广东的1/2、全国的1/4、世界的1/5，全球每五颗荔枝就有一颗产自茂名。二是占据高地快。保存种源600多份，正在建设世界最大的国家荔枝种质资源圃、中国荔枝博览馆和世界荔枝交易集散中心，同时在高州、电白等地建设3个电子商务交易平台，占领从种质资源到交易市场最为核心的产业高地。三是批量上市早。广东荔枝市场营销"12221"行动连续几年在茂名启动，抢得了市场先机。四是产品优质率高。塑造茂名荔枝千年贡品品牌，在西安举办"荔香润长安·好心扬茂名"荔枝文化旅游交流会，在中国荔枝产业大会上发布"茂名荔枝"区域公用品牌及其标识，"茂名荔枝"连续多年获得全国优质荔枝擂台赛金、银、铜多个奖项。五是"大唐荔乡"品牌响。"旅游＋荔枝""文化＋荔枝"等康养旅游产品不断增多，每年吸引旅游人数超过2000万人次。

（2）荔枝技术装备水平处于广东先进地位。一是与15家省级以上科研教育单位紧密合作，打造世界一流荔枝产业科技创新平台，联合科研机构制定发布多个地方标准，2020年最新试验引进10个适合茂名种植的潜力新品种；支持入园企业技术研发，获广东省科技进步奖、推广奖等多项奖励和专利。二是提高荔枝精深加工水平，荔枝精深加工能力达到3万吨，冷链仓储40万吨，开发出荔枝松糕、荔枝干、荔枝气泡饮料、荔枝酒等形式多样的休闲产品、保健产品。三是建成智慧荔枝园 2 个、信息化管理平台 1 个，植保无人机、升降机等新装备应用广泛，茂名果旺荔枝智慧果园是全国首个荔枝智慧果园，在克服工人短缺方面发挥了重要作用。

（3）荔枝绿色发展成效在粤西表现突出。发布实施首个荔枝标准园建设标准——《茂名市荔枝标准果园生产技术规范》，建设了 14 个标准化果园，推动荔枝种植向标准化转型，全链条实施数字化追溯，实现全程品控和绿色生产管理。目前，园内农业废弃物资源化综合利用率 90.62%，农药化肥使用实现负增长，农产品抽检合格率 99% 以上，荔枝抽检合格率 100%；拥有高州荔枝、茂名白糖罂荔枝 2 个国家地理标志产品，"桂康牌""马头牌""晟丰园牌"等 6 个荔枝绿色食品认证，高州荔枝入选广东省名特优新产品，"两品一标"比例达 82.22%。

（4）荔枝产业综合价值提升显著。目前，该产业园荔枝的种质资源保护、加工、冷链物流、休闲等全产业链格局已经形成，贡园等农业生态价值、休闲价值、文化价值得到进一步挖掘，产业园年总产值 135.28 亿元，主导产业荔枝总产值 101.85 亿元，荔枝产业的第一、第二、第三产业产值分别为：19.93 亿元、61.39 亿元和 20.53 亿元。"茂名荔枝"区域公用品牌标识正式发布，商标注册已获得国家知识产权局受理，初步实现一二三产业融合发展，农民充分分享第二和第三产业增值收益，收入明显提高，园内农村居民人均可支配收入高出全市平均水平的 33.70%，进一步助推全市乡村振兴战略的实施。

（二）茂名市高州市荔枝产业园[①]

1. 产业园概况

（1）覆盖范围：根子镇、分界镇，面积 22.2 万亩，涉及 31 个行政村、3 万户农户、13 万人口。规划面积 22.2 万亩，其中荔枝种植面积 10.6 万亩，荔枝丰年产量 9 万吨。产业园建设项目 23 个，其中实体项目 20 个，非实体项

---

① 广东新风采——高州荔枝省级现代农业产业园［EB/OL］. http://www.gaozhou.gov.cn/mmgzg-zrmzf/gkmlpt/content/0/804/post_804753.html#5524.

目 3 个。

（2）建设目标：重点突出农业结构调整示范、农业科技推广示范、规模化大基地示范、加工物流集聚示范、宜业宜居宜游示范、农村创新创业示范、辐射带动示范等功能，着力完善产业园基础设施，升级园区技术装备，培育一批龙头企业和新型农业经营主体，推动现代生产要素向园区聚集，进一步完善荔枝生产、加工、仓储、流通、销售等生产链条，同时带动保鲜材料制造、物流、电商、产品开发、文化创意、休闲旅游等配套产业，力争把产业园建成广东省荔枝全产业链创新引领区、农村一二三产业融合发展先导区、农村生态文明与绿色发展先行区。

（3）建设任务：加快推进"八个一"建设方案。即打造一个连接高速公路服务区的荔枝文化展示和物流配送集散区，建设一条展现荔乡风貌的景观大道，打造一批各具特色的荔枝园林，打造一批生态良好、荔乡风貌突出的村落，培育一批荔枝深加工企业，打造一条微商电商专业街，发展一批荔枝产业新业态，树立一批联农带农典型。通过企业、合作社等经营主体，直接带动农户数量 1.5 万户。

（4）建设投资：总投资约 3.27 亿元。

2. 建设成效

高州市荔枝产业园区总体产能得到全面提升，培育了省级农业龙头企业 5 家、"两品一标"产品 8 个，发展了荔枝酒、荔枝汁、荔枝发酵型饮料、荔枝酥等深加工产品。冷链仓储库容 2.1 万立方米、加工能力 2.2 万吨/年、物流能力 8 万吨/年，均增长 50% 以上。同步推进荔枝一二三产业融合发展，形成了荔枝标准化种植、加工、仓储、物流、电商、科研、养蜂、文化旅游、观光采摘、民宿、康养、餐饮等新业态。

产业园辐射带动 8000 多户农户，提供 3800 个就业岗位。2019 年，园区内荔枝产业总产值约 20 亿元，占产业园农业总产值 56% 以上；农民人均可支配收入 2.28 万元，高出高州市平均水平 23.6%。在 2020 年，荔枝丰收年，开展了一系列线上线下营销活动，田头均价比往年荔枝丰年价格增长 40% 以上，带动高州市果农增收 10 亿元以上，创造了高州荔枝销售的奇迹，成为高州实施乡村振兴的新支撑、农业转型发展的新亮点和产业融合发展的新载体，为广东省建设区域特色农业产业集群贡献了高州经验。

（三）茂名市荔枝优势产区产业园①

1. 区域范围

高州市谢鸡镇、泗水镇、根子镇、分界镇、金山街道；茂南区羊角镇、山阁镇；电白区旦场镇、坡心镇、林头镇、霞洞镇、电海街道；高新区七迳镇。

2. 建设目标

茂名市荔枝优势产区产业园是在国家现代农业产业园建设基础上，重点补齐茂名荔枝产业当前明显的冷链和加工短板，规划建设荔枝品种改良、标准化示范园建设、精深加工综合能力提升、出口智能化加工工厂、冷库冷链物流、荔枝种质资源圃展示中心和品牌建设等项目，推动茂名荔枝实现高质量发展。

3. 财政资金

广东省财政给予 1.5 亿元的资金补助，重点用于补短板、强弱项。

4. 重点项目

（1）荔枝标准园建设项目：主要是在产业园内完善建设 6000 亩荔枝标准化种植示范基地，重点在基地原有基础上进行树冠矮化管理、按标准化回缩间伐、高接换种、建设机耕路、建设供水工程、完善提升施肥和喷药系统、配置轨道运输设备等。

（2）荔枝品种改良项目：根据产业布局和市场需求，进一步选育和引进荔枝品种，优化茂名市荔枝种植的品种结构，均衡荔枝早、中、迟熟品种上市的比例，提高荔枝种植的效益。将现有面积过大的黑叶、白腊等中熟品种，改造为早熟妃子笑、白糖罂和晚熟桂味、糯米糍、鸡嘴荔、岭丰糯、井岗红糯、冰荔、仙进奉等优质品种。荔枝品种改良以支持嫁接专业队、支持新型经营主体、支持村集体联农带农三种财政资金扶持方式为主。凡在都可以申报，免费为产业园内且同一地点果园连片面积达 30 亩以上的农户、承包种植

---

① 关于公布 2020 年优势产区（第二批）省级现代农业产业园建设名单的通知［EB/OL］. http：//dara. gd. gov. cn/nycyy/content/post_3131535. html.

业主进行间伐、回缩、品种改良。直接支持推动全市超过 4 万亩的荔枝进行品种改良。

（3）其他项目：包括荔枝精深加工项目、冷库冷链物流项目、品牌建设与宣传推介项目、荔枝产业大数据中心建设一体化项目等，都在相继开展建设实施。

（四）高州市"大唐荔乡"国家田园综合体

2017 年，"高州市大唐荔乡田园综合体项目"获批为国家田园综合体建设试点项目。

1. 项目概况

项目位于广东省茂名高州市，其核心区是根子镇，根子镇有着 2000 多年的荔枝种植历史，种植面积达 7 万亩，是"国家白糖罂、白腊荔枝生产基地""国家荔枝标准化示范区"。[①] 茂名是名副其实的"大唐荔乡"，高州根子镇贡园建园于隋唐年间，园中树龄超过 500 年老荔枝树有 39 棵，最老的树龄 1380 年，被誉为"荔枝博物馆"。大唐荔乡主要按照"1 + 5 + 10"来打造田园综合体，即 1 个贡园（全省十大古树公园之一），5 个不同主题的古荔园（荔枝古诗主题园、状元道、四方园、荔枝文化休闲园、塘壁园）和 10 个标准示范园和观光示范园。打造集科研、生产、加工、电商物流、旅游观光、综合服务为一体的全产业链形态的荔枝产业集聚区和荔枝主题田园综合体。

2. 建设任务

该项目提出打造"八个一"，即：一条展现荔乡风貌的景观大道；一批各具特色的荔枝园林；一个既有仓储、物流、配送功能，又有文旅、购物、康养、特色餐饮等功能于一体的全球最大的荔枝物流文旅主题园；一带"三生同步"的荔风村落；一群荔枝加工作坊和深加工企业；一个宜游宜业宜购的微商电商小镇；一系列"三位一体"的荔枝产业新业态；一些带农联农的"三变"典型。

---

① 根子镇举行电商产业工作推进会 抱团发展再扬帆 [EB/OL]. http：//www. gaozhou. gov. cn/gkmlpt/content/0/957/mpost_957408. html#2338.

3. 项目特色

（1）以荔枝为核心，进行提质升级。当地政府引导村民成立52个专业合作社，对荔枝进行嫁接换冠，改良荔枝品种。荔枝成熟后进行统一的购销、加工，由合作社实行同一品牌销售。大唐荔乡在根子镇建设电商微商一条街，电商销售推动形成品质更高、口感更好的荔枝种植基地。推行"公司＋合作社"模式，建设标准化荔枝种植基地，并引导果农将自有的土地和荔枝入股，使果农变股东；村民每年可以获得租金收入，还可以获得荔枝收益分红、务工薪酬以及电商代理收入。

（2）以文化为基础，擦亮荔乡名片。基于"大唐荔乡""千年贡品"的文化底蕴和故事，推出荔枝主题文化产品和旅游项目，发展多业态荔枝产业。以全域旅游理念，充分发掘荔枝文旅资源，强力推进大唐荔乡产业群建设，擦亮荔枝产业品牌。

（3）以荔枝为媒介，邀八方宾客。高州着力做好"荔枝＋旅游"文章，以荔枝会友、以荔枝吟诗、以荔枝促商、以荔枝兴游。打造现代"大贡园"，推进荔乡风情主题村落建设。荔乡景观环道、贵妃广场、荔枝风情村、荔枝工坊、荔枝物流中心、大唐荔枝广场等相继落成，成为具有岭南特色的田园风情综合体网红打卡点。

（4）以品质为保障，打好电商品牌。茂名集中全力统一打造"茂名荔枝"区域品牌。为了促进荔枝产业结构调优、品质提升、品牌做特、旅游做旺，高州还实施荔枝品种区域差异化改造工程，在荔枝主产区域布局不同的优良荔枝品种，形成区域特色化。2019年，已建立荔枝标准化示范园90多个。茂名市每年都会通过举办农事节庆活动、电商推介会等形式，将区域品牌打响擦亮。2019年，茂名市已有荔枝龙头企业20家，冷链物流能力25万吨，带动网店3600多家、微商5000多家，茂名荔枝已通过电商行销全球。[①]

---

① 茂名市农业农村局关于茂名市政协九届第三次会议第20190203号提案答复的函〔EB/OL〕. http://www.maoming.gov.cn/zwgk/jytabljggb/content/post_716597.html.

（五）阳西县荔枝产业园①

1. 产业园概况

（1）覆盖范围：包括儒洞镇、上洋镇、新墟镇、织篢镇 4 个镇，荔枝种植面积约 13 万亩，年产量约 9 万吨。

（2）产业布局：立足阳西荔枝优势产业基础，重点建设综合服务区、现代物流区、科技研发区、双创孵化区、休闲农业区、现代种养区、现代加工区"六区一核心"。

（3）建设目标：加强荔枝产业集中化、集约化、标准化和规模化生产，以荔枝为核心，推动产业链以点带面，促进产业融合发展。促进阳西县荔枝产业的聚集升级，大力推动阳西荔枝产业的高质量发展，提升阳西荔枝品牌效应和产业竞争力，做大做强阳西荔枝产业。

2. 建设成效

（1）通过产学研合作，有效提升科技含量。产业园成立荔枝产业研发中心，参与国家荔枝良种重大科研联合攻关，与广东省科研院校合作建设安全优质荔枝龙眼生产技术示范推广基地、国家重大农技推广服务试点项目区域示范基地、国家荔枝产业技术体系双肩玉荷包高接换冠试验园、广东省妃子笑荔枝标准化示范区等。"不同熟期优质荔枝系列新品种选育和高接换种技术创新及应用"项目在 2019 年荣获广东省科技进步一等奖，"高效低风险农药在安全荔枝果品生产中的推广应用"项目在 2020 年荣获广东省农业技术推广一等奖，"智能化纳米抗菌包装膜在水果抗菌抗虫中的应用推广"项目在 2019 年荣获广东省农业技术推广奖二等奖，"岭南特色水果副产物高值化关键技术研究及应用推广"项目在 2020 年荣获广东省农业技术推广一等奖等。

（2）抢占种质资源高地，实现荔枝良种全覆盖。产业园建立国家荔枝品种资源圃，收集和保存了国内外荔枝品种或株系 103 个，育种圃收集杂交株系 230 个。组建荔枝优良品种高接换种专业服务队，大力推进荔枝品种改良进程，通过高接换种方式将劣质品种改良为妃子笑、玉荷包、白糖罂、桂味、

---

① 南方农村报. 阳西：打造荔枝数字化生态果园 [EB/OL]. https：//m. thepaper. cn/baijiahao_ 12736039.

岭丰糯、仙进奉、观音绿、井岗红糯、红蜜荔等中高端市场优良品种，基本实现早中晚熟品种和低中高品种全覆盖。经过几年时间建设，产业园通过良种改造推进荔枝种植标准化、规模化发展。

（3）建立高标准智慧果园，有效提升荔枝品质。产业园布置智能气象监测站、土壤监测站以及实时视频监控等智能数字监测设备，及时了解荔枝病害预警情况和打药适宜性等信息。应用全自动喷药防虫系统，根据病虫害发生时间合理喷洒农药，提高病虫害防治效率，实现喷药全覆盖；还可以通过车载自动喷药技术和太阳能杀虫灯防虫技术等方式综合防治病虫害。

（4）促进产业融合，帮助农民增收。产业园已建设约 5000 平方米果蔬保鲜加工生产基地，田间真空预冷设施、荔枝加工生产自动化流水线、烘干冻干房、水果保鲜气调库等，可初加工鲜荔枝 500 吨，深加工荔枝干 150 吨。阳西县还推出荔枝红色精品旅游线路，该线路获评广东十大"魅荔"红色精品休闲游线路。荔枝季，该线路吸引较多游客前来休闲采摘，带动了农户收入的增长。2020 年，产业园内农民收入超过当地平均水平 30%。

（5）做强阳西荔枝品牌，拓宽销售渠道。阳西县已培育爽缘、西荔王和洋冠红等多个绿色食品品牌，西荔王妃子笑荔枝被评为广东省名牌产品，红蜜荔和妃子笑荔枝在全国优质荔枝擂台赛上荣获金奖，井岗红糯和岭丰糯荣获银奖。阳西县开展系列荔枝品牌推广活动，发布阳西荔枝区域公用品牌标识、荔枝红色旅游线路，与全国重要批发市场、大型商超、电商平台等平台进行签约合作，启动荔枝采摘销售活动。阳西县还以大数据指导生产引领销售，组建销售区采购商队伍，培养产区经纪人队伍，深入拓展销区和产区两大市场，积极策划采购商走进阳西和阳西荔枝走进大市场等相关活动，推动阳西荔枝产业高质量发展。

（六）广州市从化区荔枝产业园①

1. 产业园概况

（1）覆盖范围：包括从化区太平镇、温泉镇、江埔街及街口街 4 个镇街，

---

① 广州市从化区荔枝产业园的资料由从化荔博园提供。

核心区种植面积 5000 亩，辐射带动周边发展荔枝面积 10 万亩。

（2）产业布局：本园区按照"一园一带三区"布局，即从化荔枝文化博览园（以江埔街为主）、从化荔枝生态观光旅游带（以温泉镇至太平镇流溪河两岸为主）、标准化种植示范区（以温泉镇、太平镇、街口街、江埔街为主）、现代化生产加工核心区（以太平镇、街口街、江埔街为主）、产业振兴示范区（以温泉镇、太平镇、街口街、江埔街为主）。

（3）建设目标：打造成为荔枝产业国家高新科技创新示范区、广东省农业供给侧结构性改革先行区、岭南荔枝农旅融合发展样板区。

（4）建设投资：3.64 亿元。

2. 建设成效

（1）科技创新实现提质增效。通过荔枝产业研究院专家团队研究选育适宜从化地区栽种优质品种，推进良种良法良品，实现提质增效；研究稳产丰产关键技术、绿色栽培技术、果园生态循环生产技术以及荔枝功能产品研究，解决产量"大小年"生产问题，推动荔枝品质提升，促进增收 30% 以上；建设科技创新中心，加强科研成果转化和先进生产技术培训，提高果农生产种植技术水平；运用物联网等大数据处理技术实现先进监测监控、数据分析、智能应用等数字化生产管理，创建"5G + 智慧荔枝"示范园，实现"提效率、降成本、增体验"。

（2）良种良法实现效益提升。重点推进太平镇井岗村井岗红糯片区、钱岗村钱岗糯米糍片区，江埔街凤凰片区、江村片区，温泉镇中田村片区、南平村片区核心区标准果园建设 5000 亩，全面实施品种改优、绿色防控体系、标准化生产技术应用。将怀枝品种改良为井岗红糯、钱岗糯米糍等优良品种，品种改良面积已达 3 万亩，计划全区面积达到 5 万亩；通过高接换种后三年挂果，第五年进入丰产期。亩产效益可达到 2 万元以上，较怀枝品种增收 1.5 万元以上，带动农户 1 万户以上，户年均增收 3 万元，比从化全区农民收入高 20% 以上。辐射带动 10 万亩荔枝种植生产，培训果农 3000 人次，协助区科协建设科普村 50 个。

（3）产业集聚延伸产业链条。大力提升原有保鲜荔枝、荔枝干和荔枝酒生产加工能力，开发荔枝精深加工产品和荔枝食品级原料产品，延伸产业链条。通过超高压低温杀菌、真空冷冻干燥、果汁低温浓缩和自动化烘干等先进设备和技术，开发无添加生态荔枝果汁、荔枝气泡酒、冻干荔枝、休闲荔枝食品、高品质冷冻荔枝等产品，研究开发荔枝多酚、荔枝乳酸饮料、荔枝多糖等功能产品以及荔枝茶、荔枝饼等休闲产品。一期年加工规模 2 万吨/年，实现加工规模达到 5 万吨，有效解决了从化现有 10 万亩槐枝的出路和价值提升问题。

（4）产业融合提升产出效益。创新荔枝定制模式。大力发展"荔枝＋"新业态，推出"荔枝＋乡村""荔枝＋旅游""荔枝＋民宿""荔枝＋粤菜"等新型组合产品，为乡村注入人流、商流、资本等要素，促进荔枝产业融合发展。2020 年产业园荔枝产量达 4 万吨，总产值达到 4 亿元以上；年加工荔枝能力达 2 万吨以上，通过带动加工、包装、流通、休闲观光产业等相关环节实现增值 6 亿元以上，以荔为媒带动旅游收入 2 亿元，园区年总产值达 12 亿元，直接带动农户就业 5000 人次，荔枝产业总产值占园区农业产值 50% 以上。同时，园区建设主体通过新品种推广、开发新技术、品牌创建、培训等方式辐射发展周边农户，以品种改良提高联农带农效益，通过以树入股、土地流转、托管、合作分成等创新集约种植模式，提高村集体和农户收入。

（七）广州市增城区仙进奉荔枝产业园（荔枝小镇）①

1. 产业园概况

（1）覆盖范围：建设范围以增城区仙村镇为主，联动朱村街等周边区域，园区总面积 1 万亩，辐射带动周边 2 万亩以上。

（2）产业布局：产业园布局包括进奉荔枝高标种植区、荔枝三产融合发展核心区、荔枝文化体验旅游区、科技农业发展示范区、生态农产品加工商贸区。荔枝小镇规划建设荔枝文化博览馆、荔枝农耕文化博览园、荔枝景观大道、荔枝交易市场（电商园）、荔枝文化广场、荔枝品种园、荔枝深加工基地、荔枝种植技术培训中心、研发基地以及连片仙进奉种植基地基础设施建设等 13 个项目。

---

① 增城出台措施促进荔枝产业发展，创建国家级荔枝产业园 ［EB/OL］. https：//www. gzdaily. cn/site2/pad/content/2020 – 10/13/content_1395951. html.

（3）建设目标：规划建设集种植、加工、电商物流、研发、观光旅游为一体的荔枝产业集群，高标准打造成广东乃至全国荔枝全产业链示范园。通过实施"荔枝＋"模式，搭建"科技荔枝＋休闲荔枝＋体验荔枝"三大产业板块，构建"荔枝＋"模式样板区。项目建成后，园区年生产总值可达4亿元以上，休闲旅游等年产值达1亿元以上，示范带动周边农户5500户以上。

（4）建设投资：产业园投资约9333万元，荔枝小镇计划投资3.14亿元。

2. 建设成效

（1）实施荔枝"优果"战略。增城区支持创建千亩仙进奉荔枝联农带农示范基地，扶持连片100亩（含）以上高接换种或扩种仙进奉荔枝园，同时，鼓励通过高接换种技术将部分品质较差的荔枝品种改良为仙进奉荔枝，进一步优化增城荔枝品种结构。全区100亩以上的荔枝基地有265个，新增"仙进奉"荔枝种植面积6000多亩。2020年仙村镇种植面积约8000亩，仙进奉产量达385.1万斤；基岗村种植仙进奉荔枝约2300亩，产量达70万公斤。"仙进奉"荔枝从仙村镇的"小特产"升级为"大产业"。

（2）实施经营主体带动策略。基岗村发挥仙进奉荔枝品牌和原产地优势，采用"合作社＋公司＋农户"的模式，成立荔枝产业联盟、荔枝协会、荔枝生产经营主体，有效集中小规模分散经营的农户，促进成员之间的资源、信息共享和合作交流，实现小农户和现代农业发展有机衔接。同时，积极发挥合作社带动作用，带动仙进奉荔枝规模化种植，负责果农的技术培训和生产指导、品牌维护以及享有仙进奉荔枝销售的定价权，保障了仙进奉荔枝的销售价格，带动村民增收致富。

（3）荔枝智慧果园提升信息化。仙村镇还利用物联网、5G、大数据等技术开展荔枝果园气候、土壤、病虫害等数据的监测，不仅实现了地块、生产、果园质量安全追溯的全程信息化管理，还构建了集智能农机、精准作业、状态监测、远程控制、监控调度、大数据可视化于一体的荔枝智慧果园。

（4）产学研创助力产业振兴。仙村镇人民政府、华南农业大学、荔枝生产企业签订合作协议，共建仙村荔枝小镇和仙进奉荔枝现代农业产业园。国家荔枝龙眼产业技术体系增城工作站、华南农业大学增城荔枝研究院、华南农业大学增城荔枝技术培训学院在仙村镇落户，助力荔枝小镇和仙进奉荔枝现代农业产业园开发具有自主知识产权的技术和产品。同时，大力开展荔枝创新技术培训，通过荔枝技术培训班、农民田间学校，对种植户进行培训，为仙村乃至增城荔枝产业发展培养实用型人才，实现产学研协同发展，全面提升荔枝产业的经济价值、社会价值、生态价值和文化价值，不断提高增城荔枝的知名度，力争荔枝产销两旺、农民增收，助力乡村振兴。同时，打造集艺术体验、文化教育、学术研究、生产制造及旅游于一体的文化创意产业园。

（5）荔枝小镇加速产业融合。小镇定位建设融合荔枝种植、食品加工、电商物流、研发创意、观光旅游为一体的荔枝产业集群。荔枝文化博览馆、荔枝农耕文化博览园、荔枝景观大道、荔枝交易市场（电商园）、荔枝文化广场、荔枝品种园等多个项目建设基本完工，荔枝小镇整体面貌已初步呈现。荔枝小镇是融合产业、文化、旅游、社区功能于一体的产业平台，通过该平台打响荔枝品牌、讲好荔枝故事、传承荔枝文化，推动荔枝产业与乡村建设、农业生态旅游有机融合与协调发展。仙村镇大力支持开展一系列宣传活动，提高仙村荔枝知名度，开拓全国市场。荔枝企业参加给"荔"上海、相遇相"枝"2020广东国际网络荔枝节之上海甜蜜蜜暨"仙基进奉""东坡荔"品牌沪上发布会及产销对接会。

（八）广州市从化区、增城区广州荔枝中国特色农产品优势区[①]

2020年，"广东省广州市从化区、增城区广州荔枝中国特色农产品优势区"入选中国特色农产品优势区名单（第三批）。广州荔枝中国特色农产品优势区创建范围以广州从化区和增城区为主，同时辐射带动花都、白云、黄埔、南沙等区。从化区、增城区荔枝种植面积占全市总面积的82%。其中，从化荔枝种植面积30.1万亩，拥有井岗红糯和钱岗糯米糍等优质品种达1.6万多亩。增城荔枝种植面积约17.3万亩，拥有增城挂绿、仙进奉、北园绿、水晶球、甜岩、桂味、糯米糍等优质荔枝品种种植面积12.38万亩。从化区、增城区分别创建了一个国家级荔枝生产标准示范园，建设集种植、加工、电商

---

① 李意稳，农丰. 中国特色农产品优势区（第三批）名单公布 增城上榜［EB/OL］. http：//zcrb. zcwin. com/content/202003/05/c142160. html.

物流、研发、观光旅游为一体的岭南荔枝产业集群。在增城区建设有荔枝小镇和仙进奉荔枝产业园，在从化区成立了"南方荔枝产业研究院"。拥有增城挂绿荔枝、增城荔枝、从化荔枝、从化荔枝蜜等4个区域公用品牌。增城挂绿、增城荔枝、从化钱岗糯米糍、萝岗糯米糍、从化荔枝蜜等5个国家地理标志保护产品。成功举办中国国际荔枝产业大会，向世界展示广州荔枝。荔枝种植人才技术过硬，3人入选广东省"十大荔枝种植匠"。广州市荔枝产业链发展全面，生产、保鲜、加工企业众多，营销渠道多元，产品远销国内北京、上海、哈尔滨、香港等城市以及欧洲、加拿大、美国及东南亚国家和地区。

（九）广东岭南荔枝产业集群①

2021年4月，"广东岭南荔枝产业集群"入选农业农村部、财政部"2021年优势特色产业集群建设名单"。广州市、东莞市、惠州市联合向农业农村部申报"广东岭南荔枝产业集群"项目，中央财政2021～2023年将每年分配广州市补助资金约2500万元、东莞市1250万元、惠州市1250万元发展荔枝产业。

1. 集群概况

（1）广州市荔枝产业概况。广州市种植荔枝面积约55.7万亩，荔枝精品、珍品层出不穷，占尽地理区位优势、荔枝品质优势、荔枝科技优势、荔枝议价优势，2020年，广州荔枝产区被认定为中国特色农产品优势区，"增城挂绿""增城荔枝""从化钱岗糯米糍""萝岗糯米糍""从化荔枝蜜"被评为国家地理标志保护产品。增城荔枝品牌价值24.8亿元，获得2021年广东荔枝最有价值区域公用品牌称号。

（2）东莞市荔枝产业概况。2020年，东莞市荔枝种植面积13.5万亩，总产量1.74万吨，同比增长521%；总产值2.2亿元，同比增长400%。东莞糯米糍和桂味共计约10万亩，观音绿、冰荔等特色品种约1万亩；优质品种占比超过80%，处于广东省乃至全国前列。东莞荔枝种植系统于2020年成功入

---

① 曹成毅. 广州多部门齐心协"荔"打好荔枝稳产助销攻坚战［EB/OL］. http://www.farmer. com.cn/2021/06/29/99873375.html.

选第五批中国重要农业文化遗产；东莞荔枝蜜酿造技艺和烘焙荔枝干技术也分别入选省、市级非遗项目。目前网络销售和休闲采摘已逐渐成为莞荔最主要的销售模式，形成线上＋线下销售的"东莞经验"。

（3）惠州市荔枝产业概况。惠州市荔枝种植面积42万亩，约占广东省荔枝种植面积的1/10，主要有"桂味""糯米糍"等优质品种。惠州还拥有"镇隆荔枝""罗浮山荔枝"2个区域公用品牌，并获国家农产品地理标志认证，其中"镇隆荔枝"入选了中国农业品牌名录和2019年农产品区域公用品牌；"山前""山顶""丹荔"等6个荔枝经营产品获广东省名牌产品和"粤字号"品牌，"山前荔枝"入选了2019年全国名特优新农产品目录。

2. 绩效目标

立足跨市区域，聚焦优势特色品种，全产业链布局、全价值链提升。参与集群建设重点县市，找准短板，明确分工，统一方案，统一布置，统一推进，实现错位发展差异化竞争，推动产业形态由"小特产"转变为"大产业"，空间布局由"平面分散"转变为"集群发展"，主体关系由"同质竞争"转变为"合作共赢"，打造具有较强综合竞争力的荔枝产业集群。

三、省级"一村一品、一镇一业"荔枝专业镇①

广东省第一批（2019年）和第二批（2020年）省级"一村一品、一镇一业"专业镇包括19个荔枝专业镇（见表1）。

表1　省级"一村一品、一镇一业"荔枝专业镇基本情况（第一批、第二批）

序号	镇名	种植面积（万亩）	主栽品种	产量（万吨）	产值（亿元）
一	粤西早中熟区				
1	湛江市廉江市良垌镇	9.56	妃子笑	7	7.6
2	茂名市电白区旦场镇	3.8	桂味、妃子笑、白糖罂	3	3
3	茂名市高州市根子镇	7	白糖罂、黑叶、白糖罂、妃子笑	2.9	2.65

① 本节资料来自广东省农业农村厅。

序号	镇名	种植面积（万亩）	主栽品种	产量（万吨）	产值（亿元）
4	茂名市高州市平山镇	2.5	白糖罂、桂味、妃子笑、三月红	2	2
5	茂名市电白区霞洞镇	8	黑叶、白腊、白糖罂、进奉、三月红、妃子笑、桂味、挂绿、糯米糍	3	4.4
6	阳江市阳东区新洲镇	3.7	双肩玉荷包、妃子笑、桂味、糯米糍	3.16	1.84
7	阳江市阳东区雅韶镇	1.24	双肩玉荷包	0.3	0.65
8	阳江市阳西县儒洞镇	3	妃子笑、玉荷包、白糖罂、桂味、岭丰糯、仙进奉、井岗红糯、红蜜荔	2	1.5
9	云浮市郁南县宝珠镇	3.8	黑叶	0.15	0.3
二	珠三角晚熟区				
10	广州市从化区太平镇	5.52	井岗红糯、钱岗糯米糍、怀枝、桂味	1.19	1.5
11	广州市从化区温泉镇	6.3	双壳槐枝、大红桂味	1	1.2
12	广州市增城区正果镇	3.75	桂味、糯米糍、槐枝、佛绿、桂绿、北园绿、甜岩等	0.85	3.75
13	东莞市大岭山镇	1.2	糯米糍、桂味、怀枝、黑叶、妃子笑、岭丰糯、青甜	0.17	0.38
14	东莞市厚街镇	4	桂味、糯米糍、冰荔、观音绿、仙进奉	0.38	0.93
15	东莞市大朗镇	1.6	妃子笑、糯米糍、桂味、怀枝	0.16	0.19
16	东莞市谢岗镇	1.3	桂味、糯米糍、妃子笑	0.15	0.36
17	惠州市博罗县泰美镇	2	糯米滋、桂味	0.4	0.5
18	惠州市惠阳区镇隆镇	4.3	糯米滋、桂味	1.2	1.8
三	粤东中迟熟区				
19	汕头市潮南区雷岭镇	4.4	糯米糍、桂味、妃子笑	0.7	1.0

资料来源：省级"一村一品、一镇一业"专业镇申报数据和笔者2021年调研补充数据。

（一）茂名市高州市平山镇

1. 发展概况

平山镇是库区镇，山区生态优良，森林覆盖率 70% 以上。荔枝栽培历史悠久，农户种植经验丰富，由于自然条件得天独厚，孕育出果头大、甜度高、口感独特、且成熟期早的平山白糖罂荔枝，是粤西地区荔枝的优质早熟品种。2020 年，荔枝种植面积 2.5 万亩，产量约 2 万吨，产值 2 亿多元，占农业经济收入 51.5%；从事荔枝产业农户 6899 户，占全镇户数的 65.3%；荔枝专业合作社 42 个，入社农民 400 多户；从事荔枝产业的农民人均可支配收入超过 1 万元。

2. 主要做法

（1）规范化种植，引导农民优种优育。该镇重视对果农进行种植技术指引，邀请专家定期到各个村委会举办种植技术培训班，引导果农间伐回缩、控梢促花、肥水管理、修枝整容等，指导果农适时适度施放有机肥、生物菌，在种植源头上杜绝了农药化肥污染。

（2）成立专门领导小组，引领产业拓销。平山镇成立了荔枝购销工作领导小组，由镇农业、工商、派出所、税务、金融、供销等部门共同组成，对 2021 年荔枝购销工作的信贷需求、交通物流、市场秩序、税务服务等进行综合协调管理，全力营造平安有序的营销环境，确保荔枝购销工作顺利开展。

（3）创建新型经营主体模式，拓展线上销售。目前平山镇有农业企业 103 家、电商企业 23 家、农民专业合作社 42 家，其中茂名市示范合作社 1 家，广东省示范合作社 1 家，每年到镇收购荔枝的外省大客商超过 60 家。荔枝收购商建有 500 平方米以上的大型制冰厂 2 间，日产冰 100 吨以上，建有专业预冷车间 4 个，能满足荔枝销售旺季的用冰和预冷需求。

（二）茂名市电白区霞洞镇

1. 发展概况

霞洞镇位于茂名市电白区西北部，大约在汉代已有荔枝种植，新河古荔贡园是茂名市四大荔枝古贡园之一。目前种植面积 8 万多亩，主要品种是黑叶，占总面积 60% 以上，其次是白腊、白糖罂、进奉、三月红、妃子笑、桂味、挂绿、糯米糍等。霞洞镇荔枝平均年产量约 3 万吨，年产值 43736 万元，占全镇农业总产值比重达 38.5%，从事荔枝产业农户数 8435 户，加入新型经营主体农户数 5420 户，年带动农户和贫困户增收 8000 元。

2. 主要做法

（1）加强荔枝生产管理环节。一是每年邀请农业专家和农艺师举办培训班，指导果农科学管理，提高荔枝品质和市场竞争力。二是营造一个"客商宽心、果农满意"的购销环境，致力培育大量的农民运销大户、农民产销合作组织、流通中介服务组织等多元化的荔枝流通体系。三是优化产业结构，通过"回缩间伐"和"嫁接改良品种"等科学管理措施提升荔枝品质和增强附加值。

（2）规划建设荔枝观光带。形成一条 20 多公里长的"8"字形观光带，整合了沙琅江两岸霞洞、上河、河南、大村等村 2000 多棵千年荔枝树的古荔园带，以及迈霄、高田、荣夏、长格、化普等村的新荔枝带资源，沿途建设荔枝观光亭，营造古荔公园（新河古荔公园），规划沿线建设种养结合互补的生态养鸡场（给游客提供荔园窑鸡烤薯活动）。

（3）探索发展荔枝加工业。计划筹建一间日加工荔枝 10 吨的荔枝蜜饯厂和荔枝啤酒厂，做大做强荔枝后加工企业，提升荔枝附加值，提升荔枝的旅游品位，产业延伸，力争果农增产增收，把荔枝产业带建设推上新台阶。

（4）联农带农机制不断创新。霞洞镇初步形成了"政府引导、市场主导、经营主体带动、小农户深度参与"的开发建设与运营机制。目前超过 100 亩的果园有 18 个，包括华南农业专业合作社、荣夏荔枝山庄家庭农场、唐氏农业有限公司等。华南农业专业合作社拥有标准化、规模化荔枝种植基地，注册了"力雄"商标，2015 年、2016 年分别获评省级示范社、国家级示范社称号。

（三）茂名市电白区旦场镇

1. 发展概况

旦场镇位于电白区中南部，依山傍海，拥有着优越的土地和气候条件。

荔枝种植面积 3.8 万亩，2019 年产量 3 万吨，产值近 3 亿元，荔枝收入占全镇农民纯收入超 60%，从事荔枝产业农户 1.1 万户，农户平均年收入 2.7 万元。拥有茂名市果旺生态农业有限公司荔枝智慧果园、茂名市三力农业有限公司荔枝标准化果园、广东泽丰园农产品有限公司出口龙头企业等。

2. 主要做法

（1）联农带农提升生产效率。省级农业龙头企业泽丰园以"龙头企业＋合作社＋科研单位＋农户＋基地＋互联网"为经营模式，形成集生产、科研、电商、销售、加工一体化的产业化体系，有效提升了荔枝生产效率。

（2）开拓出口市场。泽丰园通过打造荔枝标准化基地，建立保鲜加工厂和冷库，增加无硫保鲜加工生产线、真空冻干生产线，产品远销加拿大、美国、澳大利亚和东南亚等国家和地区。公司生产基地是广东茂名最大的荔枝出口备案基地，获首批"广东省农产品出口示范基地"，以及"农业部热作物标准化生产示范园""省级农业现代农业园区"等称号。

（3）大力推广电子商务。泽丰园与包括深圳顺丰、上海天天鲜果、本来生活网、贡天下等多家电商企业合作，开拓电商业务。

（四）茂名市高州市根子镇

1. 发展概况

根子镇位于全国水果第一市——广东省高州市东南部，荔枝种植历史可追溯到秦末，距今近 2000 年，现存最老荔枝树超过 1300 年。根子镇荔枝以种植面积阔、产量大、品质优、历史久、成熟早、市场广等特点而被誉为"中国荔枝第一镇"。2019 年荔枝种植面积 7 万亩，产量 2.9 万吨，2019 年产业收入 3 亿元，占农业经济收入 53%。从事荔枝产业农户 1.78 万户，占农户总数 90%，人均可支配收入 1.5 万元，高于乡镇人均可支配收入 6%。荔枝专业合作社 56 家，带动农户 5200 户，占从业农户数 29%，荔枝通过合作社销售比重达 30%。

2. 主要做法

（1）优化品种结构，提升物流网络。根子镇不断推广种植、改接白糖罂、妃子笑等优良早熟品种，提升本地荔枝的市场竞争力。配套有冷链冷库 23

个、自动化包装生产线 21 条，吸引京东超市、邮政优乐购、天天果园、淘宝每日优选等 10 多家知名企业集聚发展。同时，设有邮政、顺丰、德邦 3 个冷链处理中心，建成全国先进的村级生鲜物流体系，建有 7 个直播带货间。

（2）延长加工链条，拓展线上销售。研发荔枝干果等产品，提升荔枝附加值。以高州市某食品有限公司为例，自有荔枝基地 1300 多亩，辐射带动 2 万多亩，自有厂房 12000 平方米，鲜果年处理量超 1 万吨，生产荔枝干、桂圆肉、荔枝酵素、荔枝酒等初、深加工产品，干果制品年销量超 1000 吨。根子镇成立电商产业支部委员会，2020 年联系、服务、带动全镇 1200 多名电商从业人员，网销荔枝总额超过 4 亿元。其中，联结企业及农产品专业合作社的有 40 多家。

（3）挖掘历史资源，提升品牌价值。根子镇通过打造贡园、红荔阁等优质旅游产品，创建柏桥电商街、物流园，建设荔枝博物馆、荔枝种质资源圃等，充分挖掘根子荔枝历史和文化资源，提升"大唐荔乡"品牌形象。

（五）湛江市廉江市良垌镇

1. 发展概况

良垌镇作为廉江市荔枝主产区，种植荔枝历史悠久，品种丰富，品质优良，是全国"一村一品"（荔枝）示范镇、广东省"一村一品"（荔枝）专业镇、广东省熟期最早的大型优质荔枝生产基地。2020 年，良垌镇入选 2020 年全国乡村特色产业十亿元镇。全镇种植荔枝 9.56 万亩，其中"妃子笑"8 万多亩，是粤西地区最大的"妃子笑"生产基地和出口基地，荔枝年产量超过 10 万吨。

良垌镇有省级农业龙头企业 3 家，96 个专业合作社，固定收购档口 150 多个，参与荔枝收购加工流通人员大约 8000 人，每年前来良垌镇收购荔枝的外地客商 200 多个，高峰期荔枝日销售量 100 万公斤以上。

2020 年，良垌荔枝年出口量近 3000 吨，出口量占全国荔枝出口总量的 30%，占广东荔枝出口总量的 40% 以上，出口到美国、英国、澳大利亚、新加坡、荷兰等国家。全镇荔枝产值 7.6 亿元，占全镇农业总产值 34.09%，从事荔枝产业农民 5.2 万人，农户年人均可支配收入 1.6 万元。

2. 主要做法

（1）规范种植。制定荔枝标准化栽培技术规程，全面推行"一控两减三基本"，深入实施有机肥替代化肥行动，全面提升荔枝生产标准化种植。积极组织合作社开展荔枝标准化技术培训，进一步提升了农民荔枝标准化栽培技术水平。

（2）采后加工。建设荔枝产业加工体系，新建2800立方米的保鲜库、硬底化装卸货场地、购置货物卸载电瓶叉车；购置皮带式分拣机、浸液式预冷机、烘干机及配套筛盘、立体包装机等，有效提升荔枝附加值。

（3）公共服务。购买2套培训设备，开展新型经营主体人才培训。开展荔枝品牌培育，申请廉江荔枝农产品地理标志登记，制定廉江荔枝生产技术标准。对通过认定省名牌、绿色食品、有机产品等的经营主体进行奖励。2020年，成功注册"良荔"商标。

（4）品牌建设。2020年举办第二届"乡村振兴'良荔'有你"品牌推广活动。鼓励农业龙头企业参加国内外的各种农博会和展销会，开展产销对接。积极参加湛江市举办的"湛江·东盟农博会"展销，不断扩大良垌荔枝的品牌影响力。

（5）农旅融合。科学布局种植示范区、加工集聚区、三产融合示范区、科研加工区、休闲旅游区等。每年通过休闲采摘活动吸引游客50万人次，销售荔枝200万斤以上。

（六）云浮市郁南县宝珠镇

1. 发展概况

宝珠镇位于郁南县中部偏北，紧靠北回归线，自然生态环境优越，山地丘陵众多，水质优良，土壤肥沃。庞寨黑叶荔枝已有500多年种植历史。2012年，庞寨黑叶荔枝获得中国绿色食品证书。2016年，宝珠镇庞寨村被国家农业部认定为"全国一村一品示范村"。同年12月，"庞寨黑叶荔枝"获得国家地理标志保护产品。2017年，入选广东省名特优新农产品。全镇荔枝种植面积3.8万亩，已形成庞寨、宝珠、大林、大用四个村公路沿线长达12公里的"荔枝走廊"。宝珠镇内有农业企业5家、农民专业合作社9个，带动种植户 2500 户。2020 年总产量超过 300 万斤，产值占全镇农业生产总值 30% 以上；参与标准化种植的农户人均收入达到 13800 元。

2. 主要做法

（1）推进品种改良和标准化种植。打造 200 亩飞凤山荔枝产业提质增效试验基地，引进仙进奉、凤山红灯笼、御金球、井岗红糯等荔枝新品种，举办荔枝新品种科普知识及种植技术培训班，示范推广庞寨黑叶荔枝高位嫁接荔枝新品种矮化种植及标准化生产技术，辐射带动 1000 亩荔枝品质提升。

（2）提升保鲜加工水平。购置农业机械、烘干设备，新建荔枝储藏预冷库，补齐荔枝的预冷保鲜环节，加大荔枝干加工等。开发荔枝工艺创意产品，延伸产业增值链条至荔枝木雕刻工艺品。

（3）实施文化品牌带动战略。以"聚宝藏珠、山水荔乡"为定位，统筹做好"山水"文章，推动镇域三产融合。以荔枝文化为主题，修建荔枝文化馆、荔枝主题公园。新冠肺炎疫情期间，通过名特优新农产品宣传推介、平台直播带货线上销售、深挖庞寨荔枝文化、吸引游客休闲观光等多措并举，擦亮庞寨黑叶荔枝品牌，示范带动群众增产增收。

（七）阳江市阳东区新洲镇

1. 发展概况

新洲镇是阳东区荔枝主产区，主要以双肩玉荷包为主，另外还有妃子笑、桂味、糯米糍等优质品种。阳东区有"中国双肩玉荷包之乡"之称，双肩玉荷包荔枝以皮薄、肉厚、肉脆、清甜、糖酸度适中等独特的品质而著称，适合加工成冻干荔枝、荔枝罐头等产品。2010 年 2 月双肩玉荷包荔枝获得"中国地理标志证明商标"称号，在 2017 年 11 月又获得"广东省名特优新农产品"区域公用品牌。新洲镇荔枝种植面积 3.7 万亩，占阳东区的 25%，其中标准化种植基地 1.2 万亩。从事荔枝经营主体有 23 家，规模较大的有兴农果蔬生产专业合作社和众生农业专业合作社。2020 年，荔枝总产量达 3.16 万吨，总产值 1.84 亿元，占全镇农业产值 31.7%。全镇农户种植荔枝有 2630 户，占全镇农户总数的 24.6%，荔枝种植户人均可支配收入 19212 元。荔枝主要销往全国各大城市，部分出口美国、加拿大、欧盟、澳大利亚及东南亚各国。

2. 主要做法

（1）抓好品种改良和完善管理模式。采用高位嫁接换种技术，对现有传统品种进行部分推广改良，成熟期早、中、晚相结合，实现品种多样化生产发展。现全镇已改良的妃子笑有 8000 多亩，已改良的仙进奉、糯米糍、桂味等品种有 1000 多亩。结合农户意愿，把小而散的果园进行整合和实行集约化管理，打造 10 多个示范园，深化"种养、加工、休闲"的立体融合发展模式，有效提高果园综合效益，切实增加农民经济收入。

（2）不断扶持新型经营主体发展。新洲镇不但在土地流转、农业基础设施建设、种植技术培训等方面进行引导和扶持，还通过"合作社 + 基地 + 农户"的农业发展模式来提高合作社及农民生产积极性。新洲镇兴农果蔬生产专业合作社集果蔬生产、购销、开发、推广等服务于一体，是国家级农民专业合作社，实行荔枝标准化、绿色化种植，注册了"新荔"商标，购置了荔枝烘干机和冻干机等进行荔枝干加工，有效提升了荔枝附加值。

（3）加大品牌宣传推介力度。通过举办"2020 年广东国际网络荔枝节——阳江·阳东线下产销对接暨线上直播活动"，推动合作社、种植大户和现场客商的产销对接，进一步宣传提升双肩玉荷苞之乡品牌知名度。

（八）阳江市阳东区雅韶镇

1. 发展概况

雅韶镇依山傍海，资源丰富，也是"中国双肩玉荷包荔枝之乡"，是重要的荔枝出口基地和省级双肩玉荷包标准化生产示范基地。2020 年，全镇荔枝种植面积达 1.24 万亩，产量 3000 多吨，总产值 6500 万元，占全镇农业种植业总产值的 54%。荔枝从业人员 1200 多户，农民人均年纯收入 16300 元。

2. 主要做法

（1）加强绿色生态技术推广。在种植过程中推广增施有机肥、水肥一体化和病虫害绿色防控等绿色生态种植技术，组织开展技术培训班，聘请专家教授开展讲课和实地指导，提高种植户的荔枝种植和管理技术水平。

（2）支持新型经营主体带动。积极扶持新型农业经营主体参与荔枝产业发展，如柳西水果专业合作社以"合作社 + 基地 + 农户"产业化模式，建设了 2400 亩的荔枝标准化生产基地，示范带动周边 2800 多户农户种植荔枝，培训社员掌握荔枝标准化、绿色化种植技术，还通过对接收购商，为果农解决销售难等问题。

（3）通过强化品牌带动销售。积极搭建品牌推介平台，通过举办网上直播、镇长带货和线下参加推介会、展销会等渠道，提高荔枝区域公用品牌知名度，扩大荔枝的销售。

（九）阳江市阳西县儒洞镇

1. 发展概况

阳西已发展成为广东最优势的中早熟荔枝产区之一。阳西县儒洞镇位于广东省西南部沿海，依山傍海。儒洞镇是全国"一村一品"荔枝示范镇，2020 年荔枝种植面积 3 万亩，产量 2 万吨，年产值 1.5 亿元，约占农业总产值的 30.7%；荔枝从业农户数约 2320 户，占全镇农户 20.5%，带动农户增收 1 万元/年。

2. 主要做法

（1）新品种引进促进品种改良。儒洞镇通过高接换种方式将劣质品种改良为妃子笑、玉荷包、白糖罂、桂味、岭丰糯、仙进奉、井岗红糯、红蜜荔等优良品种，实现了荔枝良种覆盖领先。以阳西县华翔果场、好迪果场等为品种引进及示范基地，建立了阳西县荔枝品种资源圃，收集和保存了国内外荔枝品种 102 个。引进推广以荔枝果实套袋技术为核心的荔枝绿色食品生产技术、水肥一体化技术（滴灌、微喷灌）、车载自动喷药技术、太阳能杀虫灯防虫技术、妃子笑荔枝免疏花技术，妃子笑荔枝早花一次性座果技术等。

（2）产业园建设促进品质提升。儒洞镇主要的荔枝新型经营主体有阳西县西荔王果蔬种植专业合作社、阳江市农村盛宴农业发展有限公司、阳西县事事成荔枝专业合作社等。2019 年成功申请阳西县荔枝产业园，加强了产学研合作，提升了荔枝标准化种植水平，荔枝品质也大幅提升。产业园牵头单位西荔王合作社的"西荔王"牌荔枝荣获"绿色食品"A 级证书。农村盛宴公司在 2018 年示范园岭丰糯荔枝荣获"全国优质荔枝擂台赛"银奖。事事成合作社在"2019 年中国优质荔枝擂台赛"妃子笑组评比中荣获金奖。

（3）三产服务提升产业综合效益。儒洞镇建成荔枝产业链（农产品电商）服务中心，全程为产区提供专业服务。将本镇荔枝产品进行整体包装和认证，打造名优特色荔枝品牌，提高附加值，依托电商渠道，构筑紧凑而有序的商业联合体，降低流通成本。通过连续几年成功举办荔枝文化节，使得荔枝品牌影响力逐年提升。

（十）广州市从化区太平镇

1. 发展概况

从化是著名的荔枝之乡，太平镇是广州荔枝的重要产区，主要品种有井岗红糯、钱岗糯米糍、怀枝、桂味等。太平镇从事荔枝种植农户较多，产业发展基础牢固。2020年荔枝种植面积55203亩，产量11870吨，产值1.5亿元。

2. 主要做法

（1）精心打造产业发展平台。太平镇作为从化区荔枝省级产业园核心区和农业产业强镇，充分整合高接换种品质改良、加工流通产品开发、农旅融合荔枝定制、科技支撑提质增效等优势资源，打造太平万亩荔枝产业片区；通过"企业＋合作社＋农户"模式，打造荔枝保鲜加工销售一体化综合平台；充分发挥"钱岗糯米糍"品牌优势，结合古驿道小镇建设，全面打造荔枝休闲旅游产业区；以钱岗糯米糍、井岗红糯、木棉荔枝王为核心，整合周边历史文化资源，打造一批以荔枝文化为核心的精品文创休闲旅游线路。

（2）促进荔枝加工产业深度融合。太平镇已初步形成"村民种植＋镇内加工"的农业产业格局。镇内农产品加工实施主体众多，积极开展荔枝保鲜加工和电商销售，拓展荔枝出口、商超直供和网上销售渠道。

（3）农旅深度融合促进乡村振兴。建设科普教育观光长廊、荔枝王公园、井岗红糯文创村、钱岗糯米糍古驿道等景区，配套游客体验、接待及特色荔枝文化交流中心，大力拓展荔枝产业生态、生活功能，逐步建立以荔兴旅、以旅助农、农旅结合的发展格局。结合从化区"美荔定制"活动，走农旅融合发展之路。大力推动"荔枝＋"，以"荔"为媒促进农旅融合，推出"荔枝＋乡村""荔枝＋旅游""荔枝＋民宿"等新型组合产品，做实做大"农业＋旅游"，全面推进乡村振兴战略实施。

（十一）广州市从化区温泉镇

1. 发展概况

温泉镇位于流溪河上游，自然地理优越，土壤地力肥力基础好，双壳槐枝、大红桂味种植历史悠久。全镇荔枝种植面积 62768 亩，其中怀枝 33203 亩，桂味 27305 亩，糯米糍 1543 亩。主栽区划分为三大片区：灌村片区（新南村、石坑村、南平村、新田村）、温泉片区（云星村、宣星村）、桃园片区（中田村、桃莲村）。南平村双核怀枝已入选第九批全国"一村一品"示范村。温泉镇双壳怀枝（成熟期 7 月初～8 月上旬）、大红桂味（成熟期 6 月下旬～7 月中旬）因其个大、色艳、迟熟而深受果农和消费者的欢迎，价格比同类水果高 3～5 元，是当地村民的主要收入来源。2020 年，荔枝产量 1 万吨，产值 1.2 亿元。

2. 主要做法

（1）积极参与从化区美荔定制销售模式。2018 年起，温泉镇创新荔枝定制销售模式，以先行认购、农旅结合等方式销售温泉荔枝。2019 年，温泉镇参与荔枝定制销售的村由南平村拓展到石坑村、云星村、中田村及宣星村，帮助农民定购销售、整树定制近 30 万斤，带动销售金额约 530 多万元。经过几年来探索，荔枝定制模式已经逐渐成熟，实现荔枝销售"从最迟熟到最早定""从论斤卖到论棵、论片定制"。从化区围绕打好荔枝"产业、市场、科技、文化、红色、绿色"六张牌，升级"生态从化 美荔定制"模式。每年 4 月就陆续推出"荔枝＋电商＋公益＋旅游＋乡村"系列营销活动，提前抢闸销售，弥补因晚熟上市而错过最佳销售期的时间差，并通过荔枝定制不断丰富"荔枝＋N"组合产品，让更多市民到从化赏花摘果叹美景美食，促进一二三产业融合发展，切实增加农民收入。

（2）积极配合建设从化区荔枝产业园。重点打造从化荔枝生态观光旅游带（以温泉镇至太平镇流溪河两岸为主），拓展荔枝产业生态、生活功能，逐步建立以荔兴旅、以旅助农、农旅结合的创新发展模式。高标准建设标准化种植示范区（温泉镇南平村、中田村），提高果园基础设施和绿色防控水平，提高优质品种流溪桂味、钱岗糯米糍等稳产丰产种植关键技术，大幅增加荔枝产量和品质。

（3）大力发展荔枝现代加工业。扶持企业开发荔枝精深加工产品和荔枝食品级原料产品，延伸产业链条，通过超高压低温杀菌、真空冷冻干燥、果汁低温浓缩和自动化烘干等先进设备和技术，开发荔枝浓缩汁、荔枝酒、冻干荔枝、高品质冷冻荔枝等荔枝生态产品。

（4）积极发展乡村新型服务业。加快推动农村电商发展，探索实施"荔枝＋大湾区建设""荔枝＋高校"等私人定制销售模式，实现荔枝种植"大年不愁卖、小年保增收"。积极培育观光休闲、生态农业新业态，南平静修小镇、温泉财富小镇和石门森林公园入选农业农村部推荐休闲农业和乡村旅游精品景点。

（十二）广州市增城区正果镇

1. 发展概况

正果镇地处增城东北部，北回归线横穿中部，荣获"中国最佳休闲小镇""广东省森林小镇""全国'一村一品'示范村镇"等称号。荔枝种植面积约3.75万亩，其中桂味2.8万亩，糯米糍0.6万亩，怀枝0.2万亩，其余有少量名贵品种，如佛绿、挂绿、北园绿、甜岩、仙进奉等。荔枝种植户约1万户，占镇农户总数的90.9%。2020年，荔枝产量8500多吨，产值3.75亿元，占镇农业总产值的54.7%。

2. 主要做法

（1）坚持绿色生态种植。严格执行国家优质荔枝生产技术规程，采用有机肥及测土配方施肥；选用无毒、低残留药品施药，推广无人机等先进装备实施杀虫，推广物理或天敌绿色防控。实行荔枝林下圈养畜禽，减少病虫害发生。积极响应有机肥补贴、无人机作业补贴、政策性水果保险等惠民政策。

（2）紧抓经营主体和品牌建设。全镇扶持建立有2家荔枝企业和21家荔枝农民专业合作社（家庭农场），建立"企业（合作社）＋基地＋农户＋市场"共同体合作模式，由企业（合作社）向农户提供对外销售渠道、良种配给和种植指导等服务，对接快递公司设立快递点，发展冷链运输技术，将荔枝销往国内外。鼓励企业（合作社）加强品牌建设，广州增城银耀荔枝专业合作社注册商标"银耀"、广州市增城兰溪农产品专业合作社注册商标"增溪"。2018年正果镇兰溪村桂味、糯米糍荔枝获得中国优质荔枝擂台赛的银奖和铜奖。

（3）加快农旅融合，强化特色宣传。2017～2019年，广州市、增城区两级财政共投入4500万元用于荔枝沟特色小镇、荔枝文化公园、古荔园建设。建设特色荔枝文化公园，保护千年古荔枝树，规划建设兰溪荔枝沟特色小镇，讲好荔枝故事，发展荔枝经济；每年定期开展"增城正果兰溪荔枝文化旅游节"，集中展示当季荔枝，逐步打响正果兰溪荔枝品牌，吸引周边城市消费者到现场采摘及购买荔枝。全镇适合采摘的果场数51个，兰溪村有5间农家餐馆、6家民宿、24家酒坊等，借助荔枝沟小镇走出一条生态振兴的致富之路。

（十三）惠州市博罗县泰美镇

1. 发展概况

泰美镇荔枝种植历史悠久，象头山上不乏树龄百年以上的荔枝古树。2018年，"罗浮山荔枝"通过国家地理标志认证。全镇荔枝种植面积2万亩，占全县种植面积的30%以上。目前镇内拥有连片3000亩的荔枝园1个，300～800亩的荔枝园3个，农业示范基地1个。荔枝年产量超过4000吨，年产值超过5000万元，优质经营主体70家。通过合作社方式直接带动100多户，间接带动800多户，荔枝种植农户达到5000多人，户年均收入增长到1万多元。

2. 主要做法

（1）通过技术创新提升品质。全镇近年主要通过品种改良技术提升泰美荔枝的品质，针对原有的怀枝等效益不佳的品种，改为采用嫁接等技术，改为水晶球、仙进奉等优质品种。另外，采用节水技术，通过建设水肥一体化系统，降低对劳动力的依赖，降低劳动力成本，同时节约用水，提高种植效率。

（2）通过新型经营主体做强产业。新型经营主体以合作社为主，共有农民专业合作社20多家，省市县示范社3家。泰美镇依托良好的生态环境和地理优势，按照"四季飘香、季季有鲜"的发展思路，逐渐形成一批水果采摘基地。通过重点打造雷公村荔枝示范村，以合作社带动村民以土地入社，或者资本入社，统一种植和销售，重振荔枝特色产业。

（3）通过品牌创建开拓市场。一是注册"象头山"牌农产品商标，建立农产品销售的电子平台，促使农业逐步向商品化、集约化、规模化方向发展；二是通过举办荔枝文化节活动，提升泰美荔枝的品牌知名度；三是积极参与农业博览会、农产品展销会等平台加大品牌宣传，打响特色农产品品牌。

（4）通过一二三产业融合助力乡村振兴。打造全产业链发展融合模式，从建设种植基地，到荔枝保鲜加工，到仓储智能管理、市场营销体系打造，再到休闲农业、乡村旅游、品牌建设、行业集聚等，形成全产业链，助力乡村全面振兴。例如象山蔬果合作社通过建设烘干厂房和采购烘干机，在荔枝大年为社员及村民在荔枝深加工方面提供保障。

（十四）惠州市惠阳区镇隆镇

1. 发展概况

镇隆镇荔枝种植历史悠久，现存数十棵上百年的荔枝古树，其中 13 棵树龄达到 600 年，为国家一级古树。镇隆镇因其独特的气候及地理种植环境，镇隆荔枝色如丹霞、肉厚核小，味道鲜美、甜而不腻，口感极佳，孕育了享誉各地的"糯米滋"和"桂味"等优质荔枝品种，优质荔枝品种占比95%以上。全镇荔枝种植面积4.3万亩，2020 年荔枝产业喜获丰收，产值达到1.8亿元，同比 2018 年，专业种植户收入增长 6 倍以上，实现丰产增收。近年来，镇隆镇立足资源禀赋挖掘产品内涵，连续举办荔枝文化节，打造特色产业形象。与此同时，升级种植标准、引进采购商、开展云营销，建设荔枝公园，镇隆荔枝品牌价值持续提升。

2. 主要做法

（1）高度重视荔枝种植和品质提升。镇隆荔枝生产协会组织种植管理团队，与省市区荔枝专家建立技术支持合作，通过现场指导或视频直播学习果园管理知识。镇隆荔枝生产协会统一申请种植基地 GAP 认证，推动镇隆荔枝达到最优品质；同时，引导镇隆合作社、种植大户使用溯源码标签，保障荔枝质量安全。

（2）引进采购商，完善物流链。镇隆镇在广东省率先推出采购商下基地免费食宿的政策，主动邀请亚果会、盒马、海吉星等大型采购商深入产区看果园、品鲜果、谈合作；组建服务队、采果队、装车队，稳定一批常年服务全镇荔枝的采购商，有效拓宽荔枝产销对接渠道。整合京东物流、跨越速运、顺丰速运、中通快递、德邦快递等物流公司缔结成物流支援联盟，直接为果农降低运费30%。同时，设置"一村一物流联盟点"，全方位服务好广大果农和荔枝销售商。

（3）开展云销售，打开新市场。一是积极参与2020广东荔枝"12221"市场营销暨广东国际网络荔枝节，与腾讯公司合作在镇隆推动全国首个网上乡村微综艺活动，整合东坡荔产品、文化、衍生品营销，当天网络活动在线观看人数超过300万人。目前镇隆经营电商的农户超过400户，电商销售占比超五成。"云端销售"模式已经成为"镇隆荔枝"价值增长的最好渠道，极大提升东坡荔枝知名度。二是积极参与上海、杭州、重庆等地推介活动，推动荔枝北上。三是推动荔枝合作社与广东中荔农业集团有限公司合作，在镇隆镇山顶村、黄洞村建设荔枝标准化出口种植基地，努力扩大荔枝出口。2020年，镇隆荔枝走出国门，合计出口60吨荔枝到欧美地区。

（4）扩大宣传，挖掘品牌新价值。2016年，"镇隆荔枝"获评国家农产品地理标志保护产品、广东省名特优新系列农产品区域公用品牌；2018年，获得广东省名牌产品；2019年，入选中国农业品牌目录农产品区域公用品牌名单。从2010年至今，镇隆已连续10年成功举办镇隆荔枝文化节，形成了独具惠阳特色的地方文化品牌。邀请人民日报、新华网、央广网、中国农业网、南方报业等主流媒体宣传报道，陆续登陆"广东荔枝"高铁专列、上海五星级酒店、广州地铁等平台，全方位、多元化展示镇隆"东坡荔"品牌。

（十五）东莞市大岭山镇

1. 发展概况

大岭山位于东莞市中南部，山地丘陵资源丰富，荔枝种植历史悠久，现存100年以上古荔树约有6000棵。大岭山"糯米糍"荔枝曾荣获1992年首届中国农业博览会"金质奖";"糯米糍""桂味""青甜"荔枝获得1997年第三届中国农业博览会"名优产品"称号。全镇荔枝种植总面积1.2万亩,品种以糯米糍和桂味为主,少部分怀枝、黑叶、妃子笑、岭丰糯、青甜等。"岭丰糯"是2010年在大岭山镇由东莞市农科中心、华南农业大学和大岭山农办共同选育的品种,已通过广东省农作物品种审定。2020年,荔枝产量1700吨,总产值3800万元。

2. 主要做法

(1)推动标准化种植。2006年以来,大岭山镇分别在连平村、水朗村和杨屋村建成了3个荔枝标准化生产基地,总面积接近1000亩,其中连平村基地获得无公害农产品认证,水朗村和杨屋村基地获得绿色食品认证。大岭山镇农技中心在金鸡咀水库、马山水库和老虎岩水库建立了荔枝示范基地,试验示范荔枝优质新品种,推广新技术、高效低毒农药和先进植保器械等,辐射带动周边荔枝种植户不断改进荔枝种植技术,提升管理水平,达到增产增收目的。

(2)培育新型经营主体。积极培育荔枝规模种植户、农业企业、农民合作社、家庭农场等新型经营主体。例如,东莞市某农业科技公司,密切协助东莞市荔枝协会,带动荔农发展荔枝产业,应用荔枝病虫害绿色防控技术、探索荔枝冷链物流和电商销售等。

(3)唱响荔枝文化品牌。深入挖掘荔枝文化,助推荔枝产业发展。2020年,举办首次荔香文化系列展活动,包含"荔质文心"荔枝文化展、"红荔诗韵"东莞历代荔枝诗词书法展、"丹荔物语"荔枝科普长廊、"岭风荔影"大岭山风情摄影展、"阅读荔荐"荔枝主题图书角等五大主题,展示荔枝产业现状、艺术形象,讲述荔枝故事,传播荔枝文化内涵。

(十六) 东莞市大朗镇

1. 发展概况

大朗镇位于东莞市中南部,荔枝种植面积历史最多时达4万亩,被誉为"荔枝之乡"。主栽品种有妃子笑、糯米糍、桂味、怀枝等,另有红绣球、状元红、莞香红、砸死牛、鹅蛋荔等特色品种,以糯米糍、桂味品质最优。

2020 年，大朗镇荔枝种植面积约 1.6 万亩，产量约 1566 吨，产值约 1900 万元，占农业总产值的 50%，荔枝种植户有 620 户，人均收入超过 3 万元。

2. 主要做法

（1）选育新品种，推广绿色化种植技术。积极推动新品种选育，提升荔枝品种自主创新能力。2003 年，由广东省农科院果树研究所、东莞市农技管理办和大朗镇共同选育出优良本土品种"红绣球"；水平村村民培育出荔枝新品种"莞香红"，在 2019 年全国荔枝擂台赛获评银奖，目前正在审定阶段。镇农办多次组织培训交流活动，推广荔枝绿色防控技术，有效提升荔枝品质安全。

（2）电商企业引领荔枝鲜果电商销售。东莞市问道电子商务科技有限公司从电商起步到推行"莞荔＋"模式，在荔枝品质上下功夫。搭建了近 2000 立方米的荔枝生鲜冷链智慧工场，构建了《莞吉荔荔枝采摘注意事项》《莞吉荔荔枝品质控制标准》《莞吉荔荔枝出厂标准》等品牌管理标准体系。2020 年，问道公司已上线京东、天猫、顺丰等各大电商平台，销售额达 1850 万元。大朗镇在大井头社区打造荔枝电商专业街，引导荔农通过淘宝、微商、直播平台等渠道销售荔枝。2020 年，实现"云端"销售 11.8 万单，带动物流业消费约 350 万元。

（3）规划建设荔枝休闲公园。充分利用荔枝种植资源，推动建设大朗镇荔香湿地公园、松柏朗荔枝公园、水平村古荔公园等。不但保留了荔枝生产功能，而且也为都市居民提供了生态优美、配套完善、富有特色的休闲场所，发挥荔枝的社会效益和生态价值。

（4）传承发扬荔枝文化。2020 年，大朗镇举办以"品质朗荔 给荔中国"为主题的荔枝文化节，邀请荔枝产业专家、荔枝种植匠、电商营销者等共商东莞荔枝高品质发展道路，大力弘扬荔枝文化，研讨东莞荔枝走出去战略。

（十七）东莞市谢岗镇

1. 发展概况

谢岗镇是东莞市的"东大门"，拥有丰富的山地资源。荔枝品种主要有桂味、糯米糍、妃子笑，其中桂味占 7 成，糯米糍占 2 成。2020 年，荔枝种植面积 1.3 万亩，产量约 1500 吨，产值约 3600 万元。东莞"荔枝王"位于南面村谢禾山，树龄达 150 年，一次挂果最多达 3000 多斤，虽属怀枝类，但味道鲜嫩、口味独特。

2. 主要做法

（1）培育专业合作社，带领荔农快速发展。谢岗镇成立了银峰荔枝合作社和合意荔枝合作社，管理荔枝生产面积达到 3700 亩。经常组织荔农开展行业交流活动，共享荔枝生产管理、病虫害绿色防控、荔枝市场销售等信息。银峰荔枝作社获评为国家级农民合作社示范社，生产的桂味、糯米糍荔枝获得了国家绿色食品认证，并入选《2017 年度全国名特优新农产品目录》。

（2）重视品牌建设，提升产品竞争力。2019 年，谢岗镇启动申报"谢岗荔枝"与"谢岗银瓶红荔枝"两个地理标志证明商标。2020 年，谢岗镇注册了"银瓶红"荔枝商标，从品牌形象打造、销售渠道开拓、物流资源整合、产品品质把控、整体行业发展规划等方向全方位打造"银瓶红"品牌。

（3）推动荔枝产业融合，提升农产品附加值。近几年，谢岗镇扶持发展荔枝干加工，为农户烘干荔枝超过 12 万斤，帮助农户有效解决荔枝保鲜期短、上市期集中、"大年"销售难、"果贱伤农"等问题。同时，积极搭建特色农产品推广平台，以"互联网＋谢岗特产"模式，通过菜虫网等电商平台及直播带货的形式，将谢岗特色农产品推向全国。2020 年，谢岗镇举办"活力银瓶 给荔谢岗"银瓶红荔枝节启动仪式，在谢岗优品小程序举办系列秒杀、直播活动，推动谢岗荔枝的销售，积极推动谢岗荔枝"走出去"。谢岗镇还依托东莞第一峰银瓶山的旅游资源，规划建设银瓶山——南面生态旅游休闲体验基地、银瓶湖省级湿地公园等休闲农旅融合项目，推出农产品采摘、客家文化体验、农家乐美食等服务，不断延伸产业链条，提升荔枝产业附加值。

（十八）东莞市厚街镇

1. 发展概况

厚街镇荔枝种植历史悠久，荔枝品种以桂味、糯米糍为主，逐步嫁接引进冰荔、岭丰糯、井岗红糯、北园绿、塘厦红、观音绿、新糯荔等八大名优荔枝品种。2020 年，荔枝种植面积约 4 万亩，荔枝产值为 9277.9 万元，约占农业总产值 33.17%。荔枝从业人员有 603 户，占全镇农业种植农户总数 63.47%，农民人均收入约 1.5 万元/年；辐射带动农户 900 多户。

2. 主要做法

（1）加大培训交流，推广良种良法。多次举办荔枝种植关键技术培训，不断提高种植户的生产技术水平。并组织种植户到增城、惠州和深圳等地的先进示范果园参观交流。多名种植户尝试嫁接新荔枝品种为母本基地 100 多亩，并与有关科研院所联合建立示范基地，向种植户推广优良品种和先进适用技术。

（2）推进产品认证，培育知名品牌。积极申报无公害、绿色食品认证。2013 年，大迳荔枝被认定为绿色食品 A 级产品；2014 年，成功注册"大迳荔枝"商标；2017 年，"东莞荔枝"获得国家农产品地理标志登记保护认证，以厚街镇大迳社区荔枝为代表。2018 年，"冰荔"荣获"2018 年中国优质荔枝擂台赛"糯米糍组金奖；大迳荔枝于 2019 年 9 月获得"中国优质荔枝擂台赛"桂味组评比金奖。

（3）促进产销对接，传承荔枝文化。2020 年，厚街镇举办大迳桂冠荔枝节暨推荐会，与顺丰、邮政、京东等电商平台对接签约，把荔枝销往全国各地。鼓励果农巧用"微商"、抖音直播等方式拓展销路。深入挖掘荔枝文化内涵，宣传推广大迳优质荔枝果品，全力打造"荔枝之乡"、山水旅游、生态休闲等品牌。

（十九）汕头市潮南区雷岭镇

1. 发展概况

雷岭镇种植荔枝已有 500 多年历史，是汕头市面积最大、产量最多、质量最好的荔枝产区，是广东荔枝中晚熟产区代表。荔枝种植面积 4.4 万亩，主要品种有桂味、糯米糍、妃子笑、黑叶等。2020 年，荔枝种植户约 5000 户，年均产量约 7000 吨，产值约 1 亿元。所产荔枝色泽鲜浓，糖分含量高，肉脆香味浓，品质极佳。"雷岭荔枝"已获得国家级和省级"无公害农产品证书"，已连续 17 年出口美国，年均出口 100 多吨。

2. 主要做法

（1）培育新型经营主体，创建标准化基地。2020年，雷岭镇拥有荔枝协会、农业技术推广中心以及荔枝专业合作社、雷岭蜂业专业合作社等各类专业合作社35个；有荔枝专业户5000多户，每个村（居）都有5～10户专业大户。建立了"合作社＋标准＋基地＋农户"的生产模式，实行"统一培训、统一进药、统一保管、统一配方、统一施药、统一检查"的"六统一"标准化生产管理措施，有力推动了荔枝的标准化生产。镇里创建了"镇办林场"和"苦埔场"两个集体荔枝生产示范基地，基地面积达1000多亩，年产量达500吨。

（2）注重合作创新和技术推广。以雷岭镇荔枝协会技术力量为基础，与华南农业大学、广东省农业科学院、汕头大学、汕头市农科所等科研院校建立联系，聘请专家作为荔枝标准化种植技术顾问，积极引进嫁接名特优新品种，合作开展新品种选育、新技术研发和新技能培训。

（3）做好产销服务，拓宽营销渠道。一是由雷岭镇政府牵头，组织经销人员联系老客户、发展新客户到镇设点收购，有效扩大市场覆盖面；帮助客商按政策办理购销荔枝等有关手续，包括市场管理费、植物检疫证书等证件。二是积极推行"雷岭荔枝"溯源二维码注册认证，在微信公众号设立微商城进行销售，并在淘宝网开设"雷岭荔枝"专卖店，申请"雷岭荔枝"进驻"特色中国—广东馆"，并借助京东物流的实力，力促雷岭荔枝走向高端市场。三是在汕头检验检疫局的帮助下，成功创建了荔枝出口基地。

（4）完善产业链条，农旅融合致富。雷岭镇通过"强化科技支撑、提升产品品质、打造地方特色、开拓电商市场、创建区域品牌、拉长产业链条"等发展举措，推动雷岭荔枝高质量发展。另外，雷岭也积极打造特色旅游观光小镇，把过往单一的产销模式转变为现在的"种荔枝—加工荔枝—游雷岭—摘荔枝—品荔枝—吃农家菜"全链条农业产业新模式。2008年以来，连续13年成功举办了"汕头潮南·雷岭荔枝文化旅游节"。2020年，荔枝文化旅游节以"相约雷岭 甜蜜接荔"为主题，宣传推介汕头荔枝品牌，促进产销对接交流，推出"直播助农带货""自助采摘""生态游""农家游""休闲观光游""特色农产品展销"等项目，以"荔枝＋电商＋慈善＋旅游＋直播带货"

营销模式，助力雷岭荔枝产销，推动三产融合和村强民富。

四、省级"一村一品、一镇一业"荔枝专业村①

广东省首批省级"一村一品、一镇一业"专业村（2020年）包括62个荔枝专业村（见表2）。

表2　　省级"一村一品、一镇一业"荔枝专业村基本情况（第一批）

序号	村名	主栽品种	面积（亩）	产值（万元）	农户数（户）	带动农户增收（元/年）	品牌名称
一	粤西早中熟区						
1	湛江市廉江市良垌镇黄茅村	妃子笑、桂味、鸡嘴荔	5000	610.9	236	20000	广良
2	湛江市廉江市良垌镇苑瑶村	妃子笑、桂味、鸡嘴荔	6516	750.64	930	5000	
3	湛江市廉江市石城镇罗笛埇村	妃子笑、桂味、白糖罂、鸡嘴荔	5000	1000	300	8000	
4	湛江市廉江市石城镇铜锣埇村	妃子笑、白糖罂、黑叶、桂味	6500	2160	406	19500	"一骑红"荔枝
5	湛江市廉江市石城镇谢茂村	妃子笑、白糖罂、黑叶、桂味	1500	480	38	5000	
6	湛江市廉江市新民镇朗塘村	妃子笑、桂味、三月红、白糖罂、黑叶、鸡嘴荔	2000	637	218	20500	"早桂"荔枝
7	湛江市廉江市新民镇鸡笼塘村	妃子笑、桂味、三月红、白糖罂、黑叶、鸡嘴荔	3000	300	159	5000	
8	湛江市遂溪县乌塘镇湛川村	白糖罂、妃子笑、鸡嘴荔、桂味、无核荔	10600	10800	380	2000	湛川河谷

①　本部分资料来自广东省农业农村厅。

序号	村名	主栽品种	面积（亩）	产值（万元）	农户数（户）	带动农户增收（元/年）	品牌名称
9	湛江市徐闻县迈陈镇北街村	白糖罂、妃子笑、桂味、无核荔	10000	15000	120	16800	北街富天红
10	湛江市徐闻县迈陈镇龙潭村	白糖罂、妃子笑、桂味	5000	8250	572	3200	"益鸟湾红土荔枝"商标，正在办理中
11	湛江市雷州市英利镇田丰村	白糖罂、妃子笑	1600	620	200	3000	田丰村
12	茂名市茂南区山阁镇福居村	白糖罂、妃子笑、桂味	1200	531.5	1063	5000	
13	茂名市茂南区山阁镇那际村	白糖罂、妃子笑、桂味	1268	481.84	321	5331	
14	茂名市电白区霞洞镇上河村	白糖罂、黑叶、白腊、进奉	1300	1140	524	8000	
15	茂名市电白区林头镇塘村	妃子笑、桂味、糯米糍、白糖罂	2500	1060	685	3200	大衙红
16	茂名市电白区麻岗镇大路街村	妃子笑、桂味、糯米糍、白糖罂、岭丰糯、仙进奉、黑叶、白腊	6000	912	315	18727	大衙红
17	茂名市高州市根子镇公垌村	白糖罂、妃子笑	10000	4180	832	15300	
18	茂名市高州市根子镇柏桥村	白糖罂、妃子笑	5000	2000	1006	5000	
19	茂名市高州市沙田镇桃栏村	白糖罂、妃子笑、鸡嘴荔	8000	1920	376	5500	
20	茂名市高州市分界镇南山村	白糖罂、妃子笑、桂味	565	2979	980	4500	
21	茂名市信宜市北界镇甘棠村	晚香玉、鉴江红糯	5000	5303.1	493	18686	

序号	村名	主栽品种	面积（亩）	产值（万元）	农户数（户）	带动农户增收（元/年）	品牌名称
22	茂名市化州市石湾街李山村	白糖罂、妃子笑、黑叶	716	840	249	650	
23	阳江市阳东区雅韶镇柳西村	双肩玉荷包	6000	2625	293	19500	
24	阳江市阳东区塘坪镇北甘村	双肩玉荷包、桂味、冰荔、仙进奉	8000	3920	560	19800	
25	阳江市阳东区大沟镇新梨村	双肩玉荷包、黑叶、妃子笑	2600	2200	300	2000	农呈蜜意
26	阳江市阳东区新洲镇新洲村	双肩玉荷包、妃子笑、桂味、仙进奉、冰荔、岭丰糯	7000	4560	630	21700	
27	阳江市阳春市岗美镇那排村	糯米糍、桂味	500	1550	392	19520	
28	阳江市阳西县儒洞镇河洞村	双肩玉荷包、妃子笑、桂味、仙进奉、冰荔（红蜜荔）、岭丰糯	8050	4360	114	10050	爽缘
29	阳江市阳西县儒洞镇蓝田村	双肩玉荷包、妃子笑、桂味、仙进奉、冰荔、岭丰糯	19000	2320	371	30000	西荔王
30	阳江市阳西县上洋镇上联村	双肩玉荷包、妃子笑、桂味、仙进奉、冰荔、岭丰糯	4500	5400	850	12000	
31	云浮市郁南县宝珠镇庞寨村	仙进奉、凤山红灯笼、御金球、井岗红糯	9200	750	603	13800	

序号	村名	主栽品种	面积（亩）	产值（万元）	农户数（户）	带动农户增收（元/年）	品牌名称
32	肇庆市德庆县官圩镇胜敢村	鸳鸯桂味	2000	1587	425	21310	和胜丽
二	珠三角晚熟区						
33	广州市从化区太平镇井岗村	井岗红糯	1800	300	300	3000	
34	广州市从化区太平镇钱岗村	井岗红糯、桂味	600	800	408	3000	钱岗糯米糍荔枝
35	广州市从化区江埔街道南方村	水厅桂味	700	382	234	24581	水厅桂味
36	广州市从化区江埔街道新明村	水厅桂味	381	397	250	24981	水厅桂味
37	广州市从化区江埔街道汉田村	流溪桂味	600	502	267	26072	流溪桂味
38	广州市从化区温泉镇中田村	大红桂味	2500	1755	710	15000	中田大红桂味荔枝
39	广州市从化区温泉镇南平村	双壳怀枝	3000	600	299	18500	双壳槐枝
40	广州市从化区温泉镇新南村	双壳怀枝	2000	1500	442	10000	
41	广州市从化区温泉镇桃莲村	大红桂味	8000	5100	546	10600	大红桂味
42	广州市增城区正果镇兰溪村	桂味、糯米糍	5000	6000	750	45000	增溪
43	广州市增城区派潭镇樟洞坑村	桂味、糯米糍	6100	1300	570	50000	
44	东莞市厚街镇大迳社区	桂味、糯米糍、冰荔、塘厦红、观音绿	8000	1600	550	14500	大迳荔枝
45	东莞市厚街镇新围社区	桂味、糯米糍、冰荔、塘厦红、观音绿	14000	1200	750	15000	新糯荔

序号	村名	主栽品种	面积（亩）	产值（万元）	农户数（户）	带动农户增收（元/年）	品牌名称
46	东莞市塘厦镇石马社区	塘厦红、桂味、糯米糍	500	380	25	18500	塘厦红
47	东莞市大朗镇水平村	妃子笑、糯米糍、桂味、怀枝	2000	500	500	20000	
48	东莞市樟木头镇金河社区	观音绿	3000	1300	381	20000	樟木头观音绿
49	东莞市横沥镇长巷村	桂味、糯米糍、妃子笑	800	120	371	5000	
50	东莞市虎门镇怀德社区	桂味、糯米糍、妃子笑	1650	1272	703	6000	怀德荔枝
51	东莞市谢岗镇南面村	桂味、糯米糍、妃子笑	6800	2000	327	10300	银瓶红
52	东莞市黄江镇大冚村	桂味、糯米糍、妃子笑	2975	500	200	20270	
53	惠州市惠东县九龙峰度假区联新村	桂味、糯米糍	7000	3744	415	20320	南溪日辉
54	惠州市惠阳区镇隆镇井龙村	桂味、糯米糍	3000	2200	800	5000	镇隆荔枝、东坡荔、沙堆坑荔枝
55	惠州市惠阳区镇隆镇山顶村	桂味、糯米糍	8500	2450	500	5000	镇隆荔枝、山顶村荔枝
56	惠州市博罗县龙华镇柳村	仙进奉、东莞红		1557	280	11200	山前荔枝
57	惠州市博罗县泰美镇雷公村	桂味、糯米糍	3500	7360	401	3500	罗浮山荔枝
三	粤东中迟熟区						
58	汕头市潮南区雷岭镇东新村	妃子笑、凤山红灯笼、糯米糍、桂味	2300	350	580	1500	

续表

序号	村名	主栽品种	面积（亩）	产值（万元）	农户数（户）	带动农户增收（元/年）	品牌名称
59	汕头市潮南区雷岭镇东老村	妃子笑、凤山红灯笼、糯米糍	3200	400	600	1500	
60	汕尾市海丰县赤坑镇岗头村	妃子笑、凤山红灯笼、糯米糍、桂味	4300	15860	300	21000	
61	汕尾市陆丰市博美镇博美村	桂味、糯米糍	1000	400	300	15000	
62	汕尾市华侨管理区侨兴街道办事处四社区	桂味、冰荔、仙进奉	1400	700	230	10500	获宝

资料来源：省级"一村一品、一镇一业"专业镇申报数据和笔者 2021 年调研补充数据。

（一）湛江市廉江市良垌镇黄茅村

黄茅村地处良垌镇西北面，90% 的村民以荔枝为生，荔枝种植面积 5000 多亩，种植户有 236 户。2019 年荔枝产值 610.9 万元，荔枝种植户人均收入 2 万元。村中日升荔枝专业合作社集水果生产、销售（含出口）、保鲜加工、技术研究等功能于一体。现有社员 400 多户，分布在廉江、遂溪、坡头、化州等县市，辐射带动周边多个镇和农场的果农 5000 多户，荔枝种植面积达 1 万多亩，年销售荔枝、龙眼 9000 吨，出口美国、加拿大等国家。合作社在黄茅村成立了 5000 亩 GAP 种植基地，引进环境监测设备和农产品溯源系统，注册"广良牌"商标，自建有 1000 平方米冷库、1500 平方米硬底化专业收购场地、5000 平方米保鲜处理车间。合作社成立了 200 多人的服务团队，实现农业生产托管，提供种、管、收、运、销一条龙服务，推动现代农业服务规模化。合作社开展游客到果园采摘，进一步拓展休闲旅游业。

（二）湛江市遂溪县乌塘镇湛川村

湛川村种植荔枝约 1 万亩，主要品种有白糖罂、妃子笑、鸡嘴荔、桂味、无核荔。湛川村充分发挥自身荔枝种植传统优势，成立湛川河谷荔枝种植专业合作社，投入 100 万元建设储存库和产销链，打造"湛川河谷荔枝"品牌，走上了荔枝种植规模化、产业化发展道路。2020 年，合作社自身及辐射带动早熟荔枝种植面积约 13000 亩，产量约 1200 万斤，产值超过 1 亿元。带动荔枝种植户 380 户，人均增收 2000 元/年。乌塘镇举办"2021 广东（遂溪）湛川河谷荔枝文化旅游节"，以"乡村振兴　美荔乌塘"为主题，以"为群众办实事、助群众增收入，深入推进乡村振兴战略"为出发点，以旅游休闲、商贸推广、采摘体验、手礼相伴、鲜果品尝、亲子休闲、长者养生等系列活动为主线，充分展示乌塘传统产业发展现状和乡村振兴建设成果，并为游客提供荔枝森林公园、荔枝街、古荔园等特色鲜明、亮点突出的休闲观光好去处。

（三）湛江市徐闻县迈陈镇北街村

目前徐闻荔枝种植有白糖罂、妃子笑和桂味三种，主要分布在迈陈镇的北街村、龙潭村。北街村位于徐闻县迈陈镇境北部，荔枝种植面积 1 万多亩，徐闻县荔枝集中于 5 月上市，第一批果比廉江、高州等地早 10 天左右，荔枝销路畅通，价格稳定，市场供不应求。在镇政府土地流转政策引导下，徐闻县红源种植专业合作社吸引 120 多户村民土地入股（按照 500 元亩/年，租金另计，年底享受分红），带动村民不断学习先进种植管理经验和电商销售技巧。合作社注册"北街富天红"商标，采取自产自销模式，直接通过冷链运输直达上海和江浙等地的高端市场。北街村积极推进乡村振兴战略，依托荔枝基地、海参基地、对虾基地、盐场、海底温泉、红树林保护区等资源，结合浓郁的乡土文化，开发海底温泉及滨海浴场等文旅项目，以及以荔枝产业为主题的乡村民宿旅游，助力村民增收致富，人均收入 16800 元/年。荔枝上市期间，广州、深圳、珠海、佛山等地游客慕名而来北街荔乡采摘品尝和观光游玩。2020 年，徐闻县在该村举办以"大陆之南，北街荔枝"为主题的荔枝网络直通车活动，进一步扩大徐闻北街荔枝的品牌影响力，促进产销有效对接，助力徐闻荔枝产业高质量发展。

（四）湛江市雷州市英利镇田丰村

田丰村位于雷州市最南端，以前属于省定贫困村。2018 年，佛山市顺德区驻村扶贫工作队根据本地蔬果相对早熟的特点，聚焦产业短板，利用佛山市扶贫专项资金45万元和村民集资的15万元，依托村中雷州市顺康种养专业合作社，以收益共享的方式投资建设了67亩田丰高品质荔枝示范园（一期），种植妃子笑、白糖罂等高品质荔枝，计划面积将达到1600亩。区别于传统的荔枝种植技术，田丰村实施良种苗木培育，在基地投入灌溉、太阳能杀虫灯等设施，建设了容量700立方米的低温冷库。工作队协助田丰村拓展、完善鲜果"规模种植—保险储运—产销对接"产业链，并积极邀请省荔枝产业专家为村民开展栽培技术培训。荔枝果苗培育初期果树间隔较大，前三年套种辣椒、玉米、苦瓜等作物，充分发挥土地价值，在2021年荔枝季已有荔枝产出。目前，合作社种植户有200户，注册了"田丰村"商标，农产品销售收入达到620万元，村民人均增收3000多元。

（五）茂名市电白区霞洞镇上河村

上河村位于霞洞镇浮山岭南麓，沙浪江北岸，荔枝种植面积1300多亩，现存成片古老荔枝树1000多株。霞洞新河古荔贡园，是全世界现存最大的千年古荔园，此园始于秦汉时期，拓展于梁陈朝代，鼎盛于隋唐年间。现存571株古荔枝树，占地367.52亩。不少树龄在1500年以上。荔枝品种有黑叶、仙进奉、白腊、桂味、白糖罂、大造（红皮）等品种，其中黑叶是当时岭南主要荔枝品种，果肉结实，剥开壳不流汁，味道清纯，且较耐贮运。据多方考证，"一骑红尘妃子笑，无人知是荔枝来"中的荔枝，便是产自茂名古荔贡园的黑叶荔枝。古荔贡园见证了冼太夫人及其后人对茂名荔枝生产发展的历史贡献，在传承发展历史节点上的贡献不可磨灭，其支撑和引领了茂名荔枝在唐朝以来至今每个历史时期的发展。

（六）茂名市电白区林头镇塘村

林头镇所属大衙片区，在20世纪80年代中后期开创了电白连片规模化种植荔枝的先河，并在大衙圩形成了全国知名的荔枝集散中心。林头镇位于茂名市荔枝优势产区产业园规划范围，正在优化荔枝品种种植结构，均衡荔枝早、中、迟熟品种上市的比例。通过荔枝高枝换种技术，将经济效益低、市场占有率低的黑叶、白腊等品种，嫁接为高效益、优质的桂味、妃子笑、糯米糍等品种，进一步提高荔枝的经济效益，为果农增产增收。2020 年，林头镇荔枝种植面积 5 万亩，产量 2 万多吨，产值 2 亿多元。其中，塘村荔枝种植面积 2500 亩，种植品种主要有妃子笑、桂味、糯米糍、白糖罂等。种植户有 685 户，2020 年荔枝产值 1060 万元，人均增收 3200 元/年。广东中和科技有限公司注册"大衙红"商标。林头镇开展"荔枝＋电商＋旅游＋直播带货"营销模式，与拼多多、快手、抖音、淘宝、趣直播等平台合作，培育 44 位直播带货达人现场直播宣传，把荔枝、龙眼、土鸡蛋等特色产品销往全国各地，推介"十里河湾"等旅游文化品牌。林头镇打造 8 个荔枝休闲观光果场，设计 2 条观光采摘线路，发展荔枝果园休闲采摘。

（七）茂名市高州市根子镇柏桥村

柏桥村位于"中国荔枝第一镇"根子镇，村中有形成于隋唐年间的古荔枝园"根子贡园"，据说唐朝宦官高力士当年进贡给杨贵妃的荔枝就出自该园而得名。贡园里有古荔枝树 39 棵，古树树龄至少有 500 年，最长树龄达到 1300 多年。是目前全国面积最大、历史最悠久、保存最完好、老荔枝树最多、品种最齐全的古荔园之一，被誉为"荔枝博物馆"。园内古荔丛生，形态各异。有些古树主干部分腐朽，中空成洞，但根部萌生新枝，几代同堂，相映成趣，极具观赏价值。据历史考证，根子贡园与附近的禄段贡园都是著名荔枝品种"白糖罂"（蜂糖罂）的发源地。村里有电影《荔枝红了》取景拍摄景点，还有供奉着大唐国师杨筠松的众仙宫，省级农业公园——荔枝主题公园。"广东省十大农业公园——高州荔枝主题公园"项目落户柏桥村，是中华传统文化传承基地，也是全国农业旅游观光示范点。柏桥村荔枝种植品种主要是白糖罂、妃子笑。2020 年，荔枝种植面积 5000 多亩，种植户多大 1006 户，产值达到 2000 万元，种植户人均增收 5000 元。

（八）茂名市信宜市北界镇甘棠村

北界镇荔枝种植历史悠久，2020 年全镇荔枝种植面积 19018 亩，总产量 9611 吨。甘棠村荔枝种植面积 5000 亩，品种主要是鉴江红糯、晚香玉，百果仙妃合作社带动荔枝种植户近 500 户。鉴江红糯果形较大，色泽鲜红间蜡黄，肉厚，口感嫩滑，味清甜，核瘦小，自然糖分高。晚香玉是甘棠村独有品种，种植面积有 3000 亩，母树树龄将近 350 年。晚香玉荔枝成熟期在 6 月下旬至 7 月上旬，果实特大，最大可达 80 克以上，其果皮较硬较厚，色泽红中带黄绿，以红为主；果肉呈奶白色，肉质嫩滑，不流汁；风味上乘，与糯米糍相近，但又带点桂花香，可食率 78.8%。和常见的白糖罂、妃子笑、桂味等荔枝不同，一棵晚香玉荔枝树可结三种果实类型（大核、焦核、无核），大果大核，中果焦核，小果无核。此外，晚香玉早结、丰产、稳产、适应性广、单株产量高，且因极少裂果，具有较大的推广应用价值和市场潜力。目前，甘棠村约有晚香玉荔枝。2020 年，甘棠村荔枝总产值达到 5300 万元，农民人均收入达到 18686 元。2021 年，广东泽丰园农产品有限公司采购晚香玉荔枝，实现首次出口，销往法国。

（九）阳江市阳东区塘坪镇北甘村

"双肩玉荷包"荔枝是阳东区地方优良品种，塘坪镇是双肩玉荷包原种发源地，北甘村、钓月村是该品种最早栽培的地方，据考证尚存的母树树龄达 700 多年。塘坪镇北甘村是全国"一村一品"示范村，荔枝种植面积 8000 亩，品种有桂味、双肩玉荷包、冰荔、仙进奉等优质品种。盛鸿水果种植专业合作社带动种植户 560 户。2020 年，荔枝总产量达 600 万斤，产值达到 3900 多万元。种植户人均收入达到 1.98 万元。

（十）阳江市阳东区新洲镇新洲村

新洲镇荔枝种植面积 6 万亩，占整个阳东区荔枝种植面积的 25%，其中新洲村种植面积 7000 多亩，主要以双肩玉荷包为当家品种，另外还有妃子笑、桂味、糯米糍、仙进奉、冰荔、岭丰糯等优质品种。2020 年，荔枝种植户有 630 户，荔枝产值达到 4560 万元，农户人均收入达到 2.17 万元。2020 年广东国际网络荔枝节——阳江·阳东线上直播暨线下产销对接活动在阳东区新洲镇举行，来自全国各地 20 多家采购商与当地 30 位供应商进行面对面洽谈。新洲镇政府举办荔枝产品推介会等一系列同期活动，进一步打响"双肩玉荷包"的市场知名度。某专业合作社与某企业签订了长期合作协议，并联合获得首次自主出口权，在集散中心已形成集荔枝供应、冷藏保鲜、分拣包装、全程冷链运输等产供一条龙的产业链。2020 年，新州镇荔枝出口 3000吨，占阳东荔枝出口量 80%，占阳江荔枝出口量 65%，远销马来西亚、印度尼西亚、新加坡等国家。

（十一）云浮市郁南县宝珠镇庞寨村

"庞寨黑叶荔枝"为国家地理标志保护产品，已有 500 多年种植历史。宝珠镇坚持实施品牌带动战略，不断提升庞寨黑叶荔枝种植技术和质量，通过规范种植管理、强化宣传推介、深挖荔枝本身所具有的历史文化品位等多措并举，擦亮庞寨黑叶荔枝全国"一村一品"绿色品牌，示范带动当地群众增产增收。庞寨村荔枝品种以黑叶为主，其他还有仙进奉、凤山红灯笼、御金球、井岗红糯等优良品种。2020 年，全村荔枝种植面积 9200 亩，荔枝种植户600 多户，荔枝产值达到 750 万元，荔枝种植户人均收入达到 1.38 万元。庞寨村以"荔枝"和"碧道"为抓手，在保留村庄特有的民居风貌、农业景观、乡土文化的基础上，主题凸显庞寨荔枝文化、荔枝名人典故、庞寨村古建筑的"荔乡古道"文化路线，以景墙、建筑墙绘长廊、景观小品、景观雕塑、荔枝文化馆、碧荔湖、荔枝赋、品荔台等元素，将荔枝文化、荔枝名人典故文化以实体形式呈现出来，把庞寨村打造成产业兴旺、生态宜居、乡风文明、治理有效的文旅特色村庄。

（十二）肇庆市德庆县官圩镇胜敢村

鸳鸯桂味荔枝属增城挂绿支系，品种源于清代。荔枝果皮中有条明显的分界线，颜色红中带绿，且每一个大果上都附着一个小果，因此得名"鸳鸯"。2017 年入选广东省名特优新农产品区域公用品牌，2019 年进入全国名特优新农产品名录，2020 年"德庆鸳鸯桂味荔枝"获得国家知识产权局地理标志证明商标。胜敢村是官圩镇荔枝种植面积最大的村，面积有 2000 多亩，荔枝种植户 425 户。2019 年，全村鸳鸯桂味荔枝收入 1500 多万元，荔枝种植户人均收入达到 2.1 万元。鸳鸯桂味合作社建设 100 立方米冷库和 100 平方米加工厂房，购置烘干机，对鸳鸯桂味进行加工，注册了"和胜丽"商标。近年来，官圩镇加快整合生态、文化资源，通过举办鸳鸯桂味荔枝文化节活动助推荔枝销售和打响区域品牌，也带动了乡村旅游业发展。

（十三）广州市从化区太平镇井岗村

井岗村是井岗红糯荔枝的原产地。井岗红糯的糖含量最高，乙酸含量相对较低，鲜味氨基酸含量相对较高，质地细嫩，味道清甜，有香气，具有丰产稳产、迟熟（6月30日到7月20日，较桂味迟熟7~10天）、无大小年、易管理的特性。井岗村荔枝种植面积约3000亩，品种有井岗红糯、桂味、糯米糍、怀枝为主，井岗红糯面积1800亩，种植户有300户。2020年产值300万元，荔枝种植户人均增收3000元。当地企业在井岗村建设了井岗红糯原种基地2000亩，创建"太平镇井岗村井岗红糯文创村"。

（十四）广州市从化区太平镇钱岗村

钱岗村坐落在北回归线标志塔旁，种植糯米糍荔枝历史已有200多年。"钱岗糯米糍"2011年被认定国家地理标志保护农产品，果肉厚，核小，色泽大红，果形呈扁心形，皮较厚而裂果少，焦核率特高，果肉白腊色略透明，肉厚软滑，风味浓甜。2020年，钱岗村糯米糍种植面积600亩，种植户有408户，新型经营主体有甘之果家庭农场。荔枝产值达到800万元，荔枝种植户人均增收3000元。

（十五）广州市从化区江埔街道南方村

水厅桂味荔枝原产于江埔街白田岗（新明村、南方村），距今已有500多年历史。水厅桂味特点：果实1/4带有墨绿色的斑点在肩上，其余的通身丹红，又称"鸭头绿"；其外壳带刺，肉晶莹乳白，爽脆香甜，肉厚核小，剥开果壳用纸包果肉不见半点水迹，皮硬且较耐贮存。南方村有两棵"水厅桂味"百年老树，桂味种植面积有700亩。2020年桂味荔枝产值380多万元，荔枝种植户有234户，荔枝种植户人均收入达到2.45万元。近年来，在江埔街政府部门的支持下，多措并举助推荔枝销售，成效显著。

（十六）广州市从化区江埔街道新明村

新明村有 4 棵百年荔枝老树，是"水厅桂味"的母树。2004 年注册"水厅"牌商标。2020 年，新明村桂味荔枝种植面积 381 亩，种植户有 250 户，荔枝产值达到 397 万元，种植户人均收入达到 2.5 万元。在江埔街党工委、街道办事处的大力支持和指导下，新明村和南方村通过统一品牌、统一物流、统一包装的模式进行统一销售，由村委负责统计农户和经济社的荔枝产量、收集买家信息、对接农村电商服务站点，承担起为供应方、经销商和物流链三方牵线搭台的核心作用。

（十七）广州市从化区江埔街道汉田村

流溪桂味主要分布于温泉镇和江埔街片区，被誉为"喝着温泉水生产出来的"荔枝，细核，肉质爽脆，清甜，桂花香味特浓，果皮浅红色。流溪桂味成熟期在 6 月下旬~7 月中旬。汉田村流溪桂味种植面积有 600 亩，种植户有 260 多户，桂味荔枝产值 500 万元，荔枝种植户人均收入达到 2.6 万元。

（十八）广州市从化区温泉镇南平村

2016 年，南平村率先探索以村企合作的新模式，和广州珠江实业集团成立合作公司打造"南平静修小镇"。南平村先后荣获"中国美丽休闲乡村""国家森林乡村""广东省卫生村""广州市美丽乡村和广州名村""广东省文化和旅游特色村"、第九批全国"一村一品"示范村镇名单等荣誉。从化区以南平村作为试点村，创新性推出了荔枝定制销售的模式，打开了荔枝销售业态升级的新通道。

从化双壳怀枝主要分布在温泉镇的南平村、新南村、灌村一带，获国家地理标志证明商标。双壳怀枝颜色鲜红，果身呈圆球形，肉软滑多汁，肉质结实，口感爽脆，果肉嫩白汁甜丰盈而不外泄，是从化荔枝最晚熟的村之一（采摘期为 7 月初~8 月中旬）。南平村荔枝种植面积 4000 亩，以双壳怀枝、桂味为主，双壳怀枝 3000 多亩。2020 年，荔枝种植户近 300 户，双壳怀枝产值达到 600 万元，荔枝种植户人均收入达到 1.85 万元。南平荔枝节是推广岭南文化、讲好南平振兴故事的重要载体。2020 年，荔枝节主办方举办近百场精彩活动，为美丽乡村带来 4～5 倍的自驾客流，为村民荔枝带来采摘销售红利。借助文化旅游活动，游客们品尝大湾区名优荔枝，更真切地感受到广州乡村振兴的实践成果。

（十九）广州市增城区正果镇兰溪村

兰溪村位于罗浮山麓，拥有原生态的兰溪荔枝沟，沟内有挂绿、桂味、怀枝、水晶球、糯米糍、黑叶、蜜糖埕等几十个品种的荔枝，百年荔枝树随处可见，甚至还有超过 1300 年树龄、硕果累累的千年古荔，是目前广东省内发现树龄最高的荔枝树。因其地势高，水资源丰富，水质好、无污染，土壤肥沃，日夜温差大，荔枝晚熟糖分高，风味物质丰富，色泽鲜艳红润，口感冰爽，味道清甜。兰溪村荔枝种植面积有 5000 亩，2020 年产量有 650 吨，除桂味、糯米糍等荔枝品种外，还有大力培育的水晶球、仙进奉和大叶荷包等品种。荔枝种植户有 750 户，荔枝产值达到 6000 万元，荔枝种植户人均收入高达 4.5 万元。兰溪注册了"增溪"商标，建立了农产品自检实验室，做好荔枝品质的监控。

兰溪村结合现有的溪水资源，挖掘生态、农业优势，不断开发休闲观光功能。2017～2019 年，广州市、增城区共投入 4500 万元用于荔枝沟特色小镇、文化荔枝园、古荔园建设，依托原生态古荔枝文化建设古荔园，利用兰溪村山水优势建设缓跑步径和"一河两岸"绿道景观。全村有 5 间农家餐馆、6 家民宿、24 家酒坊。自 2014 年起，兰溪村已 7 次参加举办荔枝文化旅游节。2020 增城荔枝文化旅游节以"电商助农·美荔兰溪"为主题，进一步提高兰溪荔枝品牌知名度，并以荔为媒、以荔促游，以游旺农，全面宣传推广兰溪农副产品及山水旅游资源，推动兰溪村经济绿色发展。

（二十）广州市增城区派潭镇樟洞坑村

革命老区樟洞坑村位于派潭镇北部山区，樟洞坑荔枝比增城区其他地方迟 15 天上市（上市时间 6 月 25 日），具有"外壳鲜红、果头大、肉厚核小、鲜甜爽口，吃后回味时间长"等特性。荔枝种植面积 6100 多亩，品种以桂味为主。在 2018 年增城区名优荔枝果园评选大赛中，樟洞坑村委获得第一名。2020 年，荔枝种植户有 570 户，荔枝产量 750 吨，荔枝产值达到 1300 万元，荔枝种植户人均收入达到 5 万元。村中有新型经营主体广州增城众益农业专业合作社，入社农户 7 户。该村通过电商平台线上推广，邀请快递公司入村进驻，安排村干部做好荔枝从采摘到销售全链条保障服务。

樟洞坑村将红色旅游与现代农业、生态观光融合，引进精品民宿项目——客家民宿老宅"慕吉·云溪"，进一步完善村庄公共配套设施建设，规划建设荔枝博物馆、环山绿道等项目，让"老区变景区，田园变公园，产品变商品"，活化樟洞坑村丰富的红色资源，助力乡村振兴发展。荔枝成熟季，吸引了不少游客、商贩慕名前来采摘、品尝、收购荔枝，形成了"荔枝种植＋乡村旅游＋红色文化＋商贸服务"融合的新业态。

（二十一）惠州市惠东县九龙峰度假区联新村

联新村地处九龙峰度假区半山腰，生态环境优良，荔枝肉厚多汁品相好，因此深受深圳、香港消费者的青睐。联新村荔枝种植面积 7000 多亩，比普通品种推迟一个星期上市，品种主要是糯米糍和桂味。新型经营主体胜利果场是荔枝生产标准园，种植面积 300 多亩，制定了《荔枝标准化种植管理规程》，注册了"南溪日辉"商标。2020 年，联新村荔枝种植户有 415 户，荔枝产值 3744 万元，荔枝种植户人均收入达到 2 万元。

（二十二）惠州市惠阳区镇隆镇井龙村

井龙村荔枝种植面积约 3000 亩，以糯米糍、桂味等优质品种为主。2020 年，荔枝种植户有 800 户，荔枝产值达到 2200 万元，荔枝种植户人均增收 5000 元。新型经营主体有惠州市绿天使果蔬种植专业合作社和惠州市井龙农副产品专业合作社，入社农户 130 户。注册有"镇隆荔枝""东坡荔""沙堆坑荔枝"等商标。井龙村的黄竹沥荔枝古树公园有 600 年树龄的荔枝树 13 株（属国家一级古树），300 年树龄的荔枝树有 35 株（属国家三级古树），2017 年获得"最美荔枝村"称号。"2020 广东国际网络荔枝节之丝路行暨惠州（镇隆）首届东坡荔枝文化节（第十一届镇隆荔枝文化节）""摄影大赛暨书画慈善创作活动"等在井龙村黄竹沥荔枝古树公园举办，有效提升镇隆荔枝的知名度，推动惠州荔枝产业高质量发展，助推镇隆荔枝走向全国，迈向世界。

（二十三）惠州市惠阳区镇隆镇山顶村

山顶村位于素有"荔枝之乡"美誉的镇隆镇，盛产糯米糍、桂味、妃子笑等优质荔枝品种，桂味荔枝入选广东省第二届"十大名牌"系列农产品，并获得了广东省名牌产品证书，也被认定为绿色食品 A 级产品。荔枝种植面积 8500 多亩，荔枝种植户 500 户。新型经营主体有惠州一穗实业有限公司、惠州市粒粒甜荔枝专业合作社、山顶村荔枝专业合作社等，已形成培育荔枝苗、种植荔枝，生产、加工、销售一条龙产业链；为农户提供优质荔枝种苗，对其技术进行生产加工指导，收购周边农户荔枝，加工成荔枝干、荔枝酒、荔枝月饼、荔枝蜜等。品牌有镇隆荔枝、"山顶村"牌桂味荔枝等。山顶村荔枝形成了网络销售、经销商采购和游客采摘为一体的荔枝营销模式。2020 年，全村荔枝产值达到 2450 万元，荔枝种植户人均增收 5000 元。

（二十四）东莞市厚街镇大迳社区

大迳社区地处大岭山山脉，荔枝种植面积 8000 多亩，荔枝种植户 550 户。大迳荔枝果肉晶莹，质地爽脆，以桂味、糯米糍、大迳红、冰荔等优质品种为主。其中，冰荔枝是社区果农研发的独有新品种。2017 年 4 月，"东莞荔枝"获得国家农产品地理标志登记保护认证，主要是以大迳荔枝为代表；2018 年 6 月，大迳社区的冰荔在"2018 年中国优质荔枝擂台赛"糯米糍组评比中荣获金奖；2019 年 9 月，获得"2019 年中国优质荔枝擂台赛"桂味组评比中荣获金奖。2020 年，社区荔枝产值达到 1600 万元，荔枝种植户人均增收 1.45 万元。新型经营主体有厚街镇桂冠荔枝专业合作社，入社农户 319 户。合作社通过应用自主研发的"荔枝物理保鲜"技术，将大迳荔枝销往国外。

2020 年厚街镇举办大迳桂冠荔枝节暨推广会，大迳社区现场与前来的采购商，以及邮政、顺丰等快递企业签订采购协议，帮助社区荔农打开荔枝销售渠道，助力荔枝增收。

大迳社区紧紧围绕乡村振兴战略实施，将充分挖掘和整合红色文化、茶园、荔枝园等资源，以"万亩荔林·红色大迳"为整体形象，发展"荔枝文化＋生态观光＋红色旅游"产业。先后投入约5000万元打造精品示范村，实施了村道巷道升级、修复排水沟、建设景观小品等工程，打造了荔山公园、一河两岸等多个亮点景点。"十四五"期间，大迳社区计划投入约4000万元建造具厚街荔枝特色小镇，依托大岭山、横岗水库形成的山环水抱的自然生态本底，形成完整的荔枝产业链，拓展延伸荔枝产品功能和提升附加值，注入荔枝文化观光、科普教育、品牌展示、文化传承，融合周边大岭山旅游资源、红色文化等，打造以"荔枝"为主题的全域旅游片区。

（二十五）东莞市厚街镇新围社区

新围社区处于大岭山森林公园脚下，社区九名山上有400多棵荔枝树，其中有20多棵上百年的荔枝古树，有些树龄超过200年。社区荔枝种植面积1.4万亩，荔枝种植户有750户，2020年荔枝产值达到1200万元，荔枝种植户人均增收达到1.5万元。新型经营主体主要有新荔荔枝专业合作社、云雾荔枝专业合作社等。

新荔荔枝农民专业合作社有116名成员，种植荔枝面积约6000亩，品种主要有糯米糍、桂味等，年均产量为1500吨。建设以"合作社＋基地＋家庭农场"的发展模式，大力推进标准化生产，统一开展生产管理技术指导、提供生产资料联合采购、对接电商搭建产销平台等。合作社通过联合采购生产资料有效降低生产成本约10%；通过统一品牌、注册"新糯荔"商标，销售提高产品价格约10%；通过投资建设荔枝分拣生产线，与淘宝、京东、盒马生鲜等平台建立合作关系，提高荔枝分选品质和包装出货效率，提高了荔枝品质，销售价格也随之上升。2020年，合作社荔枝产量约450吨，销售收入720万元，其中线上销售收入240万元，合作社成员年均比非成员农户增收20%以上。

为进一步打响新围荔枝品牌，新围社区依托大岭山及横岗水库、荔枝资源及红色文化资源，规划打造特色"荔枝小镇"。加快荔枝产业与城乡经济发展的融合，形成多产品多业态的"体育＋旅游"的产业发展模式，设计荔枝文旅路线，推动乡村振兴战略落地实施。

（二十六）东莞市塘厦镇石马社区

石马社区荔枝种植面积 500 亩，种植户有 25 户。2020 年荔枝产值达到 380 万元，电商销售比例达 50%，人均增收 1.85 万元。社区塘厦远昌果场荔枝种植面积 120 亩，主要以优质桂味、大红糯、塘厦红为主，是塘厦红荔枝的原产地，获得绿色食品 A 级产品认证。果场获得"东莞市荔枝标准化示范基地""国家荔枝龙眼产业技术体系示范基地"等多项荣誉。果场积极发展绿色生态旅游，吸引不少旅客前来采摘荔枝和休闲观光。

（二十七）东莞市大朗镇水平村

大朗素有"荔枝之乡"的美誉，主要品种有糯米糍、桂味、妃子笑、怀枝、三月红，其他品种有红绣球、状元红、大红团、蜜糖、八月青、黑叶、白腊、水东、红皮、西角子、砸死牛、鹅蛋荔等。水平村种植荔枝已有 500 多年历史，全村有 1900 多棵百年以上的荔枝树，其中树龄最老的一棵荔枝古树超过 300 年，被誉为"古荔枝树群落"。水平村荔枝种植面积 2000 多亩，种植户有 500 户，新型经营主体有红绣球荔枝专业合作社。2020 年荔枝产值达到 500 万元，种植户人均增收 2 万元。

2020 年 12 月，水平村古荔公园建设完工并正式投入使用，占地面积 33 亩，园内共有 150 多棵荔枝，其中 150 年以上老龄荔枝树 120 多棵。除了登山石径、荔枝广场、景观平台等，园内还设置了荔枝诗词、荔香丰物、荔枝文化雕塑等区域。不仅为村民及外来务工人员提供了一个休闲健身的好去处，而且成为水平村荔枝文化展示和传承基地。

（二十八）东莞市樟木头镇金河社区

樟木头镇是观音绿荔枝的原产地，金河社区保存有一代母树，裕丰社区石壁村保存有 12 棵百年观音绿荔枝古树，最古老的树龄长达 133 年。观音绿荔枝果皮黄绿，果肉剔透、核小如珠，清甜不腻。"樟木头观音绿"荔枝荣获东莞首届（2010 年）优质荔枝品评活动"金荔奖"第 1 名，荣获"农业农村部荔枝标准化生产示范园联盟主办的 2020 年全国优质荔枝擂台赛"铜奖。金河社区荔枝种植面积 3000 亩，荔枝种植农户 381 户。荔枝除了观音绿，还有糯米糍、桂味等品种。观音绿种植面积 2000 亩，2020 年产量 100 多吨，销售额超 1300 万元，荔枝种植户人均增收 2 万元。

金河社区有群益荔枝专业合作社，拥有 120 多名社员，组织果农参加荔枝种植、电商营销等交流活动，运用"东莞群益荔枝"微信公众号，向果农传授荔枝管理方法，推荐销售渠道。社区引入某生态农业科技有限公司，加快荔枝产品延伸和荔枝全产业链发展。该公司打造 1000 亩观音绿荔枝标准示范园，建设荔枝鲜果分拣加工及物流配送中心等，进行荔枝干、荔枝月饼、荔枝雪花酥、荔枝醋、荔枝酒等深加工，销售至上海、苏杭等地。

樟木头镇通过挖掘荔枝古树群，建成万亩优质荔枝生产基地；通过延伸荔枝干、荔枝酒、荔枝蜜等特色农产品精深加工产业链条，与各大电商平台合作对接，全方位打造"农户 + 合作社 + 农企 + 电商 + 网红"销售军团；通过建设金河荔枝公园、百年观音绿荔枝母树公园、壹浩庄园观音绿荔枝文化馆等，有效提升观音绿荔枝品牌知名度。2020 年，樟木头镇举办以"魅力樟城荔韵香"为主题的荔枝旅游文化节，通过啖"观音绿"荔枝、荔枝游园会、摄影采风、健康徒步、著诗文等线下活动，线上线下活动累计吸引 60 余万人参加，有效助力乡村振兴战略实施。

（二十九）东莞市虎门镇怀德社区

虎门镇荔枝种植面积 4000 多亩，主要集中在怀德、树田及北栅片等社区，荔枝品种有本地特色的糯米糍、桂味，近年来陆续引进嫁接仙进奉、冰荔、观音绿、白糖罂等品种。社区注册有"怀德荔枝"商标。2020 年，怀德社区荔枝种植面积 1650 亩，种植户有 700 多户，荔枝产值 1272 万元，荔枝种植户人均增收 6000 元。

（三十）东莞市谢岗镇南面村

南面村是谢岗最大的荔枝生产基地，靠着东莞最大的银屏山，荔枝品种主要有桂味、糯米糍、妃子笑和怀枝等，其中以桂味和糯米糍较为出名。2020 年，南面村种植面积达 6800 亩，产量约 1000 吨，产值约 2000 万元，荔枝种植户人均增收约 1 万元。全村有 327 户都以种植荔枝为主要收入来源，占全村户数的 88%。东莞谢岗银峰荔枝专业合作社大力推广绿色生态技术、先进适用农业装备，提高荔枝品质产量。2015 年，谢岗镇成功注册"银瓶红"商标，并先后获得国家绿色食品认证、入选全国名特优新农产品目录、广东省名特优新农产品称号、东莞市首届优质荔枝品评活动二等奖等。

谢岗镇为南面村"银瓶红"荔枝构建"科学种植、网上销售、专业包装、冷链配送、烘干加工、地方特产"的完整产业链，打造岭南佳果特色品牌。依托银瓶山的生态旅游保护和开发，将南面村建设成为环境优美、生态宜居、高端精品农业、设施配套齐全、农旅融合的美丽田园乡村。南面村建有荔枝王公园，每年荔枝季，结合荔枝采摘、休闲观光、农庄民宿等，开展丰富多彩的旅游活动，吸引游客前来采摘荔枝，享受田园乐趣。

2020 年，纪录片《寻味东莞》讲述的南面村荔枝全网播放量累计超过 1 亿次，引发东莞人的寻味之旅，在"银瓶红"荔枝的甜蜜中找回最美乡愁。

（三十一）汕头市潮南区雷岭镇东老村

东老村位于大南山麓，享有"荔枝之乡"的美誉。全村荔枝种植面积 3200 亩，荔枝种植户 600 户。2020 年，荔枝产值达到 400 万元，荔枝种植户人均增收 1500 元。东老村成立全市首个妇女创业种养专业合作社，有 53 名种养妇女成员。以妇女之家为平台，开展"山区'荔'志妈妈发展计划"项目。聘请农科专家、技术人员举办培训班，讲授荔枝标准化种植、品种改良等技术；组织社员积极参加电商培训，探索网络销售渠道，提高妇女的种植、加工及销售水平。合作社购置了烘干设备加工荔枝干，切实解决因鲜果滞销问题。通过开展系列宣传活动、拓宽销售渠道等举措，扩大东老村荔枝的品牌影响力。

（三十二）汕尾市海丰县赤坑镇岗头村

作为全国"一村一品"荔枝种植专业村，岗头村种植荔枝历史悠久，荔枝种植面积 4300 多亩，种植户有 300 多户。荔枝品种有妃子笑、凤山红灯笼、糯米糍、桂味等。赤坑凤山红灯笼荔枝于 2011 年经广东省农业厅现场鉴定为"丰产性能好，综合品质优良，具有良好的推广应用前景，适合广东省中部荔枝产区种植"，并在2020年被评为国家名特优新产品。① 近年来，岗头村不断培育优良品种，提升荔枝种植技术，形成种植、加工、流通、销售、采摘等产业链，构建了"一业带百业"格局。2019年岗头村荔枝总产量1.45万吨，产值1.58亿元，约占全村农业收入的85%以上，人均收入约2.1万元。

海丰县昊成种养专业合作社采取"合作社＋基地＋农户＋收购销售"模式，坚持与广东省果树研究所合作，为果农提供技术指导、优良果苗、优质肥料和保底收购等方式，切实帮助农户发展荔枝种植。岗头村创新营销手段，提前部署荔枝销售，化"迟熟收"为"最早订"，率先抢占市场营销新高地。岗头村荔枝市场供不应求，在全国30多个省区市都有固定收购商。

参考文献：

［1］陈剑婷. 派潭镇樟洞坑村：打好"荔枝""红色"两张牌 奏响乡村振兴进行曲［EB/OL］. http：//www. zcwin. com/content/202012/30/c159535. html.

［2］赤坑镇岗头村：特色产业来助力 美"荔"乡村硕果累累［EB/OL］. http：//www. gdhf. gov. cn/gdhf/jjhf/zcdt/content/post_694681. html.

［3］东方头条. 汕头市雷岭镇万亩荔园赋能老区振兴 特色文化旅游节搭起推介桥梁［EB/OL］. https：//gd. china. com/m/gdfinance/20001001/20210728/25433541. html.

［4］高州平山白糖罂荔枝即将抢"鲜"上市［EB/OL］. https：//static. nfapp. south-cn. com/content/201805/10/c1163240. html.

［5］黄颖瑶. 广州从化：村播助荔，名优荔枝"水厅桂味"线上开售［EB/OL］. ht-tps：//news. southcn. com/node_54a44f01a2/2b8afdd825. shtml.

［6］黄志强：品牌化经营带动荔农增收致富［EB/OL］. http：//nyncj. dg. gov. cn/zix-tn/snkd/content/post_3517657. html.

［7］惠州日报. 博罗泰美：特色水果为乡村振兴注入"绿动力"［EB/OL］. http：//h5. newaircloud. com/detailArticle/16409023_55772_hztt. html？source＝1.

---

① 汕尾海丰县赤坑镇岗头村上榜全国"一村一品"示范村小记［N］. 汕尾日报. 2021－01－12.

［8］李健武，叶惠涛．大朗镇荔枝销售收尾，今年产量约 1200 吨［EB/OL］．ht-tps：//epaper. timedg. com/html/2020 - 07/29/content_1622012. htm? div = - 1.

［9］李意稳，孙毅强．实施乡村振兴 打造荔枝小镇 2018 第四届正果兰溪荔枝文化旅游节开幕［EB/OL］．http：//www. zcwin. com/content/201807/02/c96169. html.

［10］农财网荔枝龙眼通．这个镇子整合荔枝资源，建美"荔"家园！［EB/OL］．ht-tp：//static. nfapp. southcn. com/content/201912/26/c2929629. html.

［11］踏入小康生活 廉江加速蝶变［EB/OL］．http：//epaper. southcn. com/nfdaily/html/2021 - 04/23/content_7939988. htm.

［12］太平镇入选 2020 年农业产业强镇建设名单［EB/OL］．http：//www. gz. gov. cn/xw/zwlb/gqdt/chq/content/post_5894343. html.

［13］谢岗镇为"广东十大美丽乡村"送上香甜"银瓶红"［EB/OL］．http：//dg-zf. dg. gov. cn/dgzf/xiagan/202012/c020dbb17b5a44a2a856fbc5b1a93ae2. shtml.

［14］谢岗镇"银瓶红"荔枝介绍［EB/OL］．http：//z. sun0769. com/2018/xglzfxzl/news/201806/t20180619_7855462. shtml.

［15］徐闻早市荔枝供不应求，在江浙沪可卖到每公斤 64 元［EB/OL］．http：//static. nfapp. southcn. com/content/201905/07/c2194534. html.

［16］以荔为媒以节会友 共谋乡村振兴发展——2021 广东（遂溪）湛川河谷荔枝文化旅游节开幕［EB/OL］. https：//www. zhanjiang. gov. cn/yaowen/content/post_1452600. html.

［17］袁健斌，刘维佳．大岭山荔香文化展开幕，由荔枝文化展等五大主题构成.［EB/OL］．http：//dg. wenming. cn/town/202006/t20200611_6518104. shtml.

［18］增城区正果镇擦亮"荔枝"金字招牌获评全国"一村一品"示范镇［EB/OL］．http：//www. zc. gov. cn/zx/bmdt/zgz/content/post_6960718. html.

广东荔枝产业流通销售情况

王佳友[*]

王佳友[*]

[**摘要**] 本文针对广东荔枝产业中的流通销售领域进行了分类阐述，梳理了近年来广东荔枝销售现状的变化，对其新的特点进行了归纳总结，重点阐述了广东荔枝冷链物流模式以及影响荔枝物流方式选择的主要因素，详尽分析了广东荔枝冷链物流存在的问题，并对广东荔枝流通销售模式提出了相应的应用对策。

[**关键词**] 荔枝；流通；销售

一、广东荔枝销售现状及特点①

（一）广东荔枝主要品种消费情况

2002 年初，广东省农业农村厅未雨绸缪组织广东荔枝"12221"市场营销行动，策划组织了"国际荔枝网络节"和"广东荔枝北上行"等活动，为共同擦亮"广东荔枝"这张亮丽名片，社会各界齐心协力举全省之力助力广东省荔枝产业高质量发展，取得了良好的效果，特别是冰荔、仙进奉和观音绿等荔枝新品种迅速打开了上海市场，卖出了好价，利用新媒体宣传销售广东荔枝，参与各大平台的荔枝直播，普及荔枝知识和文化，特别是教大家怎么吃荔枝不上火、怎么保鲜荔枝、怎么用荔枝做菜等，有效支持了广东荔枝

　＊　王佳友，广东省农业科学院农业经济与信息研究所产业经济研究室助理研究员、博士；主要从事农业经济理论与政策及食物消费研究。
　①　本文相关数据由广东荔枝产业联盟提供。

的销售。广东省龙头企业在"12221"市场营销行动中发挥了重要的"领头羊"作用，将广东荔枝卖到全世界，凸显优质荔枝的价值。

以茂名为例，2020年茂名参与荔枝销售的电商2800多家，荔枝电商销售量约1365万件共5.12万吨，销售额达12.01亿元。此外，茂名市构建起茂名水果大数据平台，完善荔枝全产业链建设，与京东、淘宝网、顺丰优选等紧密合作，实现采购信息和供应信息之间的有效互联互通，拓展荔枝销售市场；产销对接更紧密，举办茂名荔枝供销服务网络培训会，在线培训20万荔枝"卖货人"；成立茂名荔枝采购商联盟，聚拢200多名成员，建立紧密的购销关系和长效产销对接机制。

以广州市增城区为例，区农业农村局开展的"2020广州（增城）网络荔枝节"及区长直播带货活动、"增城荔枝号"武广高铁复兴号宣传专列首发仪式活动、增城区荔枝生产经营管理信息系统培训班等一系列活动，加大了荔枝营销宣传工作。据统计，2020年增城荔枝电商销售达5000吨，销售额约2亿元；荔枝出口46.4吨，涉及金额140万元。

广东省荔枝保鲜出口与加工量全国第一，每年出口鲜果1万吨以上，占全国出口总量的70%以上，主要出口贸易地有美国、加拿大、日本、新西兰等；每年加工消化荔枝鲜果近10万吨，占全国加工总量的70%以上，深加工产品也最为丰富多样，已有全国知名的多个著名品牌如"泽丰园""丹荔""果真""丽子佳人"等，多个品牌系列的高品质荔枝酒已获得市场广泛认知，远销海内外。

抢抓"一带一路"和粤港澳大湾区建设机遇，针对2019年广东省荔枝大幅减产的实际，研究部署广东荔枝"12221"行动计划，组织全社会各方资源推进荔枝的销售和出口，取得良好的成绩，其中，2019年5月广东省荔枝出口数量同比增长250.9%，全省荔枝出口金额同比增长262.7%，全面提升了广东荔枝产业的国际化。

（二）广东荔枝销售特点

1. "丰年果贱"成怪圈

由于种植技术的提高，品种的改良优化，种植面积的扩大，荔枝产量不断增加；而荔枝以鲜销和内销为主，荔枝深加工滞后。荔枝集中上市，经常出现"丰年果贱"现象。

2. 市场开拓乏力

广东荔枝通常有四条销售途径：一是当地市场鲜销；二是加工成荔枝干，所占荔枝产量的比重不大，主要是焙制怀枝，也有少量桂味、糯米糍；三是出口，主要有桂味、糯米糍等名牌品种；四是组织北运，以产量较大、价钱适中的怀枝为重点运输对象，主要运往北京、天津、上海、沈阳、长春、哈尔滨等直辖市或省会城市，较少运往中小城市、乡镇市场。

3. 荔枝关联产业发展薄弱和物流保障能力落后

荔枝上市时间比较集中，又是生鲜易腐产品，在荔枝上市季节，如果通过荔枝深加工，把荔枝加工成荔枝干、荔枝罐头、荔枝酒等高附加值的产品，可以减少荔枝鲜销的数量；从我国和世界对鲜荔枝的潜在需求来看，荔枝产量也远没有达到满足全国需求的程度。之所以出现"烂市"现象，主要在于鲜荔枝在产地集中上市，局部市场过量供给与局部有限的需求对比，失衡不可避免。这种失衡与物流保障能力落后，冷链物流不足，不能有效解决保鲜和运输问题有直接关系。

二、广东荔枝冷链物流模式

广东荔枝的销售范围包括面向本地销售、全国销售、全球销售，因此冷链物流的贮运模式也因销售范围的不同而不同。广东荔枝的冷链物流模式主要包括常温贮存物流模式、"土法"冷链物流模式、冷藏保温冷链物流模式三类。

（一）常温贮存物流模式

常温贮存物流模式是指荔枝经过采摘后直到到达消费者手中，流通的各环节均处在常温环境下，该模式主要适用于生产地附近的本地销售，辐射半径在200千米以内，通常整个运输时长不超过3个小时，具备储存时间短、销售速度快的特点。在该模式下，荔枝采摘后，由荔农采用摩托车、自行车等农村交通工具进行运输。从拣选、加工、批发到零售的整个过程中，荔枝均处在常温下。

（二）"土法"冷链物流模式

"土法"冷链物流模式是指荔枝从采摘后到卖到消费者手中的大部分中间过程均处在低温环境下。这种低温环境由"常温运输车＋泡沫箱＋冰块"制造。在该模式下，即使荔枝在运输过程中温度会有所升高，但也处于可控的状态。"土法"冷链物流所服务的对象主要是距离较远的省内其他区域和我国北部地区，距离一般都超过 200 千米。由于受到距离的影响，相较于常温物流模式，其储存时间势必要长一些。在具体运作过程中，荔枝经过拣选后，用泡沫箱加冰块进行封箱，运输到销售地。"土法"式冷链物流便捷实用，但也存在供应的两端出现断链的情况。

（三）冷藏保温冷链物流模式

在冷藏保温冷链物流模式下，采摘后的荔枝到消费者手中时的大部分时间处于低温环境下。相较于"土法"冷链物流运输由常温运输车完成，冷藏保温冷链物流运输由具备保持恒温功能的冷藏保温车来运输。该模式可以最大程度地减少运输与储存带来的损失。冷藏保温冷链物流所服务的对象主要是我国北部较远的省份和国外地区。与"土法"冷链物流模式相比较，冷藏保温冷链物流模式是在荔枝收购之后就开始进行各项处理，并使用冷藏保温车进行运输。尽管该模式可以达到很好的冷藏效果，但由于成本原因，实际物流中采用该模式的比例较低。表 1 呈现了三类冷链物流模式的应用范围、主要特征及所占比例。

表 1　　　　　　　　　三种典型荔枝冷链物流模式比较

物流模式	应用范围	主要特征	所占比例
常温物流模式	本地销售	辐射半径短，单位产品物流成本低，损耗大，仓储空间小	约 20%
"土法"冷链物流模式	部分本地销售、北运	辐射半径较长，单位产品物流成本较高，损耗较小	约 70%
冷藏保温冷链物流模式	北运、国际市场	辐射半径最大，单位产品物流成本最高，损耗最小，仓储空间较大	低于 10%

三、影响荔枝物流方式选择的主要因素

（一）荔枝的自然属性对物流方式选择的影响

荔枝含水量较高、有氧呼吸，具有易失水、易破损、易腐烂等特点，其保鲜期只有几天，娇嫩而不耐贮运。唐代诗人白居易在其所写的《荔枝图序》中对荔枝的特性有精辟的描述："其实离本枝一日而色变，二日而香变，三日而味变，四、五日外，色香味尽去矣！"因此，荔枝的经济价值取决于采摘后的流通时间，其价格因子可以用函数式表达如下：

$$P = \begin{cases} 1 & t \leq T_1 \\ 1 - t/(T_2 - T_1)^\beta & T_1 < t < T_2 \\ 0 & t \geq T_2 \end{cases}$$

式中，β 为时间敏感因子，t 为荔枝的流通时间，T_1、T_2 分别为保质期的上、下限。可见，荔枝的经济价值与时间成反比，流通时间越短，经济价值越高；反之，其经济价值越低。因此荔枝流通具有明显敏捷物流的特点。

（二）荔枝的消费特点对物流方式选择的影响

由于荔枝不宜贮藏太久，所以消费者一般会采用"一餐一购"或"一日一购"的方式零星购买，以即时性消费来保证其购买产品的鲜嫩程度。因此荔枝终端消费物流呈现小规模、连续供给的特点，从而使其物流的经济批量减少，配送频率增加。对物流的要求侧重于灵活满足需求，具有敏捷物流的特点。

（三）荔枝的生产特点对物流方式选择的影响

荔枝与其他农产品一样，具有季节性产出的特点，其上市期集中在 6 ~ 7 月。荔枝产出的季节性脉动与连续消费之间的矛盾需要贮运活动来调节，即采用现代保鲜贮运技术，延长荔枝的上市期，满足消费者的需求。

四、广东荔枝冷链物流存在的问题

（一）"断链"现象频发

对于极易腐烂的荔枝来说，保证其在采收、仓储、运输再到消费者的手中，这中间的各个环节都严格处在标准的低温环境中，是十分重要和必要的操作。但是目前依旧存在常温运输情况，而且在荔枝采收后没有进行预冷处理，销售环节常常略过冷藏的步骤，最终导致冷链出现断裂现象。

（二）冷藏设施不足

冷链物流体系不够完善，冷冻冷藏设施设备存在老化，且处于关键物流节点位置上的农产品批发市场和配送中心冷冻冷藏设施严重不足。

（三）信息化程度低

由于缺少一个统一调度的完善的信息化平台连结该供应链的各主体，使得荔枝冷链物流在实际的运行过程中无法实现默契的配合，容易出现车辆准备与换装作业的衔接不畅、销售部门的库容准备不及时等问题。

（四）缺少行业供应链的龙头企业

缺乏对整个荔枝供应链进行管理的核心企业，消费者需求与市场供需协调不够明确，利益分配和风险共担机制不合理，大多数情况下由供应链两端的果农和消费者承担更大的损失。

（五）荔枝物流成本较高

消费者在市场上购买荔枝时，所花费金额的一半以上都是在为荔枝的物流成本买单。荔枝的物流方式不同，在物流上投入的成本就不同，荔枝的销售价格也就不同。所以说，物流方式的选择对荔枝的定价有着极大的影响。荔枝的物流运输所牵涉到的成本主要是运输费用、农产品损失以及冷藏成本。在这个过程中尤以销售中的损失最大，这是因为，小型的零售商在贩卖荔枝时，由于规模较小，所得的利润并不支持使用高成本的冷藏保存，其使用的往往是常温方式储藏，而这种方式使得荔枝的保存时间非常短，损耗加快。这些流通过程中产生的成本最终体现在荔枝高昂的零售价格上。

五、广东荔枝流通销售模式应用对策

（一）抢占市场营销新阵地

各地要以优化品种、提升品质、打造品牌为重点，主动适应市场消费、产业转型、价值效益升级新需要，加快建立完善以"广东荔枝"区域公用品牌为核心的企业认定、产品评优、展览展示、宣传培训、渠道拓展、营销推介等一体化市场营销行动。

1. 强化宣传推介

谋划推动建设广东省乡村振兴文化服务产业园，力促文化创意赋能打造"广东荔枝"区域公用品牌，通过国际国内、展会展示、线上线下营销，大力开展"广东荔枝"品牌宣传，着力培育壮大一批具有较高知名度、认知度、美誉度和较强市场竞争力的地方荔枝区域公用品牌和企业产品品牌。有针对性地选择目标市场开展品牌推介和展示交流活动，重点打好国内、国际市场"两张牌"，举广东全省之力筹办广东国际网络荔枝节，加快提升"广东荔枝"的国际品牌知名度和影响力。主动适应多元化、个性化的荔枝产品消费服务需求和品牌营销推介，组织开展荔枝产品创新创意设计大赛，继续办好"520广东荔枝"消费节等活动，持续助力广东荔枝产业大发展和文化大传承，推动消费升级。

2. 拓宽营销渠道

探索建设以出口为导向的荔枝现代农业产业园，谋划推动荔枝出口型企业抱团到境外开展品牌促销行动。继续深化荔枝采购商联盟建设和组织服务工作，推动落实广东"丝路行"，拓展"一带一路"沿线国家市场，着力扩大广东荔枝对美国出口以及国际贸易的市场份额。聚焦新时代广大百姓时尚、生态、健康、体验消费的新需求，着力推动荔枝产业与休闲、旅游、文化、科普教育、养生养老深度融合发展的新模式，合力推进荔枝区域公用品牌加速占领机场高铁、社区便利店、智能售货机、超市与新零售店、社群与微商、网络直播带货等市场营销的新渠道，做实"菜篮子"车尾箱工程荔枝配送。鼓励各产区前往北京、上海、香港、澳门等地开拓市场，继续深化"苹果南下，荔枝北上"的粤陕果品合作交流，着力推进建设销区市场体系和交流合作平台。

3. 加强人才培养

建立广东荔枝国际贸易人才培育平台，以推进广东省农业外贸人才建设为目标，定期举办以荔枝出口为主题的培训班，培养一支素质过硬、知识丰富、沟通水平高的广东荔枝出口"粤军"。以去中间化为目标，创新多元化营销模式，大力开展"短视频＋网红"直播培训业务，合理引导荔农利用现代电子商务、网络销售、新媒体等营销手段，推动荔枝产品价格向价值回归。

（二）发展冷链物流，多种手段解决冷链"缺冷"问题

1. 完善冷链物流法律法规，制定冷链物流标准

冷链物流发展需要政府、行业以及企业等多方面的合作。政府制定对农产品冷链温度控制的强制性标准；行业要推动冷链设施和技术装备的标准化；物流企业制定企业内部规范操作标准，形成全程冷链物流的技术标准和温控要求。

2. 加强物流基础设施建设，深入发展"最先一公里"

在荔枝生产地附近建设冷链物流基地，确保荔枝采摘后的"最先一公里"完成预冷、低温仓储、保鲜、初加工等工序；在荔枝集散区建设冷链加工基地与物流集散中心，完成果蔬产品深加工及结转；使用低温冷藏车进行运输，并利用现有冷藏设备，与各地的大型冷库开展合作，实现冷链资源高效利用，做到全程冷链运输；在超市、连锁店配备冷链暂存服务，打通荔枝"最后一公里"配送。

3. 引进大型第三方冷链物流，创新冷链物流模式

专业第三方冷链物流企业的组织化程度、服务水平、专业设备都相对较高，广西政府可以给予一定的优惠政策，借此引导、鼓励和培育本地大型冷链物流企业，完善冷链供应链，并以此为契机，吸引高质量的冷链物流人才。

（三）推动冷链物流补贴及政策倾斜

荔枝高昂的物流成本几乎不可避免，且运输费用、冷藏费用一时间也难以降低，短期内荔枝在运输时损耗也只能通过增加冷藏费用来降低。因此，推动荔枝冷链物流补贴和政策倾斜是解决物流成本过高、强化荔枝产业、帮助果农脱贫的有效手段之一。可通过直接补贴荔枝冷链物流企业、减少冷藏车辆的过路过桥费、鼓励支持当地荔枝产业龙头建设冷链设施等方式带动荔枝产区的冷链物流发展。

参考文献：

［1］杜珏，陈风波．标准化荔枝消费意愿的影响因素分析——基于广州市荔枝消费者的实证研究［J］．南方农村，2017（1）：32－41.

［2］伏开放，周国林，钟杰凡．生鲜冷链物流模式分析——以广东荔枝为例［J］．物流技术，2019，38（6）：20－22.

［3］何远成．广东荔枝物流现状及对策［J］．世界热带农业信息，2006（5）：1－4.

［4］向旭．广东荔枝产业发展瓶颈与产业技术研发进展［J］．广东农业科学，2020，47（12）：32－41.

［5］邹毅峰，林朝朋．基于现代物流的广东荔枝流通模式探讨［J］．广东农业科学，2007（3）：104－106.

2021 年广东荔枝产业发展报告

向 旭 凡 超*

[摘要] 荔枝是著名的岭南佳果，荔枝产业是广东农业的传统优势产业。本报告对 2021 年广东荔枝产业基本概况进行了分析，对荔枝产业的品种结构及变化特征、科技支撑与发展情况、经营主体及成本收益情况、绿色发展及品牌建设情况、消费、供需及贸易情况进行了详尽梳理，并对广东荔枝产业存在的问题进行了分析，针对问题提出了相关对策建议。

[关键词] 品种结构；科技；经营主体；绿色发展；消费；广东荔枝

一、2021 年广东荔枝产业基本概况分析

（一）全国荔枝产业形势分析

全国荔枝总面积约 793 万亩，年产量在 280 万吨左右，2018 年 301 万吨，为历史最高产量；我国荔枝主要分布在广东、广西、福建、海南、四川、云南、台湾等地区，目前广东省荔枝种植面积稳定在 411 万亩，年均总产量为 120 万 ~ 150 万吨，面积和产量分别占全国的 46% 和 60% 以上。

广东省荔枝分布区域广阔，除粤北少数地区外均有荔枝栽培。目前，广东省已基本形成三个明显的荔枝优势区，即：以茂名为中心的粤西早中熟荔

---

* 向旭，广东省农业科学院果树研究所研究员、博士；主要从事荔枝遗传育种与改良、分子生物技术应用与分子育种技术等领域研究。

凡超，广东省农业科学院果树研究所副研究员；主要从事荔枝选育种、栽培生理与生态研究。

枝优势区；以汕头、惠来、海陆丰、惠州为主的粤东中迟熟荔枝优势区；以广州为中心的粤中晚熟荔枝优势区。

广东省主要荔枝产区包括有：粤西的茂名、湛江、阳江等市；粤中珠三角的广州（从化、增城、花都、南沙）、东莞、惠州、佛山、清远等市；粤东的、汕头、汕尾等市；粤北河源、梅州等市。

（二）荔枝生产情况分析

近5年以来广东荔枝的总产量波动较大，种植环节的效益有逐年转好的趋势。2018年为历史上荔枝最大丰产年，总产量达到158万吨；2019年则为近20年来总产量较小年份，约78万吨；2020年则为中等偏上年份，约135.09万吨，较2019年增产66.6%，总产值预计达180亿元以上。[①] 广东荔枝的单位面积产量总体仅处于中等偏上水平，除2018年平均单产达最高值5.8 t/hm^2 外，平常年份平均单产在4.5 t/hm^2 左右徘徊，与海南省的平均单产9.7 t/hm^2 有不小差距；但各地区荔枝产量极不均衡，不同品种之间差异也较大，如粤西地区因以早中熟品种为主，总产与单产均较为稳定，"大小年"现象没有以中晚熟品种为主的粤中、粤东地区那么严重。

广东荔枝成熟期较早、优质品种丰富多样，是广东荔枝的最大优势，广东荔枝成熟期主要集中在5月中旬~7月上旬，同一品种成熟期仅迟于海南，但海南品种单一，仅有妃子笑一个品种为主栽品种，故广东荔枝比广西、福建、四川、云南等主产区同一品种更早上市；再就是近十年来全国荔枝新品种审定90%均为从广东本地选育，具有发展这些新品种的原生境优势，即所产果品品质最为优异，是"广东荔枝"品牌优于其他省区品牌最突出的优势；广东省是名优品种富集的宝地，从传统的白糖罂、挂绿、桂味、糯米糍、水晶球等优质品种到现代的仙进奉、井岗红糯、岭丰糯、冰荔、观音绿、御金球等新品种，均是业界著名的荔枝品牌。

---

① 资料来源：国家荔枝龙眼现代农业产业技术体系的调研数据以及历年的《中国农业年鉴》。

二、广东荔枝产业的品种结构及变化特征

（一）"十三五"时期主要水果品种结构及变化特征

荔枝是广东省最重要的经济作物，目前，广东荔枝种植面积与产量位居全国第一、世界第一。根据《广东统计年鉴 2020》，2020 年广东荔枝种植面积 381.21 万亩，总产量 135.09 万吨，较 2019 年 78.07 万吨增长 66.6%。目前，广东省栽培的荔枝品种有三月红、白糖罂、白蜡、妃子笑、黑叶、双肩玉荷包、怀枝、桂味、糯米糍、仙进奉、井岗红糯、岭丰糯、鸡嘴荔、无核荔、挂绿、水晶球、紫娘喜、冰荔、观音绿等，但广东荔枝产业在品种结构上问题突出，距离调结构、增优势仍然差距很大，主要是品种结构单一，制约产业效益（见图 1）。一般性品种黑叶达 173.51 万亩，怀枝 69.97 万亩，二者合计 243.48 万亩，占总面积的 59.24%，且售价低廉；再就是一些地区供选择的现成新优品种有限，尤其是早熟和特早熟新优品种严重欠缺。因此，须加大特早熟新优品种选育力度，推广应用适宜不同生态区域的更新换代新品种，充分发挥产区优势，实现调结构、促效益。

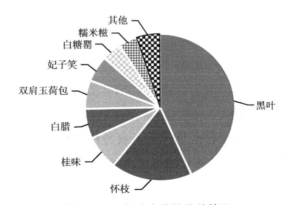

图 1 2020 年广东荔枝品种情况

资料来源：广东荔枝产业联盟。

近年来，由于妃子笑品种丰产稳产且效益稳定，其面积提升较快，从"十二五"时期的 20 万亩增加至"十三五"时期的 50 万亩左右，另外，仙进奉、井岗红糯、岭丰糯等新品种面积也快速增长，使得广东荔枝品种结构逐

步优化，较合理的荔枝品种区域化布局初步形成，利用高接换种技术，在各荔枝主产区大力开展品种结构调整工作，2016 年以来广东荔枝新品种换种面积达 30 万亩左右，极大地提高了优质品种的种植面积，优质品种覆盖率稳步提升。广东省每年出口荔枝鲜果 0.5 万 ~ 1 万吨（齐文娥等，2019）。

（二）"十三五"时期荔枝空间区域分布特征分析

目前，广东荔枝栽培面积 10 万亩以上的地级市有 9 个，面积 1.5 万亩以上的县有 47 个，已基本形成三个明显的荔枝优势区：（1）粤西早中熟荔枝优势区，面积约为 210 万亩，以茂名、湛江、阳江等地为主产区，重点分布在高州、电白、化州、信宜、廉江、阳东、阳西等县市。该产区成熟期为广东省最早的，一般 4 月下旬 ~ 6 月上中旬陆续上市。主栽品种包括黑叶、白蜡、妃子笑、双肩玉荷包等。（2）粤东中迟熟荔枝优势区，面积约为 55 万亩，以揭阳、汕尾、潮州等地为荔枝主产区，重点分布在惠来县、陆丰市等县市。该产区成熟期为广东省居中，一般 5 月下旬 ~ 6 月中下旬陆续上市。主栽品种包括黑叶、怀枝、桂味、糯米糍、妃子笑等。（3）粤中晚熟荔枝优势区。面积约为 80 万亩，以广州、东莞、云浮等地为荔枝主产区，重点分布在从化、增城、花都、新兴、郁南等县市。该产区成熟期为广东省最晚，一般 5 月中下旬 ~ 7 月上旬陆续上市。主栽品种包括怀枝、糯米糍、桂味、妃子笑等。

粤西早熟荔枝优势区（湛江、茂名）因品质一般的"黑叶"面积占比最大，对早熟或特早熟优质丰产稳产新品种有更强烈的需求，而现有最早熟的"三月红"品质不佳，市场接受度低，果农种植积极性不高，"白糖罂"和"妃子笑"虽早熟优质，也为出口的主要品种，但现有面积已足够大，因成熟期集中、市场较难消化，价格偏低，果农种植积极性也不高，也不建议再扩大推广；而中迟熟优质品种桂味和糯米糍在此区表现较丰产，且市场价格十分理想，只是存在"大小年"的问题，今后可适度增加中迟熟优质且丰产稳产性良好的新品种的种植面积，通过该类新品种的适应性筛选，增加中迟熟优质品种的种类及其推广范围。粤中晚熟荔枝优势区（广州从化、增城）因品种怀枝面积占比最大，故存在对迟熟或特迟熟优质丰产稳产品种的需求，增加这类品种的数量将有助于利用产地因素增加早熟和迟熟荔枝产量的比重，缓解荔枝产期过于集中的矛盾。阳江尤其是阳东县、阳西县的"双肩玉荷包"面积占比过大，也有换种改造的强烈需求。

在品种结构上，近年来经高接换种改造，较大地提高了优质品种的面积，近十年来选育的新品种——凤山红灯笼、脆绿、岭丰糯、井岗红糯、庙种荔、观音绿、仙进奉、御金球、塘厦红、冰荔、翡脆、北园绿等，正在推广过程中，面积在几百亩至万亩之间，其中"井岗红糯"和"仙进奉"因品质特佳、且皮厚耐贮运、适合电商，在市场上受追捧，近几年换种面积最大，现已有万亩以上的规模。据不完全统计，近年来广东省荔枝新品种换种面积5万亩左右，但离品种结构优化调整的目标仍十分遥远；此外，由于广东省地域广阔，不同区域对新品种需求有所不同，市场对新品种的需求仍然强烈，现有新品种远不能满足广东省荔枝产业结构调整的需求。

三、广东荔枝产业科技支撑与发展情况分析

（一）荔枝种业创新情况

"十三五"时期以来，开展荔枝种质资源评价、种质创制和新品种选育，成效显著。在摸清我国以及世界荔枝种质资源现状的基础上，对丰富多样的荔枝种质资源已有较全面的性状评价，对种质资源及野生荔枝开展了全基因组重测序，了解认识了其基因组结构变异，为深入发掘利用各类基因资源奠定了良好基础。依托"国家荔枝良种重大科研联合攻关联合体"，集聚国内荔枝研究的优势团队，在茂名建设全球最大的荔枝种质资源圃收集资源600多份，也加快了荔枝新品种选育，进一步强化广东优质荔枝对产业的引领，已培育国审新品种2个（岭丰糯、观音绿）、省审新品种6个（翡脆、冰荔、北园绿、红脆糯、红巨人、玲珑），尤其是在极早熟荔枝性状遗传规律、性状形成分子机制与调控功能基因上开展攻关，选育出极早熟且优质的荔枝新品种。

荔枝杂交育种获得充分的重视，构建了大量的杂交群体后代，为选育有价值的新种质新品种提供了大量遗传变异材料。同时，由于分子标记辅助选

择育种技术有大的突破，目前已经能够进行真假杂交后代的分子标记鉴别，以及对后代群体开展多个性状（成熟期、焦核）的早期预选。

2010年以来，广东省成功选育并审定了仙进奉、井岗红糯、岭丰糯、凤山红灯笼、御金球、观音绿、翡脆、北园绿、冰荔等一批丰产稳产、优质、耐贮运、抗裂果的省审品种和国审品种，新选育的品种基本都有着"糯米糍""桂味"的身价，同时拥有"怀枝"的高产，能有效解决荔枝"高产不高价、高价不高产"的传统局面。此外，成功选育出国内首次通过农作物品种审定的荔枝杂交新品种"红巨人"，实现了我国荔枝杂交新品种零的突破。

（二）荔枝产业科技创新情况

在生产环节，荔枝砧穗组合与大枝高接技术的创新促进了新品种换种效率的提升，优质品种占比提升，品种结构进一步优化；荔枝疏花机械获得更广泛推广，疏花机械比人工疏花提高工效9倍以上；荔枝蒂蛀虫预测预报技术的应用可节约用药成本40%以上；在产后环节，在华南理工大学、华南农业大学、广东省农业科学院等高校与科研院所的技术支撑下，广东省内多家加工企业不断研发荔枝保鲜物流技术、精深加工技术，增加荔枝精深加工产品的新类型，积极引导荔枝消费的新业态。

1. 国家荔枝种质资源圃种质资源的深入精准评价

多组学深度评价荔枝种质资源，发掘优异种质资源。利用表型组学、代谢组学和基因组学全方位系统深度鉴定评价我国现有荔枝种质资源性状差异，解析品种资源的遗传多样性、遗传基础、群体结构组成和分化程度，筛选出高产、优质的优异种质资源。

2. 荔枝特异分子标记辅助育种技术

针对荔枝育种中高效、可靠分子标记及相应检测技术缺乏等问题，广东省农业科学院果树研究所首次利用自主构建的荔枝cDNA文库、转录组数据库、基因组测序及重测序数据库，大规模开发荔枝EST－SSR和SNP分子标记，并成功应用于荔枝种质精准鉴定、亲缘关系分析、起源与驯化研究、真假杂种早期鉴别、重要农艺性状相关基因资源及分子标记发掘等育种理论与实践领域，为荔枝品种知识产权保护、遗传改良的杂交亲本选配、优质杂种后代的早期预选等育种关键环节提供了高效、准确的技术支撑，并率先建立起荔枝 EST-SSR 与 SNP 分子标记辅助育种技术平台。

3. 荔枝重要性状功能基因发掘

发掘荔枝种质资源中高产、优质等荔枝重要性状的优异等位变异，建立精准、高效的全基因组分子标记辅助育种技术。结合深度评价的表型数据和重测序数据，利用全基因组关联分析技术（GWAS），发掘荔枝重要育种目标性状的优异等位变异和候选基因；针对上述变异位点，进一步开发出与性状紧密连锁的分子标记，建立精准、高效的基因型－表型全基因组分子标记辅助育种技术。

4. 克服荔枝大小年产业技术攻关

目前主产区多数品种因成花不稳定和"花而不实"导致的"大小年"问题已成为产业健康发展的主要瓶颈问题。由于荔枝中晚熟品种对气候依赖性较强，成花对冬季低温要求较严，多数主栽品种存在明显的"大小年"现象，且随着全球气候变暖趋势有愈发严重的趋势，"大小年"现象有增无减。成花不稳定是荔枝中晚熟品种"大小年"的首要原因，克服荔枝大小年仍然是广东荔枝产业的首要任务，没有产量及其稳定性做基础，所有其他设想均是空谈；在解决大小年问题的前提下，开展果园标准化建设与示范，提升品质与保障食品安全才有了产业基础，是后续加工、保鲜、市场开拓、品牌文化宣传的根本依据，也是广东荔枝产业高质量可持续健康发展的可靠保障。广东省农业科学院承担了 2020 年广东省乡村振兴战略专项资金（农业科技能力提升）"荔枝产业攻关示范项目"，开展克服荔枝"大小年"产业技术攻关。

（三）荔枝产业发展及科研平台建设情况

截至 2020 年，根据填报系统显示，共有 44 个荔枝相关项目参与了"一村一品、一镇一业"项目的申报工作；茂名市高州、阳江市阳西县以及广州市从化区、增城区等四个地区承担开展了广东省现代荔枝产业园建设。

广东省内主要的荔枝科研平台有：国家荔枝龙眼产业技术体系、广东省省荔枝产业技术体系创新团队。

广东省内主要的荔枝科研机构有：

（1）广东省农业科学院果树研究所：从事荔枝种质资源收集保存、精准鉴定与评价、杂交育种、发育生理、性状功能基因发掘、验证与利用、提质增效、安全高效生产技术等研发。

（2）广东省农业科学院植物保护研究所：从事荔枝病虫害发生机制、化学与生物防控技术、安全高效生产技术等研发。

（3）广东省农科院蚕业与农产品加工研究所果蔬加工创新团队：从事荔枝品种加工特性数据库和原料品质评价、非热杀菌技术、控温发酵、快速澄清、超声波磁场陈化等新技术，研发高品质荔枝果酒、荔枝果醋、荔枝乳酸菌果汁饮料等新产品等研发。

（4）华南农业大学园艺学院、食品学院、资源环境学院、经济管理学院、工程学院：从事荔枝学科的遗传育种、发育生理、落果机理、安全高效年周期管理技术、病虫害防控、保鲜贮运、加工、荔枝产业经济、品种市场调研及价值评估等研发工作。

（5）中国热带农业科学院南亚热带作物研究所（湛江）：从事荔枝种质资源保存繁育、安全高效年周期管理技术、病虫害防控、保鲜技术等的研发。

（6）中国科学院华南植物园（广州）：从事荔枝采后生理、果实耐贮性、保鲜贮运技术等的研发。

（7）茂名市水果科学研究所：从事荔枝选育种、安全高效年周期管理技术、病虫害防控、保鲜贮运、加工技术等的研发。

（四）数字农业（电商、智慧果园）对水果产业的支撑效应

近年来随着电商销售不断升温，荔枝电商销售规模也逐年成倍地增长，预冷、分级、冷藏、冷链运输技术也日益普及，冷链物流处理能力显著提升，广东荔枝营销模式已快步向文化营销、电子商务等新型营销模式转变。广东荔枝行业新型经营主体快速发展，电商物流、新零售、规划设计、文创策划、创意传播、网红带货等新型经营主体积极涌现，已成为荔枝产业的重要生力军。

四、广东水果产业经营主体及成本收益情况分析

（一）新型农业经营主体发展及生产情况

广东省有荔枝类省级重点农业龙头企业 30 家、绿色食品（荔枝）认证企业 32 家，无公害食品（荔枝）认证企业 35 家，农民合作社 280 家，从事荔枝种植的家庭农场近 2500 家，从事荔枝种植的专业大户 580 家；连片面积达 100 亩以上的果园近 3000 家，占全省面积的 20%；连片面积达 300 亩以上的果园近 400 家，占全省面积的 3%。因此，广东省荔枝种植集约化程度低，仍然是以小、散的农户经营为主（向旭，2020）。

绝大多数规模企业具有标准化生产规程，按标准化生产等做法进行全程管理，对"克服大小年""控梢促花""控穗保果"等新技术的需求比较迫切，但由于投入水平受限，大多数果园灌溉基础设施欠缺、喷药防控病虫的植保机械水平落后，很多时候有技术但却很难落实到位。

廉江市良垌日升荔枝专业合作社是广东省荔枝合作社良好运作的典范，打造了"日升托管"模式，开展荔枝生产托管服务，为了做好生产托管工作，合作社统一购买生产托管服务机具，组建了一支 200 多人的生产托管专业技术服务团队，为了确保服务质量，合作社对生产托管服务团队进行统一的专业技术培训，经过培训达到上岗水平的技术人员，在生产托管服务组长的带领下，开展规范化、标准化的托管服务工作。

2020 年良垌荔枝大丰收，全镇荔枝总产量 10 万多吨，市场收购加工销售压力比较大，为了帮助社员、群众解决荔枝卖难问题，廉江市良垌日升荔枝专业合作社积极协助镇委镇政府做好荔枝品牌推广，多渠道争取。

（二）成本收益情况

荔枝经济效益与品种成熟期、品质、丰产稳产性、农艺、农资投入水平密切相关，整体来讲，目前广东经济效益较好且稳定的主栽品种仅有妃子笑、白糖罂，其他品种年份间波动较大，尤其是桂味、糯米糍受"大小年"影响

波动巨大；同时，近几年仙进奉、井岗红糯、观音绿等新品种因品质可比糯米糍和桂味，产量可比怀枝，经济效益均较高，只是目前投产面积尚小。

大宗一般性品种鲜果价格总体平稳，不同年份之间价格指数有30%以内的变幅，大宗优质品种鲜果价格由于"大小年"原因，不同年份之间价格指数变幅较大，有50%以上的变幅，近年广东优质荔枝新品种种植面积增长较快，上市量逐年增加，总体价格居高不下。

2019年是广东荔枝的特殊年份，大宗优质品种桂味、糯米糍减产幅度达80%以上，价格较2018年平均提高2～3倍；其他大宗品种也有较大幅度提高，如"黑叶"荔枝平均价达每公斤8.6元，较2018年每公斤4.5元提高近1.0倍，"白糖罂"荔枝平均价达每公斤20元，较2018年每公斤8.8元提高1.27倍，"妃子笑"荔枝平均价达每公斤23元，较2018年每公斤9元提高1.55倍（齐文娥、宋凤仙，2021b）。

从近年来国家荔枝龙眼产业技术体系产业经济岗位专家组织对广东省1000户果农的调研来看，2015年被调查的近86%果农平均每667平方米果园盈利2490元，2019年被调查的近73%果农平均每667平方米果园盈利3637元，尽管绝大多数果农有盈利，但利润绝对数还是偏低，而且每户仅几亩果园的占绝大多数，小农经济仍是主流；从生产环节投入产出分析，2015年与2019年荔枝种植的成本利润率分别达到80.3%和131.7%，可见，荔枝种植效益并不低，盈利绝对数偏低主要还是投入水平太低的原因，荔枝产业具有典型高成本、高投入、高产出特征。

五、广东荔枝产业绿色发展与品牌建设情况

（一）绿色发展

广东荔枝产业正在向绿色生态产业发展模式转变。荔枝疏花机械获得更广泛推广，疏花机械比人工疏花提高工效9倍以上，荔枝蒂蛀虫预测预报技术的应用可节约用药成本40%以上；果园安装频振式杀虫灯、释放平腹小蜂、荔枝蒂蛀虫预测预报技术及应用生物农药等物理与生物防控措施获得更广泛推广，两年来新增应用面积100万亩以上；自2019年以来，广东荔枝产业联

盟《荔枝标准果园生产管理规范》《广东荔枝绿色生产技术规范》《广东荔枝区域公用品牌产品供应标准》已陆续发布，在全省 8 个示范县建设了百亩绿色生态示范园，辐射带动周边荔枝产区技术升级，产生了良好的示范引领作用。绿色发展体现在如下几个方面：

1. 荔枝密植果园改造技术

近年来，在研究不同冠层改造方式对冠层结构、冠层微气候与果实产量和品质的影响基础上，主要推广回缩修剪、间伐、"开天窗"等轻简高效技术措施对密闭果园进行改造，控制树冠大小，调节结果与生长比例，达到合理挂果、壮果保果、控树保势的效果。

2. 荔枝高接换种技术

高接换种即是利用嫁接方法对原品种树冠进行更换的技术，是木本果树快速改良更新的最有效途径。对砧穗组合的系统试验尤其是大枝桩挑皮接技术可克服多数品种间的不亲和性的发现，较大地推动了荔枝新品种高接换种和品种结构优化的进程。

3. 荔枝高效省力化管理技术

近年来，机械与化学疏花技术、管道式施药压力控制技术、地膜覆盖技术、生草栽培技术、节省人工的多种环剥刀具等均大幅降低了劳动力成本，提高了果园管理效率。其中，荔枝疏花机械的研发和应用，比人工疏花提高工效 9 倍以上；管道式施药压力控制系统操作简单、自适应能力强，可有效降低传统管道式施药的维护成本，减少施药环节总成本超过 20%（李建国等，2018）。

4. 荔枝蒂蛀虫绿色防控新技术

荔枝蒂蛀虫是荔枝果期的最主要害虫，也是荔枝出口零容忍的害虫，果实发育期防控好蒂蛀虫尤为关键，通过在荔枝园安装 LED 白光灯，干扰成虫夜间在荔枝园正常的活动，可以大幅降低其对荔枝为害。应用此系统可减少果期用药量 30% 以上。此外，利用蒂蛀虫成虫具夜习性特点，树冠外层安装 LED 灯进行夜间照明的灯光干扰驱避系统，可干扰其正常昼夜节律，能大幅压低荔枝蒂蛀虫的发生，该系统喷雾滴直径低至 60～80 微米，每亩用水量仅为 25～35 升，比常规喷药节约 30%～50%。此外，该系统打开增压泵即可自动喷药，无需人工，比常规喷药节省了 60% 以上劳动力（郑木川等，2018）。

"树冠内膛微喷""灯光干扰驱避"两项技术结合，是目前防控荔枝蒂蛀虫最新的技术成果，二者均可大幅减少化学农药的使用，在提升食品安全的同时，也节本增效，对推进荔枝产业绿色高质量发展有重要作用。

（二）品牌建设

现有区域公用品牌 14 个，广东名牌产品（荔枝）28 个，3 个荔枝产品被认定为广东省十大名牌系列农产品，14 个荔枝产品被认定为国家地理标志产品。

（三）"一县一园、一镇一业、一村一品"

2020 年 12 月 14 日茂名国家荔枝产业园建设通过了国家认定，目前已初步建成世界保存数量最多、种类最全的荔枝种质资源圃，先后引进国内外 80 多个荔枝新优品种进行区试和配套栽培技术研究，保存了 700 个品种和 6000 多份种质资源。经创建，茂名国家荔枝产业园总产值达 135.28 亿元，主导产业荔枝总产值 101.85 亿元，成为茂名实施乡村振兴的建设龙头，形成了"生产＋加工＋科技＋品牌＋营销"五位一体的荔枝全产业链发展格局[①]。

高州市荔枝产业园入选 2018 年第一批省级现代农业产业园，广州增城区、从化区荔枝产业园入选 2019 年第二批省级现代农业产业园，阳江市阳西县荔枝产业园入选 2020 年第三批省级现代农业产业园。

从化荔枝产业园区规划总体布局为"一园一带三区"，包括从化荔枝文化博览园、从化荔枝生态观光旅游带、标准化种植示范区、现代化加工核心区、产业振兴示范区，围绕"生产＋加工＋科技＋营销（品牌）"的全产业链要求，通过全面实施品种改良工程，提升荔枝加工产业，加快发展休闲农业、电商物流等，促进一二三产业融合发展。2020 年，从化区荔枝产业园被打造成为中国农技协科技小院和广东省农业科技园区。产业园建设完成后，全区荔枝产业的规模化、标准化和品牌化程度明显提升，荔枝产业的经济效益明

---

① 公示！茂名这个现代农业产业园通过国家认定 [EB/OL]. https://news.qq.com/omn/20201215/20201215AOFVYH00.html.

显提升。2020 年，荔枝产量达 3 万吨，总产值达 3 亿元以上；年加工荔枝能力达 2 万吨以上，通过带动加工、包装、流通、休闲观光产业等实现增值 4 亿元以上，园区年总产值达 7 亿元，直接带动农户就业 5000 人次（齐文娥等，2018）。此外，广州市从化的农业龙头企业，以科技为引领，建设了 5G 智慧荔枝示范园，开发了荔枝产业大数平台，以 5G、大数据、人工智能、物联网等技术，实现全智能监测，荔枝生长要素数据采集和数据库建设，实现无人机管理和应用，打造数字农业的标杆。建设品种培育、生长调控、数字农业、采后保鲜、荔枝加工等五个实验室，搭台引智，加强了科技研发和成果转化能力。

六、广东荔枝产业供需与贸易

（一）供需情况

近几年来实践经验表明，荔枝新优品种具有极高附加值，"广东十大荔枝新品种"种业市场潜力巨大。荔枝种业要在休闲农业和乡村旅游上发挥作用，完全可以从提供适应需要的高端荔枝种苗方面切入，让人民到农村有得看、有得玩。各地正在大力发展休闲农业和乡村旅游，在全域旅游理念的引领下，广东荔枝各产区着力做好"荔枝 + 旅游"文章，擦亮广东荔枝特色名片，逐步做强做大广东荔枝特色文化。2020 年，各大旅行社联合推出的"520 · 我爱荔"农旅结合精品旅游线路备受关注，一批旅行社被授予"广东荔枝最美旅游线路推广使者"。茂名市以古荔枝树为媒，推进整合"古荔贡园""大唐荔乡之旅""荔枝文化之旅"等旅游资源，2018 年产业园实现接待旅游人次超过 25.9 万，荔枝农旅融合产业总产值超过 10 亿元；广州市从化区发挥区位优势打造"荔枝 + 旅游""荔枝 + 文创"等新业态新模式，有效促进了"人引进来 + 货流出去""产出来 + 卖出去"的良性互动。

（二）贸易情况

广东荔枝保鲜出口与加工量全国第一，每年出口鲜果 1 万吨以上，占全国出口总量的 70% 以上，主要出口贸易地有美国、加拿大、日本、新西兰等；

每年加工消化荔枝鲜果近 10 万吨，占全国加工总量的 70% 以上，深加工产品也最为丰富多样，已有全国知名的多个著名品牌如"泽丰园""丹荔""果真""丽子佳人"等，多个品牌系列的高品质荔枝酒已获得市场广泛认知，远销海内外。

抢抓"一带一路"和粤港澳大湾区建设机遇，针对 2019 年广东荔枝大幅减产的实际，研究部署广东荔枝"12221"行动计划，组织全社会各方资源推进荔枝的销售和出口，取得良好的成绩，其中，2019 年 5 月广东荔枝出口数量同比增长 250.9%，出口金额同比增长 262.7%，全面提升了广东荔枝产业的国际化。

七、广东荔枝产业存在的问题及对策建议

（一）问题分析

我国荔枝绝大部分以鲜食为主，价格受市场波动影响很大，2000～2018年，常出现较严重的"丰产歉收""果贱伤农"现象，2019 年与 2020 年这一现象有所缓和。如何提升品质，增强荔枝产业竞争力，从根本上破解千百万果农的增收难题，一直是行业内关注的焦点。

荔枝产业问题的复杂性，不单纯是产业技术的问题，也非一二三产业单一环节的问题，还有生产组织化程度低、劳动者素质参差不齐、荔枝生产从业人员严重短缺、果园管理人员老龄化等，也绝非仅仅是产业链某环节如销售或加工的问题，荔枝加工品、荔枝酒、荔枝醋、荔枝饮料等也一样需要时间让消费者接受，所以要开展荔枝文化、荔枝保健功能等方面的宣传和科普，因此，其牵涉面太广，是一个系统工程。

（1）品种结构不合理。荔枝产期集中，大部分品种集中于 6 月中旬～7月中旬成熟，1 个月内要将上百万吨的荔枝销售完毕非常困难，"果贱伤农"、丰产不丰收或季节性过剩等事件屡有发生。

（2）"大小年"现象有增无减。荔枝对气候依赖性较强，成花对冬季低温要求较严，多数品种存在明显的"大小年"现象，且随着全球气候变暖趋势有愈发严重的趋势。

（3）荔枝加工产业链发展缓慢。受制于"大小年"和"采收期短"，加工产品较单一，仍以荔枝干粗加工为主，占荔枝加工总量的 50% 以上，加工业对调节平滑市场、消化鲜果的贡献严重不足。

（4）果园设施建设严重滞后。荔枝生产基础条件较差，配套灌溉设施落后和没有先进生产农机具，制约了荔枝的规模化种植生产，远不能适应现代化大生产的要求。

（5）目前广东省荔枝生产仍以传统生产模式为主，规模化、产业链组织化程度低，一二三产业融合度低，技术标准规范落实应用率也低，现有果业龙头企业和各种经济合作组织主要集中于产后的下游环节，如保鲜、加工、贮运、出口型企业为主，上游新技术新品种研发企业几乎缺失。

（6）荔枝生产劳动力严重短缺，果园机械化、智能化程度低，远不适应现代化大生产的要求，荔枝栽培管理技术需要全面升级（水肥一体化、机械化、自动化、信息化），从而吸引年轻人返乡创业。

（二）对策建议

（1）技术层面。首先，要进行品种结构优化，克服多数品种因成花不稳定导致的"大小年"问题；其次，要坚持绿色标准化生产的技术路线，提升果实品质，确保不同品种独具的特性与特色风味及其食品安全，确保优质果品到消费者餐桌；再其次，提升保鲜技术水平与加工能力，平滑集中上市导致的季节性过剩；最后，要提升果园现代机械化水平，减少对劳动力的高强度依赖。

（2）社会组织层面。首先，要加强政府的政策与资金扶持，加强对荔枝产业技术研发的支持，助力荔枝园现代化改造与机械化应用推广，鼓励开展深加工工艺及文化产品的攻关及示范推广；其次，加快建立并完善荔枝果品质量标准检测认证体系，建立一套与国际市场接轨的果品品牌评价标准与管理制度，使品牌果品基地化生产、标准化管理、集约化经营；最后，继续为"广东荔枝"（鲜果及加工品）品牌造势，大力宣传龙头企业的品牌与文化，为"广东荔枝"打入国际市场保驾护航。

（三）发展前景预测

荔枝产业近年来已成为广东农业的重要支柱产业，是广东实现乡村振兴、产业兴旺的重要突破口。经过前 20 年高速发展和近 20 年低迷期，荔枝产业目前已进入稳步向好的新阶段，主要判断源于新国际形势下特色农业产业的重要性凸显，以及对我国优势水果产业巨大市场潜力已形成社会共识，尤其是近两年来政策与舆论的积极引导，以及切实的资金扶持，都表明广东省荔枝正迈向产业升级的新航程。

　　2021 年广东荔枝面积维持在 395 万亩，产量 147 万吨，较 2020 年增产 13% 以上，主要源于在广东省农业农村厅的领导与组织下，推动广东荔枝产业高质量发展，积极应对疫情影响，在产量实现大年的情况下，国内、国际市场取得大突破，销售速度快，市场价格高，中高端品种的亩均纯收益超过万元，荔枝种植呈现"结构进一步优化、品质稳步提升"的良好局面。同时，荔枝标准化种植技术、节简高效省力化技术、荔枝蒂蛀虫预测预报综合防控等安全生产技术获得较广泛的推广。

　　中国经济呈稳步增长态势。具体到水果零售行业，一二线城市市场已呈现饱和趋势，但是在三四线城市和县城，随着居民收入水平提高，对水果的消费将持续攀升；荔枝作为果中之王，近年来"广东荔枝"品牌形象逐渐深入人心，尤其是近几年大力推广发展的十大荔枝新品种，已获得广大消费者的喜爱与追捧，已形成"质优高价、优质果不愁卖"的业内共识与行业氛围，品种结构优化与提质增效的示范作用初步显现。

参考文献：

[1] 陈厚彬. 当前我国荔枝龙眼芒果产业发展面临的重大问题和对策措施 [J]. 中国果业信息，2017，34（1）：11 – 13.

[2] 陈厚彬，欧良喜，李建国，苏钻贤，杨胜男，吴振先，胡卓炎. 新中国果树科学研究 70 年——荔枝 [J]. 果树学报，2019，36（10）：1399 – 1413.

[3] 陈厚彬，苏钻贤，陈浩磊. 荔枝"大小年"结果现象及秋冬季关键技术对策建议 [J]. 中国热带农业，2020（5）：10 – 16.

[4] 陈永遥. 新媒体背景下广东荔枝营销策略创新 [J]. 食品研究与开发，2021，42（14）：227 – 228.

[5] 董晨，魏永赞，王弋，郑雪文，李伟才. 基于转录组的荔枝 XTH 家族基因的鉴

定及分析 [J]. 分子植物育种，2019，17（12）：3865 – 3873.

[6] 胡福初，陈哲，赵杰堂，冯学杰，吴凤芝，范鸿雁，王祥和，胡桂兵. 荔枝种质资源矮化相关形态指标的鉴定及综合评价 [J]. 植物遗传资源学报 2020，21（3）：775 – 784.

[7] 胡桂兵，黄旭明. 广东荔枝产业品种结构优化设想 [J]. 中国热带农业，2021（3）：5 – 7.

[8] 赖旭辉. 荔枝隔年交替结果技术调研与分析 [D]. 广州：华南农业大学，2017.

[9] 李焕苓，田婉莹，孙进华，张新春，张蕾，王果，王树军，王家保. 基于 SSR 和 InDel 标记的海南荔枝种质资源遗传多样性分析 [J]. 分子植物育种，2018，16（4）：1343 – 1356.

[10] 李建国，马锞，张海岚，王泽槐. 荔枝省力化栽培七大关键技术要点 [J]. 中国南方果树，2018，47（1）：143 – 145.

[11] 李建国，王惠聪，周碧燕，等. 荔枝花果发育生理和分子生物学研究进展 [J]. 华南农业大学学报，2019，40（5）：119 – 127.

[12] 李胜文，谢云飞. 农业绿色发展模式的农业保险需求引致效应：基于荔枝种植户的经验分析. 中国农业资源与区划，2021（1）：1 – 10.

[13] 刘萌. 利用 SNP 和 EST – SSR 分子标记鉴别荔枝种质 [D]. 武汉：华中农业大学，2013.

[14] 刘伟，蒋侬辉，袁沛元，邱燕萍，凡超，杨晓燕，向旭. SSR 和 SNP 标记在荔枝遗传育种中的应用 [J]. 生物技术进展，2017，7（1）：7 – 12.

[15] 刘伟，罗心平，张惠云，蒋侬辉，肖志丹，袁沛元，邱燕萍，凡超，杨晓燕，高贤玉，左艳秀，向旭. 荔枝新种质"燎原"的分子标记鉴定 [J]. 分子植物育种，2016，14（1）：177 – 185.

[16] 刘伟，肖志丹，蒋侬辉，杨晓燕，袁沛元，邱燕萍，凡超，向旭. 利用 SNP 标记鉴定荔枝杂种后代 [J]. 分子植物育种，2016，14（3）：647 – 654.

[17] 鲁勇，王春会，武竞超. 荔枝大小年现象原因探析 [J]. 世界热带农业信息，2019（8）：21 – 22.

[18] 马锞，赖旭辉，胡锐清，罗诗. 2000 – 2018 年我国审（认）定的荔枝品种及分析 [J]. 现代农业科技，2019（6）：50 – 52.

[19] 庞新华，张继，张宇. 我国荔枝产业的研究进展及对策 [J]. 农业研究与应用，2014（4）：58 – 61，66.

[20] 彭宏祥，曹辉庆，朱建华，廖惠红，黄凤珠，李江舟，梁文. 利用 AFLP 分子标

记对广西荔枝优稀种质遗传多样性及分类研究 ［J］. 西南农业学报，2006，19（1）：108 -
111.

　　［21］齐文娥，陈厚彬，李伟文，张浩军. 中国荔枝产业发展现状、趋势与建议 ［J］.
广东农业科学，2016，43（6）：173 - 179.

　　［22］齐文娥，陈厚彬，罗滔，宋凤仙. 中国大陆荔枝产业发展现状、趋势与对策
［J］. 广东农业科学，2019，46（10）：132 - 139.

　　［23］齐文娥. 2013 年我国荔枝市场形势特征及其影响因素分析 ［J］. 中国热带农业，
2014（2）：33 - 36.

　　［24］齐文娥，欧阳曦，唐雯珊. 农户生鲜农产品品牌投入意愿研究——基于广东荔
枝种植户的实证 ［J］. 农业经济管理学报，2018，17（4）：398 - 405.

　　［25］齐文娥，宋凤仙. 荔枝种植户是否存在适度生产经营规模——基于土地生产效
率的视角 ［J］. 江西农业学报. 2021a，33（3）：146 - 150.

　　［26］齐文娥，宋凤仙. 农户种植经验对技术效率的影响研究——基于中国荔枝种植
户的分析 ［J］. 新疆农垦经济，2021b（8）：25 - 30.

　　［27］孙清明，马文朝，马帅鹏，赵俊生，白丽军，陈洁珍，蔡长河，向旭，欧良喜.
荔枝 EST 资源的 SSR 信息分析及 EST - SSR 标记开发 ［J］. 中国农业科学，2011，44
（19）：4037 - 4049.

　　［28］田婉莹，孙进华，李焕苓，张蕾，李松刚，陈业渊，王家保. 利用分子标记技
术鉴定荔枝杂交后代的研究 ［J］. 分子植物育种，2015，13（5）：1045 - 1052.

　　［29］汪懋华. 把握实施乡村振兴战略机遇，推动广东荔枝产业创新发展 ［J］. 现代
农业装备，2018（4）：17 - 21.

　　［30］王丹. 荔枝不同品种果实糖分积累差异关键基因的筛选 ［D］. 广州：华南农业
大学，2018.

　　［31］王树军，刘保华，孙进华，肖茜，李焕苓，王家保. 荔枝多酚氧化酶基因启动
子克隆与功能分析 ［J］. 果树学报，2015，32（2）：427 - 433.

　　［32］王树军，孙琴，孙进华，张蕾，王家保. 荔枝 GRX 基因启动子的克隆与瞬时表
达分析 ［J］. 分子植物育种，2018，16（8）：2436 - 2444.

　　［33］向旭. 广东荔枝产业发展主要瓶颈问题与产业技术研发进展 ［J］. 广东农业科
学，2020，47（12）：32 - 41.

　　［34］向旭，欧良喜，陈厚彬，孙清明，陈洁珍，蔡长河，白丽军，赵俊生. 中国 96
个荔枝种质资源的 EST - SSR 遗传多样性分析 ［J］. 基因组学与应用生物学，2010，29
（6）：1082 - 1092.

［35］向旭，欧良喜，陈洁珍，孙清明，蔡长河，赵俊生，方静，杨晓燕．广东省荔枝育种中长期战略与策略的探讨［J］．广东农业科学，2011（19）：39－44．

［36］严倩，吴洁芳，姜永华，陈洁珍，蔡长河，欧良喜．43 份荔枝种质资源的雌花受精与坐果评价［J］．广东农业科学，2019，46（1）：28－35．

［37］叶贞琴．推动荔枝产业高质量发展打造广东金字招牌［J］．现代农业装备，2018（4）：10－12．

［38］岳雪莲．荔枝花瓣缺失相关基因及花性分化相关代谢物的研究［D］．广州：华南农业大学，2018．

［39］张树飞，彭刚，吴河坤，等．不同砧木对井岗红糯荔枝物候期及果实品质的影响［J］．广东农业科学，2018，45（2）：24－28．

［40］赵玉辉，郭印山，胡又厘，张斌，刘睿，欧阳若，傅佳欣，刘成明．应用 RAPD、SRAP 及 AFLP 标记构建荔枝高密度复合遗传图谱［J］．园艺学报，2010，37（5）：697－704．

［41］郑木川，孙秀荣，林煜，蔡宏丰．荔枝蒂蛀虫精准绿色高效综合防控技术［J］．中国热带农业，2018（2）：55－56．

产业理论篇

广东荔枝高质量发展现状、问题与对策

方 伟 曾 丹*

[摘要] 荔枝产业近年来已成为广东农业的重要支柱产业，是广东实现乡村振兴、产业兴旺的重要突破口。经过前 20 年高速发展期和近 20 年低迷期，广东荔枝产业目前已进入稳步向好的新阶段。近年来，广东荔枝在产量实现大年的情况下，国内、国际市场取得大突破，销售速度快，市场价格高，中高端品种的亩均纯收益超过万元，荔枝种植呈现"结构进一步优化、品质稳步提升"的良好局面。未来广东荔枝产业高质量发展需要系统谋划，产业是基础、市场是重点、科技是关键、文化是灵魂。

[关键词] 荔枝；高质量；产业发展

荔枝属于典型的热带水果，主产区集中在北纬 22°～24°30′的少数国家和地区。我国是世界上栽培荔枝最早和最多的国家，已有 2200 多年的栽培历史。根据农业农村部设立的科研团队"国家荔枝龙眼现代农业产业技术体系"的统计，截至 2019 年底，世界荔枝种植面积约 1200 万亩，产量 300 多万吨，其中中国、印度、泰国、越南、马达加斯加等国家荔枝种植面积占全球的 98%、产量占全球的 96%。中国是世界荔枝产区中种植面积最大、总产量最

* 方伟，广东省农业科学院农业经济与信息研究所产业经济研究室主任、研究员、博士；主要从事农业产业经济理论与政策研究。

曾丹，广东省农业科学院农业经济与信息研究所助理研究员，注册会计师；主要从事财务管理及农业技术推广工作。

高的地区，在广东、广西、福建、海南、台湾、四川、云南、重庆、贵州和浙江 10 省（区、市）均有不同规模的种植。目前，全国荔枝种植面积稳定在 770 万亩左右，基本形成了海南特早熟、粤桂西南早熟、粤桂中部中熟、粤东闽南晚熟、泸州特晚熟的特色优势区。

一、广东荔枝产业发展现状

（一）荔枝产业综合优势全国第一、世界第一

广东省是我国种植荔枝面积最大、产量最高的产区。2020 年全省荔枝种植面积约 410 万亩，产量约 130 万吨，产值达到 180 亿元。广东省目前的荔枝优势可以总结为全国"九宗最"，适栽地域最广（81 个县均有种植）、栽培面积最大（占全国总栽种面积一半以上）、种质资源最丰富（拥有种质 600 多个，占全世界 60%）、优良品种最多（地理标志产品 14 个）、产量最大（占全国总产量半数以上，年均 100 万吨以上，年产值 150 亿元以上）、科研实力最强（国家荔枝龙眼产业技术体系 18 位岗位科学家有 14 位在广东）、连片种植面积最大（茂名 130 多万亩荔枝林连片种植）、最先出台荔枝产业保护条例（2017 年 1 月 13 日出台《广东省荔枝产业保护条例》）、古树保存数量最多（百年以上超过 1 万株，最古老树 1300 多年）的省份，荔枝种植综合实力位居全国第一、世界第一。

（二）区域连片格局已形成

2019 年以来，广东荔枝栽培面积 10 万亩以上的地级市有 9 个，面积 1.5 万亩以上的县有 47 个，已基本形成三个明显的荔枝优势区（见表 1）。一是以茂名为中心，包括湛江、阳江等地市的粤西早中熟荔枝优势区，主要栽种黑叶、白蜡、白糖罂、妃子笑、双肩玉荷包、鸡嘴荔等。二是以揭阳（惠来）、汕尾（海丰、陆丰）为主的粤东中晚熟荔枝优势区，主要种植凤山红灯笼、妃子笑、糯米糍、桂味、黑叶、怀枝等。三是以广州（从化、增城）为中心，包括东莞、惠州、深圳等地市的珠三角晚熟荔枝优势区，主要种植怀枝、糯米糍、桂味、增城挂绿、黑叶等。

表1   2019 年广东三大荔枝产区（主产区）面积与产量

区域	地市	县（市、区）	面积（万亩）	产量（万吨）
珠三角晚熟优势区	广州市	从化区	20.50	5.70
		增城区	17.21	1.20
	东莞市		13.49	1.69
	惠州市	博罗县	11.85	2.85
		惠阳区	6.72	1.81
		惠东县	18.00	2.80
	江门市	台山市	4.30	2.12
粤西早中熟优势区	茂名市	高州市	55.86	15.90
		电白区	36.14	16.50
		化州市	24.80	5.30
		信宜市	13.58	5.78
		茂南区	5.26	1.93
	湛江市	雷州市	0.77	0.60
		廉江市	22.04	10.59
		徐闻县	1.29	0.36
		遂溪县	1.96	1.32
	阳江市	阳西县	12.36	8.77
		阳东区	15.01	2.04
		阳春市	5.61	2.80
	云浮市	郁南县	8.63	2.85
粤东中晚熟优势区	汕尾市	海丰县	3.15	1.51
		陆丰市	12.86	6.29
	揭阳市	惠来县	11.01	3.11
	梅州市	五华县	3.00	0.67
	潮州市	饶平县	3.10	3.72
	河源市	紫金县	6.50	1.50

注：优势产区选择主要依据为荔枝种植面积大于 3 万亩的县（市、区）；表中数据来自《广东农村统计年鉴 2020》、《汕尾统计年鉴 2019》、广东省各地市农业农村局。

从经济区域角度看，粤西在荔枝栽培气候条件和资源上占有相对优势，多年以来形成一定的产业规模，是荔枝种植面积最广、产量最高的地区，分别是 203.31 万亩和 74.74 万吨。珠三角是广东省经济最发达的地区，同时也是广东荔枝种植的传统地区，近年来因区域经济与工业发展的需要，珠三角地区荔枝种植面积大幅度缩减，产量增长幅度缓慢，种植面积为 92.07 万亩，产量 18.17 万吨。粤东地区种植面积 39.62 万亩，产量 16.80 万吨。其他地区因受到地理位置和气候条件等因素的影响，发展荔枝产业欠适宜，荔枝栽种面积较小。

（三）全产业链平台逐步搭建

一是积极建设现代农业产业园，加快推动荔枝产业做大做强。茂名市国家级、省级荔枝现代农业产业园建设成效初步显现，根据广东省农业农村厅统计数据，截至 2019 年，有入园新型经营主体 817 家，带动农户 1.5 万户，园内果农人均可支配收入达 2.3 万元，比全市农村居民人均可支配收入高 38.8%，开展养殖粪污"生态循环治理模式""一体化生化治理模式"等试点示范，推广"猪－沼－果"生态循环治理模式，农业废弃物综合处理率达到 90% 以上，初步实现绿色发展理念落地生根、联农带农成效逐步显现。2020 年茂名荔枝优势产区产业园获审批立项，阳西县荔枝产业园、广州市增城区仙进奉荔枝产业园、广州市从化荔枝产业园已获省级现代农业产业园立项，同时，多个以荔枝为主导产业的现代农业产业园已现雏形。二是依托"一村一品、一镇一业"项目建设，提升荔枝产业的市场竞争力和知名度。为推动广东省荔枝产业的高质量发展，积极组织广东省荔枝主产区的镇、村申报"一村一品、一镇一业"项目，截至 2019 年底，共有 44 个荔枝相关项目参与了"一村一品、一镇一业"项目的申报工作；积极组织具备条件的镇、村开展国家和省专业村镇认定工作，2019 年认定潮南区雷岭镇、东莞市厚街镇、廉江市良垌镇、电白县旦场镇、高州市根子镇共 5 个荔枝专业镇，通过荔枝专业村（镇）的打造，促进地方特色产业由资源变产品、产品变商品、商品变名品，带动产品开发、产业发展，富裕一方农民，振兴一方经济。三是紧抓现代农业产业园和"一村一品、一镇一业"建设契机，大力发展休闲农业和乡村旅游。在全域旅游理念的引领下，广东荔枝各产区着力做好"荔枝＋旅游"文章，擦亮广东荔枝特色名片，逐步做强做大广东荔枝特色文化。

近年来，各大旅行社联合推出的"520·我爱荔"农旅结合精品旅游线路备受关注，一批旅行社被授予"广东荔枝最美旅游线路推广使者"；茂名市以古荔枝树为媒，推进整合"古荔贡园""大唐荔乡之旅""荔枝文化之旅"等旅游资源，2018 年产业园实现接待旅游人次超过 25.9 万，荔枝农旅融合产业总产值超过 10 亿元；广州市从化区发挥区位优势打造"荔枝＋旅游""荔枝＋文创"等新业态新模式，有效促进了"人引进来＋货流出去""产出来＋卖出去"的良性互动。东莞通过"给荔中国"系列活动，精选休闲采摘点，推出"莞荔"休闲采摘攻略，有效促进了荔枝休闲采摘及乡村旅游。

（四）品种资源丰富多样

广东在国内乃至世界历来享有"荔枝第一产区"之称，在品种资源方面占有绝对优势。品种包括桂味、糯米糍、妃子笑、白糖罂以及增城挂绿、新兴香荔等名优品。种质资源丰富，有国家荔枝种质广州圃、华南农业大学国家荔枝研究中心的荔枝种质圃、东莞农科中心的荔枝品种圃等，荔枝种质资源保存量达 600 多份，居全国第一，占全球的 60% 以上。广东省现今的荔枝主栽品种绝大部分是经过 2000 多年的人工栽培和自然选择形成的适合本地栽培的地方性优良品种，仅有少数具有一定栽培面积的如无核荔、鸡嘴荔是近十多年来从外省引入的品种。广东优质荔枝品种资源已辐射和服务全国。

（五）产业逐步实现集群式发展

经营主体不断壮大。广东荔枝产业相关企业约有 1000 家，有品牌、有规模的行业龙头企业约有 200 家，以加工企业为主，鲜果出口企业约 30 家，多数企业有自己的果园基地。近年来，广东荔枝种植大户、家庭农场、合作社等新型经营主体也不断发展壮大，成为推动荔枝产业发展的主要力量。

组建荔枝产业联盟。2018 年 5 月，广东荔枝产业联盟正式成立，会员涉及荔枝全产业链教学研究、技术推广、生产经营、品牌销售、金融、保险、物流、电商等企事业单位。以联盟为依托，一年来在荔枝主产区组织专题授课、理念分享、生产机械演示、高接换种实操等各类技术培训 17 场次，参加人数 3600 人次以上，通过对果农的技术培训和生产指导，逐渐搭建起互惠互利、共生发展的合作关系，新型经营主体的数量逐步增加。另外，以阳江市阳西县荔枝龙眼协会、广州市仙基农业发展有限公司等联盟新型经营主体积极组建荔枝高接换种服务队，成员近300人，组织或参加换种技术交流会达40场次以上，一年来荔枝新品种换种面积达2万亩以上，品种结构调整的示范作用初步显现。

组建全国最大的荔枝出口集团。2019年广东成立全国最大的荔枝出口集团。该集团已经成为中国荔枝最大出口商，预计荔枝及荔枝加工产品出口量共计占全国出口总量的85%。目前该集团已签订23000亩合作基地，分布在湛江、茂名、阳江、广州、惠州、揭阳、汕头等多地，产出荔枝将出口到美国、加拿大、欧洲和东南亚等地。[①]

（六）销售市场不断拓展

流通与市场方面，以当地市场鲜销为主，也有一定数量的加工（荔枝干为主），但占荔枝产量不大；远销以出口与北运为主，主要是名牌优质品种的出口，比重不大；北运以产量较大、价钱适中的怀枝为重点运输对象，主要运往北京、天津、上海、沈阳、长春、哈尔滨等直辖市和省会城市；荔枝的销售市场总体加工量少，远销的果实数量和质量受限。

国外市场方面，荔枝出口主要销往欧美、东南亚、中东等地。全国最大的荔枝出口集团旗下的4家公司2018年出口总量达到4746吨，占全国鲜果荔枝出口总量的47.5%，超过广东省荔枝出口总量（4100吨）。随着电商行业的崛起，通过航空快运，保鲜瓶颈突破，覆盖常规货运难以到达的地区，使荔枝销售区域得到空前拓展，一些有一定发展基础的企业通过电商平台创造了更多的市场机会，极大提升了荔枝销量。

（七）科技支撑力量不断增强

广东省近5年选育并审定了一批新品种，御金球、塘厦红、冰荔、翡脆、北园绿、红巨人、红脆糯、桂爽等为省审新品种，马贵荔、红绣球、观音绿、

---

① 资料来源于广东省农业农村厅。

井岗红糯、岭丰糯5个品种为国审新品种。

广东省内获各级政府支持的科研项目主要包括：国家荔枝龙眼产业技术体系主要岗位设置在广东省，有14岗3站共17个团队111名研究人员，涵盖了产业链上、中、下游各环节的科研与技术开发应用，每年每位岗位科学家拨款70万元经费，3个综合试验站各50万元；省岗位体系每年获得110万元科研经费，设有首席专家、岗位专家、综合试验站等；广东省农业农村厅近年来组织开展的荔枝育繁推一体化联盟建设，支持经费400万元，以及省级和市级组织开展的品种结构调整与新品种换种推进项目等，获支持经费约为600万元。①

（八）荔枝文化、品牌建设意识不断增强

1. 多方位宣传报道，传播荔枝文化

积极发挥融媒体和互联网思维，利用学习强国、南方＋、腾讯、今日头条、微信公众号、微信朋友圈、社群、电视、期刊等途径，全力宣传广东荔枝产业的各项工作。比如，广东省农科院果蔬加工团队的荔枝加工科研成果《特色水果变身记》专题片入选CCTV－10《走进科学》栏目，该专题片也进入了党员"学习强国"平台宣传了荔枝营养功能、加工技术，并取得了良好的效果。在农财网荔枝龙眼通开辟"广东荔枝产业联盟主推十大品种"专栏；持续深入挖掘荔枝产业新型经营主体典型案例，在南方农村报、农财网荔枝龙眼通微信公众号、"南方＋""一村一品号"等平台开设"匠心农人"专栏，为广东荔枝人寻找榜样的力量；利用微电影、农业＋旅游、产业大会等形式，对荔枝品牌进行系统打造和宣传，使品牌知名度快速提升。

2. 多渠道开拓国际和国内两个市场，打造"广东荔枝"品牌

广东省围绕荔枝产业开展荔枝12221行动，成功举办了"520广东荔枝"、2019广东荔枝丝路行活动、2019茂名高州荔枝文化节、2019年阳江市荔枝产销对接大会暨阳西第四届荔枝旅游文化节、2019惠阳吉他荔枝嘉年华暨第三届惠阳吉他文化艺术节等荔枝相关农事节庆活动，为荔枝产业市场化、品牌

---

① 资料来源：2019年广东省农业农村厅的统计资料。

化搭建了桥梁、拓展了空间，提升广东荔枝产业竞争力和影响力；2019 年，广东成立了"农产品采购商联盟·广东荔枝（农产品）出口联盟"，为广东荔枝出口企业提供了互相交流、经验分享的平台，相继组织广东省荔枝企业参加"一带一路·甜蜜出发"广东荔枝丝路行活动、广东东盟农产品交易博览会、第二届香港"一带一路"国际食品展等活动。2019 广东荔枝丝路行活动现场，广东荔枝出口企业与国际采购商现场签订荔枝销售合同总金额达 2.7 亿元；在阳西产销对接会上，签订了 1.6 亿元的荔枝购销协议；在 2019 良垌荔枝品牌推介会上，达成荔枝购销协议 1.5 万吨。

3. 强化品牌意识，推进品牌战略

广东省有荔枝类省级重点农业龙头企业 15 家、绿色食品（荔枝）认证企业 32 家，无公害食品（荔枝）认证企业 35 家，区域公用品牌 14 个，广东名牌产品（荔枝）33 个，3 个荔枝产品被认定为广东省十大名牌系列农产品，14 个荔枝产品被认定为国家地理标志产品，其中包括"惠来荔枝""罗浮山荔枝""东莞荔枝""南山荔枝""钱岗糯米糍荔枝""增城荔枝""增城挂绿""茂名白糖罂荔枝""高州荔枝""阳东双肩玉荷包荔枝""新兴香荔""庞寨黑叶荔枝""萝岗糯米糍荔枝""镇隆荔枝"等。广东荔枝产业联盟秘书处已于 2019 年 10 月 14 日获得国家知识产权局授权"广东荔枝"两套（图形＋文字）（国际分类：29、31、32、33）注册商标，为发挥注册商标应有的作用，联盟于 2020 年 2 月 28 日发布"广东荔枝产业联盟标准"——《广东荔枝绿色标准化生产技术规范》（发布号：Q/YNKG 16—2020），鼓励联盟内企业在严格遵守"广东荔枝产业联盟章程"、认真执行"广东荔枝产业联盟标准"前提下合规合法的使用这两套注册商标。

（九）富民兴村效果明显

荔枝产业是广东省南亚热带地区农业重要的支柱产业之一，已成为该区域农民重要的经济来源，2018 年，荔枝产业直接带动农民增收 90 亿元以上，带动产业相关环节创造产值 30 亿元以上。广东省荔枝种植环节稳定就业人口就有 60 万人。广东省大力建设荔枝产业园（共 5 个，1 个国家级产业园，4 个省级产业园，其中茂名 2 个，1 个国家产业园，1 个优势产区产业园，增城、阳西、从化各 1 个省级产业园）和"一村一品、一镇一业"项目（共 22 个，其中惠州 2 个，汕尾 2 个，阳江 4 个，湛江 6 个，茂名 6 个，肇庆 1 个，云浮 1 个），有效带动了项目周边村镇的产业发展，有效提高当地村民的工资性收入，与荔枝产业相关的经营组织大量涌现，通过荔枝技术培训班、农民田间学校，对技术骨干、种植大户等进行农村实用人才培训，年培训荔枝新型主体超过 3000 人，有效扶持了当地的荔枝种植大户、家庭农场、合作社等新型经营主体，极大促进了当地的一二三产业融合发展，富民兴村效果突出。[①]

二、广东荔枝产业高质量发展存在的问题

荔枝产业问题的复杂性，从广东近些年的发展来看，不单单是产业技术的问题，也非第一、第二或第三产业单一环节的问题，还有生产组织化程度低等产业链各个环节的问题，是一个系统工程。

（一）品种熟期结构不合理，品种与产业链不匹配

荔枝品种种植结构不合理，制约产业效益，一般性品种黑叶达 162 万亩，怀枝 37 万亩，白蜡 26 万亩，双肩玉荷包 18 万亩，合计 243 万亩，占广东省总面积的 59%；优质品种桂味、糯米糍等占比相对较少。受地域分割限制，品种分区分布明显，一些地区供选择的优质品种数量有限。广东荔枝在全国定位于中晚熟产区，但 5 月下旬~6 月下旬的产期太集中、产量太大，2 个月内要将上百万吨的荔枝销售完毕非常困难，丰产不丰收或季节性过剩等事件屡有发生。7 月上旬之后的晚熟和特晚熟产期产量比重相对偏低。新品种推广速度较慢。据不完全统计，近年来，广东省每年荔枝新品种换种面积 2 万~3 万亩，品种结构优化步伐缓慢。

品种与产业链不匹配。荔枝对保鲜要求很高，不仅需要选育耐储运的新品种，也需要选育更多的晚熟优良品种尤其是特晚熟优良品种，延长鲜

---

① 资料来源：2019 年广东省农业农村厅的统计资料。

果供应期。荔枝现有主要商品性品种果实均不耐贮运，较耐贮运的新品种井岗红糯、仙进奉、翡脆等则推广种植面积较小，尚未形成商品性规模。

（二）标准化、规模化、产业化程度低

标准化实施难度高。小规模种植户占主体，生产者组织化程度和文化素质偏低，标准化生产及丰产优质生产新技术推广应用覆盖面不足，产品品质不稳定，经济效益不够高。荔枝栽培主要是利用山地和坡地进行种植，地形地貌复杂多变，不利于机械化和自动化设施的应用。原料及果核大小、质量参差不齐等增加了荔枝加工的难度。

规模化、产业链组织化程度低。目前广东省荔枝生产仍以传统生产模式为主，一二三产业融合度低，技术标准规范落实应用率也低，现有果业龙头企业和各种经济合作组织主要集中于产后的下游环节，如保鲜、加工、贮运、出口型企业为主，上游新技术新品种研发企业几乎缺失。

（三）精深加工不足

现阶段加工产品主要以传统加工产品荔枝干为主，其次为荔枝罐头、荔枝果酱等，精深加工虽有涉猎，但总的产品销售市场和品牌打造仍处于努力发展的阶段。广东荔枝年加工量相对较低，加工率约为10%。个别具实力加工龙头企业尝试在荔枝速冻、荔枝酒醋深加工、荔枝综合利用等方面充分挖掘荔枝价值，并已打造自身特色品牌，现正逐步打开国内外市场，努力推进荔枝精深加工市场占比，特别是荔枝的护肤美容化妆品、药品原料加工方面，能消化大量的鲜荔枝，大大提高荔枝种植效益。

（四）果园机械化、智能化程度低

荔枝栽培以山地果园为主，地形地貌复杂，劳动力强度高，生产劳动力严重短缺，果园机械化水平远不适应现代化大生产的要求，荔枝栽培管理技术需要全面升级（水肥一体化、机械化、自动化、信息化），从而吸引年轻人返乡创业。

（五）产业技术瓶颈有待突破

近几年，荔枝生产"大小年"现象严重，据不完全统计，2019年全省荔枝产量78万吨，较2018年148万吨减产48.3%。除黑叶、怀枝、妃子笑、双肩玉荷包等少数几个品种外，多数品种存在明显的"大小年"现象，对天气依赖性较强。具体表现在成花不稳定（白蜡、桂味等）、落花落果严重、易裂果（白糖罂、糯米糍等）等问题。病虫害绿色防控技术有待完善和提升。荔枝蒂蛀虫是荔枝上的首要害虫，防治荔枝蒂蛀虫所用的杀虫剂占全部荔枝杀虫剂的70%以上。目前急需开发出一些替代或减少农药使用的技术，如物理防控技术、生物防治技术、果园生态调控技术等，或者筛选研制推广一些高效低毒低残留农药，包括生物农药和微毒的化学农药。

保鲜期短，保鲜贮运困难突出。荔枝常温贮运保鲜期只有3~5天，5天后就开始变味变色，至今在冷链物流上尚未有大的技术突破。

（六）市场开拓不足，知名品牌不多

广东荔枝以鲜果销售为主，占总产量的近90%，加工消化仅占10%左右。鲜果消化中，本省占近39%，外省占58%，运能不足，运销成本高。荔枝外运仍是以冰柜冷藏大货车运力为主，例如，顺丰速运等电商要将鲜果通过冷藏大货车从茂名运至广州白云机场后才发至外地，物流成本太高且不利于鲜果的品质保障。出口不足3%，主要销往中国香港、美国、日本、欧洲。在出口方面，尽管低温贮运保鲜期可以达到38天以上，但由于国际市场进口限制、非关税壁垒不断加强，以及国际市场培育不足，消费群体局限在华人群体，对产能消化的贡献十分有限。

荔枝正面宣传不到位，大部分消费者对荔枝鲜果和加工品的营养价值了解不多，部分消费者存在一些误区。荔枝种植户品种品质多有不同，知名度高的荔枝品牌不多，从而导致消费者在选购时较为盲目。

三、广东推进荔枝产业高质量发展总体思路

广东荔枝产业高质量发展重点是提升荔枝产业发展能力、市场竞争能

力、科技创新能力和品牌文化影响力，形成全球最具竞争力的荔枝优势产业带，把广东省打造成为世界荔枝产业中心、研发中心，交易中心和文化中心。

（一）实施"高质量"发展路径的基本思路

以打造世界最具竞争力的优势水果产业为总体目标，以优化品种结构、均衡荔枝年产量、提升荔枝品质为重点，调优广东荔枝早中晚熟品种比例；以打造荔枝成为千亿产业集群为抓手，建成一批集规模化种植、标准化生产、商品化处理、精深化加工、品牌化销售、产业化经营的国家级、省级荔枝现代农业产业园和"一村一品、一镇一业"荔枝专业村（镇）；强化广东荔枝产业联盟领航，以提升荔枝精深加工水平、社会化服务拓展等功能为目标，培育一批新型农业经营主体；强化科技引领，产业跨界联合发展，推进"5G＋智慧交易流通体系建设"；以开拓市场，扩大销售为目的，打造"广东荔枝"区域公用品牌，创建一批国内知名荔枝品牌，打造世界知名水果产业——广东荔枝，世界共享。

（二）实施"高质量"发展路径的重要原则

1. 生态优先，绿色先行

牢固树立绿色兴农理念，优化产业结构，推进荔枝产业转型升级，构建现代农业产业体系。建立荔枝标准化生产制度、绿色循环低碳生产制度，加快荔枝质量监管体系和追溯体系建设。培育荔枝产业区域公用品牌，延伸价值链，提升利益链，推进广东省荔枝产业全面转型升级。

2. 政府引导，市场主体

充分发挥市场在资源配置中的决定性作用，激活要素、市场和各类经营主体。更好发挥政府作用，在基础设施条件、公共服务能力提升方面给予有力支持，撬动更多社会资本投入荔枝产业，引导形成以农民为主体、企业带动和政府参与相结合的荔枝产业发展格局。

3. 科技支撑，融合发展

依托广东省强大的荔枝科研技术体系，突破"大小年"结果、品质与安全、产后保鲜、精深加工技术，尤其加大突破对鲜荔枝消化量大、附加值高的美容化妆和医药新产品的科技瓶颈。运用 5G 通信技术、大数据、云计算，建立荔枝冷链物流运输、智慧交易体系。立足现代农业产业园和"一村一品、一镇一业"建设，聚焦荔枝产业全产业链平台建设，延伸产业链，挖掘农业的文化功能、生态功能、景观功能，提升价值链，促使荔枝产业与休闲、旅游、养老等产业深度融合。

4. 联盟领航，联农带农

充分发挥广东荔枝产业联盟领航作用，大力培育龙头企业，广泛调动龙头企业、新型经营主体、金融机构、研发机构等主体积极性，聚合新要素、探索新模式、实现荔枝产业集群式发展。注重吸引各类新型农业经营主体来农村创业创新，构建与农民的紧密型利益联结机制，让农民充分分享二三产业增值收益，把以农业农村资源为依托的二三产业尽量留在农村，把农业产业链的增值收益、就业岗位尽量留给农民。

（三）实施"高质量"发展路径的定位

1. 打造世界最具竞争力的优势产业

充分发挥广东省岭南区位优势、自然资源优势与荔枝产业特色优势，突出技术集成、产业融合、平台优势、核心辐射等主体功能，围绕打造广东荔枝成为全球著名水果产业，整合茂名国家荔枝现代农业产业园、4 个省级现代农业产业园以及"一村一品、一镇一业"专业村（镇）等产业平台，加快延伸产业链、提升价值链、完善利益链，聚焦加工、流通、交易等关键环节，推动广东荔枝产业转型升级，产业价值链重构，打造岭南最强荔枝种业、中国最具文化内涵水果、世界最大荔枝智能交易中心，打造全国三产融合产业振兴示范标杆、世界特色水果发展典范。

2. 全国农业高质量发展领航产业

全面推进实施乡村振兴战略背景下，通过聚焦主导产业、构建产业联盟、集聚现代要素、遵循绿色发展、带动农民增收，逐步将荔枝产业打造成为效益最好的岭南特色水果产业、全国农业高质量发展领航产业，探索出一条华南地区现代农业产业兴旺发展的道路，加速推进广东省实现乡村振兴。

四、广东推进荔枝产业高质量发展的对策建议

未来广东荔枝产业高质量发展，重点是推动一二三产业融合贯通，构建合理布局的优势产业带，推进政研企结合，打造强有力的全产业链，着力在延伸产业链条、做响农业品牌、加强技术创新、激发产业活力上下功夫。

（一）强化科技创新，引领产业新发展

1. 加强种质资源研究

加强科研攻关，加大新品种培育力度。依托广东省丰富的荔枝种质资源优势，通过荔枝杂交、分子育种等技术手段，培育一批具有优良特色性状或区域特色、丰产稳产、不易裂果、耐贮运的优质新型品种，丰富广东荔枝鲜果品种。

2. 推进丰产稳产优质关键技术研发，促进科技成果转化

推进丰产稳产优质关键技术研发与推广应用。加大科研攻关力度，重点解决荔枝"大小年"结果问题，突破一批生产技术瓶颈。加强科企合作，加快荔枝科研成果转化，鼓励有条件的企业成为技术创新决策、研发投入、科研组织和成果转化的主体。鼓励龙头企业与优势农业科研院所、高等院校联合建立产学研协同创新联合体，大力开发具有自主知识产权的技术和产品。

3. 加强荔枝果园机械研发

结合广东荔枝是利用山地和坡地进行种植，以及地形地貌复杂多变的实际情况，探索"科研院所＋高端装备制造企业＋专项经费"的由科研院所主导、高端装备制造企业加盟、投入专项经费的研发模式，研发适应荔枝果园应用、性价比高的机械和自动化设备。

4. 加强荔枝产业人才培养

制定专门规划和政策，整合教育培训资源，围绕荔枝产业开展农业技能和经营能力培训，弘扬荔枝种植"匠人精神"，发挥荔枝产业人才示范带动作用，加大对荔枝专业大户、家庭农场经营者、农民合作社带头人、农业企业经营管理人员、农业社会化服务人员和返乡农民工的培养培训力度，提高其

专业技术和管理水平。加大荔枝产业营销人员培养培训力度，提高其市场开拓和贸易管理水平，支持培养荔枝果品经纪人队伍，促进果品的流通销售。

（二）强化加工带动，打造产业发展新动能

1. 建设荔枝加工产业链

依托茂名市国家和省级荔枝现代农业产业园建设已有成效，在汲取产业园创建经验基础上，在粤东荔枝优势主产区内，选取基础较好、产业链较为完整、发展潜力大的区域创建以荔枝加工为特色的省级现代农业产业园，在产业园内设立荔枝加工技术研发中心，形成荔枝初加工、精深加工相结合的荔枝加工现代农业产业园，以加工产业带动提升广东省荔枝产业的发展。

2. 促进荔枝加工产业集群式发展

加快发展荔枝加工产业，巩固扩大荔枝传统产品生产，改进提升荔枝精深加工产品工艺和品质，助推荔枝提取物等市场化。在广东全省范围内组建荔枝加工产业集群，粤东以加工现代农业产业园带动粤东荔枝加工产业发展，在粤西和珠三角荔枝优势产区，以当地大型荔枝加工龙头企业为引领，分别组建荔枝加工产业集群带动优势产区内荔枝加工产业发展。通过产业集群式发展，制订荔枝产业加工标准，形成行业技术规范，推动荔枝产业向精深加工领域发展，全面提升广东荔枝加工能力。通过产业集群，汇聚广东荔枝加工技术资源，开发应用对荔枝功能性成分提取纯化的生产技术，开发各类荔枝保健营养品，延伸和扩展荔枝产业链，为全省荔枝产业发展提供新的增长极。

（三）调优品种结构，强化荔枝绿色安全生产

1. 大力扶持荔枝种业发展

支持荔枝良种区域化试验基地和繁育圃基地建设，在茂名建设国际一流的荔枝种质资源库（圃），加快荔枝品种更新换代与技术推广，重点培育及推广特早熟、特晚熟、耐贮运和出口的优质品种，以种质资源创新带动品种创新，推动全国荔枝品种更新换代。依托技术优势突出、设施条件完备的科研及推广单位与龙头企业，在广东省内优势产区布局荔枝良种区域化试验基地，

注重提高苗木繁育基地的建设水平，加快利用高接换种技术对低产、低质、低效的果园进行品种更新换代。

2. 加快推进荔枝品种结构优化

以《广东省荔枝产业保护条例》为指导，大力推进"双创"示范县建设等工作，督导荔枝品种结构调整，加强高接换种的培训和指导，通过建立品种改良示范点的形式，以点带面，辐射带动主产区农户加快荔枝品种改良步伐。着力优化品种结构，发展特早熟、特晚熟品种，因地制宜示范推广优质新品种，延长果品上市期，为市场提供层次丰富多样的优质果品。着力推广品质上乘、具有优良特色性状或区域特色、丰产稳产、不易裂果、耐贮运、商品性好、市场价值高、前景好的优新品种。加大品种改良力度，通过高接换种技术，将非优品种改为优质高效新品种，促使荔枝品质更优、区域布局更合理。

3. 建立荔枝标准化生产制度

以广东荔枝产业联盟和各主产区农业主管部门为依托，分地区、分品种制定荔枝种植标准化生产技术规程和产品分级包装标准，指导各地按照标准进行生产销售。选择种植规模和标准达到规定要求的区域，建设优质高效示范基地，以增强优质鲜果生产能力，从源头上抓好果品供应。以创建优质高效示范基地为契机，集成推广关键技术，积极推行标准化生产，提高荔枝生产效益。加快建立并完善荔枝果品质量标准检测认证体系，建立一套与国际市场接轨的果品品牌评价标准与管理制度，使品牌果品基地化生产、标准化管理、集约化经营。

4. 建立荔枝绿色低碳生产制度

坚持绿色发展，坚持节约资源和保护环境，加快建设资源节约型、环境友好型荔枝种植模式，推动建立绿色低碳循环生产制度，推动荔枝产业低碳循环发展。全面推广测土测叶配方施肥，加强对化肥的替代使用，坚持化肥减量提效、农药减量控害，引导有机无机肥料配合施用。引导增强果园有害生物生态调控理念，全面推广病虫测报精准施药、物理防控等农药减量控害技术，大力推广使用生物农药和高效低毒低残留农药。加强农药使用安全风险监控和农药残留监控，扶持农业生产社会化服务组织，结合品牌创建行动开展科学施肥用药专项培训，向荔农推广绿色防控和清洁生产技术。

5. 强化荔枝果品质量安全监管

结合优势区荔枝果品生产基地、标准化生产基地和无公害荔枝果品生产示范基地建设，探索推广荔枝果品生产档案登记制度。强化荔枝果品质量安全追溯管理工作，逐步实现生产记录可存储、产品流向可追踪、储运信息可查询。支持建设荔枝溯源服务中心，通过"三确一检一码"，实现全程质量追溯，逐步实现在荔枝果品生产、加工、包装、运输、贮藏及市场销售等各个环节建立完备的质量安全档案记录和荔枝果品标签管理制度，把产品标签与荔枝果品认证标志、地理标志、产品商标等结合起来，逐步形成产、销区一体化的荔枝果品质量安全追溯信息网络。

（四）培育新型经营主体，强化产业联盟领航

1. 加快推进荔枝产业园、"一村一品、一镇一业"专业村（镇）建设

统筹推进国家和省荔枝现代农业产业园建设，加强产业示范引领和辐射带动作用，提高国家级荔枝现代农业产业园和省级荔枝现代产业园建设水平，做大做强荔枝优势产业区；大力发展"一村一品、一镇一业"富民兴村产业，支持建设一批荔枝标准化种植园、生产基地。做好专业镇、专业村的建设工作，主动与现代农业产业园建设相衔接，做到首尾相顾、相得益彰，共同做强做大荔枝产业。

2. 加强产业联盟领航作用

鼓励联盟企业积极参与现代农业产业园建设，发展"龙头企业＋生产基地＋农户""龙头企业＋合作社＋农户"等生产组织形式。鼓励联盟企业担起领航者的责任，对当地农民合作社、家庭农场、广大果农进行技术推广和经营管理交流。依托联盟加强对农民合作社、家庭农场等新型经营主体进行生产管理、网络营销等生产销售技能培训。

3. 培育壮大荔枝产业龙头企业

大力培育有市场竞争力和产业带动能力的龙头企业，有针对性地出台扶持政策。重点推进荔枝加工企业整合农业生产经营产业链，将农业生产的产前、产中和产后环节纳入企业经营的内部价值链，降低农户生产经营风险，保障并提高农民收益水平。针对加工企业技术改造升级滞后问题，探索制定企业购买和自制全套荔枝专用生产设备享受高于现行农机补贴的政策，允许企业初加工冷藏享受农用电政策；鼓励和支持企业抢抓"一带一路"建设机遇，积极拓展海外市场。

4. 提升农民合作社和家庭农场经营能力

加大力度扶持荔枝种植大户、家庭农场、农民合作社等新型经营主体。大力开展荔枝新技术、新品种、新模式培训推广，充分发挥农业技术推广网络作用，通过荔枝技术培训班、农民田间学校，对技术骨干、种植大户等进行农村实用人才培训，加强设备改造和优化升级，不断改进种植、加工装备和加工工艺。

5. 构建新型助农服务体系

在主产区建设专业化服务平台，培育一批社会化专业服务组织，对重要管护环节开展社会化服务，提高荔枝产业的组织化与专业化技术服务水平。加快发展新型农业生产性服务产业，培育专业化经营性农业服务组织，统筹开展高接换种、病虫害统防统治、农机作业、农资供应等生产性服务。鼓励大型电商、合作社、龙头企业等提供荔枝产地初加工、仓储流通等产后社会化服务。

（五）改善设施装备条件，推进产业技术装备集成

1. 改善果园基础设施，推进标准化建设

全面提升广东荔枝果园基础设施建设水平，改善荔枝主产区失管果园生产条件，保障荔枝果园可持续生产能力。在荔枝主产区推进标准化荔枝果园建设，打造一批基础设施完备、品种结构合理、生产技术先进的荔枝标准化果园。探索在荔枝标准化产业园区，建立由政府提供政策支持，科研院所提供技术支撑，企业负责管理销售的"政府—科研院所—企业家"荔枝生产模式。

2. 提升荔枝产业机械装备水平

提升荔枝产业设施装备水平，推进果园机械化、果品商品化。开展果园现代化改造与机械化应用的"机艺融合"模式研发，研究制定施肥、喷药、

修剪及采摘的机械化技术配套方案，形成适应现代高效栽培技术的农机与农艺相结合的果园机械化技术应用模式。提升荔枝采后设施装备水平，建立完善"从产地到消费者"的荔枝冷链物流体系。加强硬件设施建设，鼓励龙头企业、农民专业合作社建设机械冷库、气调冷库、低温货架等冷链保鲜设施。提升荔枝长途运输保鲜能力，降低荔枝物流成本，为广东省荔枝卖得出、卖得远、卖得好提供保障。制定果品商品化分级销售标准，实行等级定价，优果优价。规范广东荔枝销售包装，以市场需求为导向，创新荔枝等级分类包装方式，高端产品包装实现小型化、精致化。鼓励主流生鲜电商平台在产业园自建冷链物流渠道，在主产区推广"产地仓＋冷链"模式，缓解荔枝集中上市、集中运输压力。

3. 推进"5G＋智慧交易流通体系"建设

在茂名国家优质荔枝产业园内规划建设具备现货交易、期货交易、加工仓储、物流配送、电子商务等功能的5G＋国际荔枝交易中心。加快专业性荔枝物流配送网络、综合性农产品配送中心和物流点建设，形成覆盖荔枝等主要农产品生产加工、恒温冷链物流、市场营销等环节，具有跨区域配送能力的交易物流体系。运用大数据分析等手段，加强对荔枝市场的价格预警和产业指导，整合现有农产品电子交易平台，提升荔枝"生产端"与"销售端"连接、互通、融合水平。鼓励产业园企业采取电子商务、拍卖、可视化等新营销模式拓展市场，支持产业园内企业、行业协会和合作社利用电子商务加强营销推介。

（六）强化品牌和销售，推进产业深度融合

1. 实施荔枝产业品牌战略

实施荔枝产业品牌战略，加大品牌创建、宣传和保护力度，鼓励企业打造优势品牌、培育驰名商标，全面推行荔枝产业品牌化经营。重点打造一批国内外有影响力的知名企业品牌，放大品牌效应，带动广东省荔枝生产和销售。鼓励龙头企业和农民专业合作社等创建特色品牌。打造"广东荔枝"区域公用品牌、"东坡荔枝""高州荔枝"等区域子品牌，构建公用品牌、企业品牌和产品品牌各有侧重又相得益彰的品牌体系。

2. 拓展荔枝销售市场

巩固升级传统的省外销售模式，搭建荔枝集中批量走货的平台，在主产区建设大型区域性荔枝综合交易中心，搭建荔枝大宗交易采购平台，加快荔枝物流速度。培育壮大本土的经销商队伍，在广东省外消费大市设立分销点、培育当地分销商等形式，拓展巨大的省外市场空间。鼓励各产区前往北京、上海、香港、澳门等地开拓市场，着力推进建设销区市场体系和交流合作平台。继续深化荔枝采购商联盟建设，拓展"一带一路"沿线国家市场，着力扩大广东荔枝对欧美出口以及国际贸易的市场份额。依托荔枝5G＋国际荔枝交易中心建设，开拓线上市场，提升电商销售水平。

3. 推进产业深度融合发展

宣传推广荔枝营养保健功能，提升荔枝文化内涵。荔枝富含铁及维生素C等多种营养功能成分，有补肝肾、健脾胃、益气血的功效，应当正确引导消费，挖掘和弘扬荔枝营养文化，打造"全国人民喜爱的'荔枝蜜'""广东人挚爱的'荔枝菌'"等一系列产品名片，弘扬荔枝健康文化功能。

充分弘扬荔枝文化，推进产业与文化休闲旅游业融合。依托广东荔枝栽培历史悠久、深厚的荔枝文化底蕴，以及古树、古村落等题材，充分发掘"妃子笑""挂绿"等知名品牌文化底蕴，讲好品牌故事，加大力度发掘"荔枝文化"的特征和内涵。加强荔枝产业与旅游业的融合，在荔枝主产区积极开发旅游项目，弘扬广东荔枝文化内涵。研究开发荔枝旅游产品，打造荔枝田园综合体、特色小镇、荔枝文化公园、荔枝博物馆等。鼓励荔枝产区与省内外旅行社合作，推出旅游线路，增强旅游业和荔枝文化对荔枝产业的带动作用。充分利用国家、广东省现代农业产业园和广东省"一村一品、一镇一业"建设的契机，大力发展休闲农业和乡村旅游，各地因地制宜，拓展荔枝生态旅游、休闲旅游、荔枝文化体验等产业模式，打造"农业＋文化＋旅游"的荔枝产业新业态。

4. 推进产业与数字农业融合

在茂名建设"5G＋国际荔枝交易中心"，打造具有国际竞争力的荔枝智慧交易中心，运用大数据分析等手段，分析国际荔枝市场价格，着力推动网上荔枝数字化营销专区和大数据中心建设，打造国际荔枝现货、期货交易市场，并对国内荔枝市场的价格预警和产业指导，搭建国际知名网上荔枝交易平台。进一步挖掘数字化技术赋能荔枝市场需求、生产供给、冷链物流信息发布及对接撮合、网上展会等服务功能，推动健全荔枝网络销售体系。高水平抓好线上与线下、国内与国际两个市场，引领果农走出传统小商品经济，迈入国际化大贸易的新时代。统筹推进"互联网＋"农产品出村进城和农产品仓储保鲜冷链物流工程项目，协调国有系统和社会各方力量参与，鼓励平台型公司新增建设广东荔枝线上品牌馆和销售专区，培育发展"广东荔枝"品牌电商。

参考文献：

［1］陈厚彬 . 荔枝产业发展报告［J］. 现代农业装备，2018（4）：22 – 24.

［2］何钻莹 . 广州从化：荔枝产业致富经［J］. 农产品市场，2021（9）：26 – 28.

［3］李红 . 地域文化特色影响下的包装设计研究——以广东高州根子荔枝为例［J］. 西部皮革，2021（8）：128 – 129.

［4］李志强，温保强，鲁五一 . 乡村振兴背景下从化荔枝产业发展分析［J］. 辽宁农业科学，2021（8）：59 – 61.

［5］曲阳 . 岭南有荔枝［J］. 鸭绿江，2021（9）：82 – 83.

［6］邵一弘 . 广东荔枝"闯入"高端市场［N］. 南方日报，2021 – 09 – 13.

［7］叶建东，方壮东，林少钦 . 汕尾市荔枝产业发展现状与对策分析［J］. 热带农业科学，2021（9）：126 – 132.

［8］张韧，郑红裕，郑建斯 . "荔"促产业兴助"荔"新发展——2021 年中国荔枝产业大会在茂名举办［J］. 中国热带农业，2021（6）：1 – 2.

［9］周子默，齐文娥 . 广东省不同品种荔枝生产成本收益对比研究［J］. 中国果业信息，2021（7）：19 – 24.

［10］庄丽娟，邱泽慧 . 2019 年中国荔枝产业发展特征与政策建议［J］. 中国南方果树，2021（7）：184 – 188.

荔枝产业信息化发展现状、问题与对策

周灿芳　刘晓珂　黄红星　韩威威　陈　强[*]

[摘要]　物联网、大数据、人工智能等新一代信息技术的飞速发展，为荔枝产业发展带来了新机遇。加快信息技术与荔枝产业深度融合，促进荔枝产业转型升级，已成为广东荔枝产业高质量发展的迫切需求。本文梳理了广东省荔枝产业信息化应用和电商发展现状，阐述了遥感、人工智能、智能农机等技术在荔枝产业科技创新中的研究进展，分析了广东荔枝产业信息化发展制约因素，并提出促进广东荔枝产业信息化发展的政策建议，以期为广东荔枝产业高质量发展提供参考。

[关键词]　荔枝；智慧果园；遥感；人工智能；信息化

一、荔枝产业信息化发展现状

（一）荔枝产业信息化应用现状

1. 智慧果园建设现状

荔枝产业高质量发展，离不开智慧果园建设。智慧果园通过现代信息化

---

* 周灿芳，广东省农业科学院农业经济与信息研究所所长、研究员、博士，主要从事农业区划研究。
刘晓珂，广东省农业科学院农业经济与信息研究所助理研究员、硕士，主要从事农业信息化研究。
黄红星，广东省农业科学院农业经济与信息研究所室主任，副研究员、硕士，主要从事农业信息化研究。
韩威威，广东省农业科学院农业经济与信息研究所助理研究员，主要从事农业信息化研究。
陈强，广东省农业科学院农业经济与信息研究所助理研究员、博士，主要从事农业经济管理研究。

技术，将农机作业过程智能化，打造出集智能农机、精准作业、环境监测、远程控制、监控调度、大数据可视化于一体的智慧种植生产体系。通过采集环境数据和作物信息，实现荔枝生长环境的动态监测，指导农户进行正确的栽培管理，有效预防虫害、涝害等灾害，提高荔枝生产效率。

《广东荔枝产业高质量发展三年行动计划（2021—2023年)》提出，要加强高标准果园建设，重点推进茂名、广州、阳江、惠州、湛江等产地及农垦区低效果园升级改造，加强果园园地改造和智能生态、机械加工等基础设施配套建设。基于此，2020年茂名打造了全国首个"五化"高标准智慧果园，实现了荔枝从种到收全程机械化。2020年该果园平均亩产值过万元，荔枝售价比周边果园高出33%①。

广东省农业科学院荔枝产业攻关示范项目课题组在广州增城、茂名等地开展数字果园建设。部署物联网监测系统，实现果园微气候、土壤肥力、生产环境等自动监测和采集分析；利用全新的灯光趋避蒂蛀虫技术，减少蒂蛀虫发生率，减少农药的使用，提升荔枝质量安全水平。

广东省农业科学院荔枝产业攻关示范项目团队基于移动互联网和蓝牙通信技术，开发了基于手机端的荔枝生产管理应用——美荔助手，实现了果园管理、生产管理、产品管理、质量追溯管理的"一掌式集成"。该终端从荔枝生产经营管理的角度出发，为荔枝农业企业或农业专业合作社提供操作规范化管理、种植包装业务过程管理、质量安全、数据采集等信息管理服务工具。App内主要包括四个模块：农资管理、产品管理、果园管理、数据管理。企业可分别在不同的功能区建立农资库、产品库，并记录产品包装和产品入库，在产品库中还可生成产品合格证，以自己的产品保障为背书，进行自我承诺，合格证可以直接打印，方便企业使用。

2. 荔枝产业融合信息化服务

为满足老百姓对好果园、好荔枝"找得到""去得到""买得到"的消费需求，广东省农业科学院荔枝产业攻关示范项目课题组开发了广东荔枝采摘地图，为广东优质荔枝的文旅融合摸索出一条可复制可大规模推广应用的互

---

① "五化"荔枝园，让古老荔枝产业焕发新活力！[EB/OL]. http://www.nfncb.cn/content - 1169 - 1203582 - 1. html.

联网平台。荔枝采摘地图融合了搜索、果园查看、导航、旅游指引等功能，也为果场提供了一个很好的宣传渠道。后续，项目组将继续丰富民宿、农业公园、在线购买等信息，更好地满足社会需求。目前，广东荔枝采摘地图共有两个客户端，一个是网页版，一个是手机版。消费者通过这个系统能够很方便地查询广东省的荔枝果园分布，查看每个果园的照片、VR、视频和介绍，为用户提供指引。

3. 荔枝产业全产业链大数据建设

面向产业及政府管理决策需求，广东省农业科学院荔枝产业攻关示范项目课题组开发广东荔枝全产业链一张图系统，实现荔枝产业生产、流通、消费等信息的可视化展示分析。广东荔枝产业链大数据"一张图"系统，主要是服务于政府部门、科研单位。用户可以查询到不同品种、不同年度、不同地区的荔枝种植面积、产量占比以及分布情况、生产经营主体分布、市场价格监测信息等。此外，系统还通过3D建模技术数字果园模型，模型可以加载果园物联网监控信息、VR影像、栽种品种、果园导览等信息。

（二）荔枝产业电子商务发展现状

1. 电商赋能荔枝销售

据统计，2021年广东荔枝产量147万吨，实现产值140.87亿元，超过1.5万吨的荔枝出口到20多个国家和地区[①]。据广州海关公布的数据，虽然受到新冠肺炎疫情影响，2021年上半年广东荔枝出口量同比仍增加79.8%。广东荔枝的逆势增长，主要得益于电商直播等新技术新业态的运用。广东农业相关部门通过实施"12221"营销行动，举办广东现代农业博览会、广东东盟农产品博览会、荔枝产业大会、广东荔枝丝路行等活动，将"短视频＋网红"模式运用到广东荔枝营销中，加强了广东农产品品牌传播和市场开拓，助推了荔枝等广东特色优势农产品"走出去"。

电商赋能荔枝销售，效果显著。以茂名市为例，2021年茂名市荔枝总产量59.1万吨，实现产值达71.2亿元。其中，2021年电商销售荔枝1523万

---

① 资料来源：2021广东荔枝"12221"市场体系建设总结暨龙眼、柚子、香蕉、柑橘营销动员大会。

件，比 2020 年 1365 万件增加 158 万件，增长 11.6%；销量 7.83 万吨，比 2020 年的 5.2 万吨增加 2.63 万吨，增长 50.6%；实现产值 18.12 亿元，比 2020 年增加 6.11 亿元，增长 50.9%①。

2. 广东荔枝营销"12221"市场体系建设

广东荔枝营销"12221"市场体系是广东省助力优势农业产业高质量发展和促进农民增收致富的一项重要的政策举措。2019 年，广东省农业农村厅发出《关于做好 2019 年"一村一品、一镇一业"农产品市场体系建设的通知》，重点支持徐闻县探索"徐闻菠萝 12221"行动。徐闻县政府联合广东省农产品采购商联盟启动了关于徐闻菠萝"12221"营销行动的探索，通过市场运作，徐闻菠萝营销取得显著成效。同年，广东省农业农村厅又制定了《2019 年全省荔枝市场营销"12221"行动工作方案》，推进荔枝营销工作。2020 年，广东省农业农村厅印发《关于扎实推进 2020 年全省"12221"农产品市场体系建设工作的通知》，提出依托特色农产品优势区或省级现代农业园，建立集空间布局、数量规模、品种结构、质量级别等属性为核心，集农业产业生产、加工、物流、市场、销售为一体的全产业链的大数据服务平台，主动对接市场消费需求，着力构建产销供需平衡、联农带农利益联结共同体机制。

2021 年广东荔枝"12221"营销行动期间，建成"1"个中国（广东）荔枝产业大数据中心，提供广东荔枝营销市场行情、产地行情、产业政策、生产监测、物流监测、销区市场排行榜、电商价格监测、热门采购城市、商情日报等服务支持；拓展、完善销区和产区"2"个市场，广东荔枝广场相继落户上海、北京、嘉兴、西安、长沙、重庆、成都等地；产区与销区"2"支采购商队伍进一步壮大；完成产地和核心消费城市推介会"2"场活动；实现了产业升级、拓展国内和国际销区市场、讲好广东各地荔枝品牌故事等"一揽子"目标。

通过广东农产品 12221 市场体系建设，打响了一批"粤字号"农业品牌，带动农民增收成效显著。2021 年，高州荔枝凭借 122.2 亿元的品牌价值，成为广东省荔枝"最有价值区域公用品牌"中首个突破百亿的品牌，高州根子

---

① 茂名搭建荔枝龙眼大数据平台［EB/OL］. http://epaper. southcn. com/nfdaily/html/2021 – 07/16/content_7954044. htm.

镇的电商销售量由 2018 年的 0.9 万吨，发展到了 2021 年的 4.5 万吨，销售额达 11.2 亿元，农民人均纯收入 5.8 万元[①]。

3. 广东"田头小站"建设

荔枝货架期短、易腐败，产地预冷、冷链运输问题一直是制约产业发展的瓶颈。2021 年，广东开始探索"田头小站"建设，着力解决荔枝生产销售短链、断链问题。目前，已在茂名高州、广州增城开展试点建设。高州已建成 A 类小站 1 个、B 类小站 38 个、C 类小站 7 个[②]。荔枝采摘后，经过"田头小站"预冷保鲜、分级分拣、加工包装等环节处理后，储藏时限比传统模式延长 2~4 倍时间，价格品质也将进一步提升。同时，高州"田头小站"还首创了数据中心，兼容和联通全省荔枝大数据和高州冷库大数据，平台每日动态更新信息，供用户线上及时查询了解有关信息，高州的实践探索表明，建设"田头小站"是打通冷链保鲜"最先一公里"的有效手段，起到以小切口带动大变化的作用效果。

二、荔枝产业信息化技术科技创新进展

（一）遥感技术在荔枝测产中的创新应用研究

1. 荔枝生长养分遥感预测

虽然广东荔枝栽培面积和产量居全国首位，但单产低而不稳，相关研究表明营养诊断和施肥技术是主要限制因素。氮素和钾素是荔枝生长发育中必不可少、且需求量最大的矿质元素，一定范围内氮素和钾素质量分数的增加可以有效提升荔枝产量和品质，但过量施用又会影响果树产量和品质，也会引发环境和生态问题。因此，荔枝精准施肥管理一直是研究的热点。遥感以快速、大面积的养分监测优势引起了国内外众多研究者的关注，弥补了基于化学分析的传统营养诊断方法费时费力等不足。有学者以荔枝为对象，研究了不同生育期的荔枝冠层反扑与叶片氮素、钾素的关系，但对于荔枝的

① 叶石界，温柔. 广东荔枝的世界舞台［J］. 南方，2021（17）：20-21.
② 资料来自广东省委财经办的《茂名市大年如何实现促销、稳价、增收——关于高州荔枝产销情况的调研报告》。

氮素繁衍都是基于垂直观测的光谱来开展，出现光谱信息和养分信息不一致现象，导致反演模型精度受限（Li et al.，2016，2018）。周慧（2019）以花芽分化期荔枝为研究对象，结合无人机的多光谱参数反演荔枝氮、钾质量分数，研究结果表明荔枝冠层上层、中层和下层叶片中氮、钾质量分数存在空间分布差异，氮素和钾素质量分数大部分呈现由上及下逐渐递增的特点，其中各数氮素质量分数分布特征较稳定。

2. 荔枝种植面积遥感估测

在高分辨遥感图像上，荔枝树冠清晰可辨，通过提取单树树冠信息可以获取包括荔枝中种植数量、种植密度、树冠面积、郁闭度、估测胸径和生物量指标，进而对荔枝种植面积进行估测。荔枝树冠通常表现为中心高、四周低的近半圆地形，在高分辨率遥感图像上表现为中心值高、向阳面值高、背阴面值低的特征。荔枝树冠特征适合利用局部最大值法进行单木探测，以及利用区域增长法进行单木树冠描绘。但由于荔枝树龄和种植密度不同，荔枝树冠常存在大小不一、树冠相互连接的现象，导致使用局部最大值法进行单木探测时难以确定最优探索窗口，使用区域增长法进行树冠描绘时容易导致过度生长，使树若干相互连接的树冠错误地被提取为单木树冠，造成预测误差。姜仁荣（2016）为有效提取荔枝树冠信息，将水文分析和区域生长融合方法用于荔枝单木探测和树冠描绘，解决局部最大值法窗口选择和区域生长法在树冠相互连接时的过度生长问题。

在实际应用中，广东省农业科学院荔枝产业攻关示范项目课题组，联合中科院地理所，以 Google Earth 影像和 RapidEye 影像，采用人工目视解译的方式对增城荔枝种植区进行识别，并统计各乡镇管理荔枝、管理较差荔枝的种植面积。通过对广州增城区 2015～2019 年的荔枝种植空间分布数据进行解译，结果表明，2015～2019 年增城区荔枝种植面积变化不大，基本维持在13.40 万亩左右。与统计数据 17.32 万亩相比，遥感解译数据要低，特别是中新镇与统计数据相比差异较大。增城区 13.40 万亩荔枝中约有 4.33 万亩管理荔枝，9.07 万亩管理较差荔枝。增城区不同年间荔枝种植面积的变化，主要由城市基建征地、果园扩张、果园废弃等不同原因导致。

2015～2019 年，广州增城区荔枝种植空间分布情况为：正果镇、石滩镇、仙村镇、中新镇是增城区荔枝主要种植区，而荔枝在永宁街道、新塘镇分布最少，其他乡镇居中。石滩镇、仙村镇、中新镇、荔枝街道种植的管理荔枝最多，永宁街道、小楼镇、新塘镇最少，其他乡镇居中；正果镇种植的未管理荔枝最多，新塘镇、朱村镇、永宁街道的未管理荔枝最少，其他镇街居中。

（二）人工智能技术在荔枝病虫害识别中的创新应用研究

1. 基于深度学习的荔枝虫害智能识别

荔枝虫害种类繁多，对荔枝果品质量影响较大。因此，荔枝虫害的识别和防治工作至关重要。国内目前针对荔枝虫害识别的研究还不够深入，基于特征融合的荔枝虫害识别技术还不成熟，针对负责背景下荔枝虫害识别还存在特征选择的随机性和识别结果的不稳定性等问题。叶进（2021）等针对自然条件下的荔枝虫害识别问题，提出了一种多模态特征的识别方法。该研究采用中值滤波对原图像进行降噪处理，利用自适应阈值分割算法，对荔枝病斑图像进行提取和分离，提高样本质量。研究通过不断模型超参数，将识别梯度提高到了95%以上，基本上达到了实用化水平。

2. 基于深度学习的荔枝和荔枝花识别

在荔枝果园管理中，利用疏花疏果技术控制水果植株等农作物的开花时间、开花数量和果实密度，对提高果实产量和质量具有重要作用。随着种植规模的不断增大、人工成本的不断提高，利用机器视觉对花果进行监控，以辅助疏花疏果、精准施肥等管理显得越来越重要。相关学者利用机器视觉技术在识别花朵果实、实现智能采摘方面进行了许多研究。熊俊涛等（2017）采用 LED 照明系统获取夜间荔枝果实图像，在 YIQ 颜色空间使用 Ostu、模糊 c 值聚类和 hough 圆监测，实现荔枝果实识别分割，准确率达到95.3%，平均识别时间为 0.46 秒。熊俊涛等（2021）针对使用目标检测、实例分割无法对复杂自然环境下稠密聚集荔枝花进行识别的问题，提出一种基于深度予以分割网络识别荔枝花、叶像素并实现分割的方法。该研究提出的深度语义分割网络能够较好地解决荔枝花的识别与分割问题，在复杂野外环境中具有较强的鲁棒性和较高的识别准确率，可为智能疏花提供视觉支持。

（三） 荔枝采摘机械研发进展

荔枝采摘期较短，如果成熟荔枝得不到及时采摘，荔枝的含水量将逐渐降低，表皮发生褐变。因此，对成熟荔枝的及时、无损、高效地采收至关重要，其对后续荔枝的冷藏、运输、加工和销售都有直接影响。现今人工采摘仍是荔枝采收的主要形式，果农依靠双手或者借助辅助工具完成采摘，但随着城镇化的不断发展，越来越多人选择进城务工，造成了农忙时节劳动力匮乏的现象，人工成本急剧增长，据统计，采摘支出约占生产总成本的50% ~ 70%。因此，发展机械化采收具有较强的使用价值和现实意义。

1. 人工采摘工具研发

为了降低从业人员的劳动强度，科研人员设计了一些辅助人工采摘装置，如电动式修枝机和气动式修枝机在果实采摘中的应用，按下自动修枝机开关内部构件驱动刀片旋转，而定刀片不动，果枝剪断后复位。剪枝机在果柄是枝干类的水果如荔枝、龙眼等果类的应用大大降低了果农剪切结果母枝时体力的消耗，降低了劳动强度，提高了采摘效率。杨鑫霖（2019）等设计了一种可伸缩同步剪夹式荔枝采摘装置，该设计适用于采摘高处的荔枝，将采摘杆伸长至结果母枝下，按下活动把手通过牵引装置实现夹紧结构和剪切结构同时工作，在夹紧的同时进行剪切，待到剪切完成后果实串仍被夹住，在一定程度上实现了无损采摘。李晓星（2018）等设计了一种荔枝采摘器，活动把手与拉绳相连，拉绳通过两个定滑轮，拉绳末端与左旋转刀片尾部相连，而右刀片固连在支撑架上，按下活动把手实现左右刀片的相对运动完成荔枝果串采摘，刀具下设有网兜兜住被剪切下的荔枝串。

2. 机械式荔枝采摘设备

传统人工采摘劳动强度大、人工成本高、采摘效率低、工作环境差，在一定程度上限制了荔枝产业的发展。对荔枝高效、无损采摘的需求推动了机械式采摘的不断发展，许多研究人员发明设计了多款荔枝采摘机械，其动力源由电动机、汽油机或柴油机提供。姜焰鸣（2015）设计了一种滚筒梳剪式荔枝采摘机。采摘时，果农双手持此机靠近果实串，驱动开关套筒旋转，橡胶板将较粗的枝条弹离梳理装置，使得较细的枝条和结有果实的枝条进入橡胶板的齿间，随着套筒的进一步旋转，无果细枝进一步被梳理出去而有果枝条经过齿形板的齿间被刀刃切割，果实落入下方的收集装置，完成整套采摘流程。该采摘机械在一定程度上会对周边枝叶产生破坏且难以保证果实的完好率，其结构有待进一步改善。李竞、岑光杜等（2020）研发设计了机电一体荔枝采收机，该机可前后移动和上下升降，通过垂直旋转轴可实现夹持、剪切和传送结构在水平方向上的转动，通过蜗轮蜗杆传动控制夹持、剪切和传送结构在竖直面内的俯仰运动，整机工作范围较广。整机工作流程是先调整采收机位置靠近果串，夹持结构夹住结果母枝，然后驱动剪切结构完成切断果梗，传送结构运动到相应位置，夹持结构松开，果实落入采收框中，完成采摘。李斌等（2018）基于荔枝树枝能量传递特性设计了一款去梗式振动荔枝采摘机。当汽油机启动后经过离合器，将运动传递给软轴，软轴带动偏心装置偏转，实现动梳排的左右摆动，而定梳排对果实串起到定位限位作用，动梳排的左右摆动击打果实串，当果实串的惯性力大于与果梗相脱离的阻力时实现果—梗分离，完成采摘。李斌、李君等（2019）在之前振动荔枝采摘机的研究基础上，设计了新型梳排振动式荔枝采摘机。该设备由动力供应装置、移动行走结构和采摘结构等组成，其采摘结构由曲柄双摇杆和柔性交错梳排组成。机器启动液压马达带动曲柄双摇杆结构运动，两摇杆左右往复摆动，带动安装于左右轴上的柔性交错梳排组运动，在一定摆动频率和力的作用下完成枝条与果梗的分离，实现荔枝采摘。

3. 荔枝采摘机器人

机械式采摘仍是半自动化采摘，只不过人不是采摘的主力，动力源由机器提供，但果农仍要花费大量精力投入其中，如机器依靠人眼进行识别定位、人手持或驱动机器到达采摘点、依靠人完成果实的收集和搬运等，因此需要研制更加自动化、智能化的采摘机器人，进一步把果农从繁重的体力劳动中解放出来。现在荔枝采摘机器人的研究主要集中在机器人机器视觉的研究、机器人运动控制系统的研究和末端执行器的研究与设计等方面。陈燕等（2018）设计的一款夹剪一体式荔枝末端采摘器。该末端采摘器由单电机驱动，在电机的驱动下左右两齿轮啮合运动带动与齿轮相连的左右摆杆运动，摆杆滚子压迫左右刀背闭合实现果梗的剪切，同时刀片的下部设有两个手指，其中刚性手指设有凹槽，柔性手指为平面，有利于更好地夹持，在一定程度上可降低果实的损伤率。采摘完成后电机反转齿轮带动摆杆恢复到初始位置，而左右刀片在复位扭簧的回弹力作用下复位，左右两手指松开果实串。叶敏等（2015）设计的末端采摘器，其同样分为柔性指和刚性指，刚性指内侧有V型槽，这样与结果母枝接触时，形成了3个有效接触点，可看作3指夹持。谈建豪等（2013）设计的圆盘锯片式荔枝采摘末端执行器，其夹持电机带动轴端锥齿轮旋转，通过一对锥齿轮的啮合运动带动丝杠旋转，丝杠上两机械手依靠螺纹副与丝杠相连，丝杠的正反转控制两手指的开与合，待到手指夹住荔枝串，切割电动机工作带动圆盘锯片开始旋转，电磁铁立即通电通过拉杆拉动采摘手支撑架向刀具方向移动切断母枝，果—梗分离后切割电动机停止旋转，同时电磁铁立即断电，采摘手支撑架复位，末端执行器移动到相应的回收位置，夹持电机反转两手指反向运动果实串落入回收装置，完成整个采摘过程。

三、荔枝产业信息化存在的问题

（一）果园基础设施建设滞后，管理落后

目前，果园基础设施仍以普通的滴灌、喷灌系统为主，基于利用集成应用计算机与网络、物联网技术、手机终端技术、3S技术等载体及平台基础设施较少，在果园建设上缺少现代化的果园机械设备。荔枝果园的基础设施建设滞后，信息化、设施化等现代化技术应用程度较低，仍然过度依靠传统的人力生产管理模式，不仅各项生产无法自动化精确控制，导致生产效率低下，管理不可控，产量难以预测。同时，传统管理对人员需求较高，造成人力成本过高。此外，果园的标准化程度不高，果树分布不均匀，大型农药、采摘等设备难以进入果园顺利开展工作，导致生产难以实现从人工向信息自动化管理的转变。

（二）高素质管理人才缺乏，信息化意识淡薄

荔枝种植"大小年"问题突出，对生长管理过程的要求较高，只有精细、

科学的种植管理措施才能保障产品稳定产量。然而目前很多果农管理果园的方法还比较落后，大多还依靠果农巡查等传统的方式，对应用信息化等现代化管理方法管理果园的意识较低。果园管理者中能够熟练掌握信息化等现代化管理工具的管理者较少，导致果园的生产管理难以快速发展现代化标准化的建设。部分规模化果园经营者已认识到智慧果园的发展机遇，绝大多数种植规模小的果农则普遍认识不到位、观念滞后，制约了智慧果园的发展。认为只有农药、化肥等农资的投入才能带来致富，物联网等设备的投入就是浪费；对智慧果园的发展缺乏正确认识，认为自己就是果树管理高手，那些果树生产自动化、智能化的模式离自己很遥远；智慧农业发展意识淡薄，没有认识到智慧果园与传统生产经营方式之间的巨大差别。

（三）信息化技术与产业融合不够，"研发"与"应用"仍有差距

目前，市场上果园信息化管理技术和产品很多，但适用于荔枝产业的多功能、低成本、易推广、见实效的智慧管理技术和设备不足，市场研发与产业应用仍有较大的差距。此外，果农科学文化素质参差不齐，整体水平不高、管理能力较低，高新技术接收能力较弱，对互联网信息技术的了解应用较少，从而影响了新知识应用和新技术推广，这已成为困扰智慧果园发展的最大障碍。

（四）产品缺乏标准，品牌价值发挥不足

常言道"世界荔枝看中国，中国荔枝看广东"，然而广东省内各地区荔枝质量却参差不齐。荔枝产品质量和产量受气候条件和管理水平影响较大，区域品牌由于缺乏统一的标准体系，多数小规模种植户仍呈现自给自足、自行经营的状态，产品质量参差不齐。产品流入市场，影响消费者对区域品牌的感知，在一定程度上损害了品牌价值。在经济利益的驱使下，种植户的投机行为产生，导致了"株连效应"和"公地悲剧"。经常有生产商冒充地标产品或者区域品牌产品开展销售活动。品牌被过度使用，品牌价值被降低。

（五）采后处理设施不足，冷链运输成本高

线下销售的荔枝一般由营销公司自建田头处理设施，采用"泡沫箱加冰"

的保鲜包装，或出口企业建设采后处理生产线，进行冷链加工和冷链运销，基本能够满足需要。电商众多，大多没有自己的采后分级处理包装场地与设施，而各种规模优质品种线上销售时，采后去梗、分拣、称重、包装、预冷等程序多，耗时长，场地不足、设施不足问题突出，严重影响到处理的规模、进度和时效。荔枝采后处理设施不足，荔枝果品质量得不到保障，消费者权益受损，导致投诉频发。公路和航空是荔枝主要运销通道，近年来以物流时间和速度换品质的方法收到很好的成效。但公路物流时效差、航空物流成本高的问题仍比较突出。推动高铁、动车发展荔枝物流适当降低荔枝电商销售成本和荔枝售价是当务之急。

四、荔枝产业信息化发展对策

（一）加大政府投入，优化发展环境

据了解，广东荔枝种植环节固定就业人口约 100 万人，荔枝产业直接带动农民增收 150 亿元以上，带动产业相关环节创造产值 50 亿元以上[①]，是茂名、广州增城、东莞、惠州等地区的农业支柱产业。扶持荔枝产业发展，对于广东农业农村高质量发展具有重要的意义。因此，建议加大政府投入，建立产业扶持基金，形成投入长效机制，重点支持"大小年"生产管理技术研究与推广、智慧果园建设、先进农机农艺设施设备研制、生物绿色防治、产品加工与保鲜、冷链物流体系建设等。同时，优化荔枝产业发展环境，引导金融、保险等更多的行业进入荔枝产业，通过投融资等方式助力荔枝产业现代化市场化发展。

（二）加强引导宣传，更新种植观念

智慧农业时代已经到来，农业正在经历由机械化迈向智慧化时代，发展潮流势不可挡。通过报纸、电视、微信公众号、短视频等多渠道在农村全方位宣传智慧农业，引导果农正确认识发展智慧果园是其发展趋势。通过示范

---

① 资料来源：国家荔枝龙眼产业技术体系。

推广、亲身体验等形式，让果农从思想上迅速适应时代发展潮流，适时做好由传统果园向智慧果园的升级改造，转变生产模式，进一步提高经济效益。充分发挥运营成功的智慧果园示范基地的示范带头作用，组织果农参观了解智慧果园运行模式，深入学习建设管理智慧果园，进一步扩大智慧果园的影响力、吸引力、辐射力，让智慧果园逐步成为带动果农开展果园升级改造的自觉行动。

（三）完善基础设施，提高果园现代化水平

鼓励荔枝主产区开展标准化果园改造，涵盖园区机耕路建设、施肥施药配套设施建设、品种优化、绿色防控、果品商品化处理、品牌推广、质量体系建立等项目。选取部分条件成熟的果园进行果园道路硬底化，建设照明系统、农资仓库等，建设简易水肥一体化灌溉和喷药系统。以绿色增产、节水高效、智慧精准为导向，以技术装备集成推广为支撑，建立现代化栽培技术体系，全面推广标准化生产，打造一批立地条件好、配套设施完善的规模化标准园。

（四）加强品牌宣传，提高产品附加值

加强宣传，引导农民、农业合作社、农业企业树立品牌意识。发挥龙头企业、合作社的辐射带动作用，将分散的，小规模种植的农户联合起来，形成种产销服务一体化的专业化经营，形成规模，提升市场竞争力，促进品牌建设。加强茂名荔枝、增城荔枝、莞荔等区域公用品牌的建设和宣传，依托并整合资源优势，结合区域特有的人文特点，挖掘农产品的文化内涵，塑造具有个性和特色的农产品品牌，通过制作宣传片、短视频、直播等形式，举办荔枝文化节、荔枝旅游节、荔枝美食节等，宣传广东荔枝文化，讲好荔枝故事，提升广东荔枝区域品牌影响力和知名度。推动荔枝产业与休闲、旅游、文化、科普教育、养生养老等产业深度融合发展的新模式，以加工业和现代服务业带动产业转型升级。

（五）加强技能培训，推广适用技术

加强新型职业果农培育，多措并举强化实施农村实用人才带头人素质提

升计划，加强农业科技人才推荐培养，发挥农村实用人才培训基地的综合平台作用，实施高素质农民培育计划，培养高层次农业科技人才；实施新型职业农民培育工程，大力培育新型职业农民，提升新型职业农民发展质量，优化新型职业农民培育结构，形成"一主多元"的教育培训体系，实施好现代青年农场主和新型农业经营主体带头人等分类培育计划，培育新型职业农民，确保新型职业农民进行职业提升，为智慧农业发展提供源源不断的农业人才，以满足智慧果园发展需求。

（六）强化全产业链管理，提升信息化水平

建设荔枝产业大数据平台，覆盖种植、加工、流通、销售等全产业链信息，通过连接在建和拟建的现代产业园、智慧果园、数字农业示范园等项目的数据网络，建设高水平的产业数据资源平台。通过及时监测、收集、整理、分析产业生产、流通和消费领域实践运行数据，及时掌握一二三产业发展动态，发现问题，研究解决方案。鼓励和支持信息化技术企业开发先进、适用、易用的生产管理应用，提升果园管理信息化水平。支持果园果树修剪、碎枝技术及装备研制，果园智能除草技术及装备研制，果园开沟施肥装备研制，果实高架采摘平台研制，输运装备与非定向运输装备研制，果园植保喷药技术及装备研制，为产业机械化作业、规模化生产创造条件，构建果园高效机械化生产模式。

参考文献：

［1］陈燕，蒋志林，李嘉威，等．夹剪一体的荔枝采摘末端执行器设计与性能试验［J］．农业机械学报，2018，49（1）：35 – 41.

［2］姜仁荣，汪春燕，沈利强，等．基于高分辨率遥感图像的荔枝林树冠信息提取方法研究［J］．农业机械学报，2016，47（9）：17 – 22.

［3］姜焰鸣，赵磊，陆华忠，等．滚筒梳剪式荔枝采摘部件的设计与优化［J］．华南农业大学学报，2015，36（3）：120 – 124.

［4］李斌，李君，陆华忠，等．梳排振动式荔枝采摘机的设计与试验［J］．农机化研究，2019，41（3）：64 – 70.

［5］李斌，陆华忠，吕恩利，等．荔枝树枝能量传递特性与去梗式振动采摘作业参数［J］．农业工程学报，2018，34（8）：18-25．

［6］李竞，岑光杜，韦磊，等．机电一体荔枝采收机的设计与制造［J］．农机化研究，2020，42（8）：106-111．

［7］谈建豪，陈燕，向和平，等．机器人串果采摘末端执行器设计及仿真［J］．农机化研究，2013，35（9）：133-136．

［8］熊俊涛，林睿，刘振，等．夜间自然环境下荔枝采摘机器人识别技术［J］．农业机械学报，2017，48（11）：28-34．

［9］熊俊涛，刘柏林，钟灼，等．基于深度语义分割网络的荔枝花叶分割与识别［J］．农业机械学报，2021，52（6）：252-258．

［10］叶进，邱文杰，杨娟，等．基于深度学习的荔枝虫害识别方法［J］．实验室研究与探索，2021，40（6）：29-32．

［11］叶敏，邹湘军，杨洲，等．荔枝采摘机器人拟人指受力分析与夹持试验［J］．农业机械学报，2015，46（9）：1-8．

［12］周慧，苏有勇，王重洋，等．利用无人机的多光谱参数预测荔枝叶片养分质量分数［J］．热带地理，2019，39（4）：562-570．

［13］Li D, Wang C, Liu W, Peng Z, Huang S, Huang J and Chen S. Estimation of Litchi (Litchi chinensis Sonn.) Leaf Nitrogen Content at Different Growth Stages using Canopy Reflectance Spectra［J］. European Journal of Agronomy, 2016 (80): 182-194.

［14］Li Z, Jin X, Yang G, Drummond J, Yang H, Clark B, Li Z and Zhao C. Remote Sensing of Leaf and Canopy Nitrogen Status in Winter Wheat (Triticum aestivum L.) Based on NPROSAIL Model［J］. Remote Sensing, 2018 (10): 1463.

产业政策篇

荔枝"大小年"产业技术攻关
研究与应用推广

陆华忠*

[摘要] 荔枝"大小年"问题长期制约着荔枝产业的发展。为贯彻广东省委省政府关于推动荔枝高质量发展指示精神,广东省农业科学院就荔枝中晚熟优质品种如桂味、糯米糍等克服"大小年"结果问题展开技术攻关。本文回顾了由广东省农业科学院主持的荔枝专项技术攻关的组织实施过程,总结了研发的克服中晚熟荔枝"大小年"产业技术方案及其推广应用效果。

[关键词] 荔枝;大小年;产业技术

荔枝"大小年"结果问题由来已久,蔡襄《荔支谱》就记载,荔枝有"间岁生"的现象(隔年结)。近十多年来,中晚熟优质品种桂味、糯米糍的"大小年"还有加剧的迹象,主要原因除全球气候变暖因素外,还有近十多年来荔枝价格的低迷,导致果园管理粗放,长期忽视土壤改良,致使树体营养积累少,枝梢生长和花果发育不良,再叠加劳动力与生产资料普遍投入不足,从而产生的恶性循环所致。

"大小年"结果现象导致的荔枝产量不稳定对荔枝销售、市场开拓、荔枝果的加工和企业生产等都带来很大的影响,严重制约荔枝产业的发展。为研究解决荔枝结果不稳定这一产业问题,在广东省的部署和推动下,在广东省

---

* 陆华忠,广东省农业科学院院长、研究员、博士生导师,主要从事农业科研政策、产业化、机械化、信息化研究。

财政厅和广东省农业农村厅的大力支持下，"广东省乡村振兴战略专项资金（农业科技能力提升专项）"中专门设立"荔枝产业技术提升"项目（2000万元），重点研究解决荔枝中晚熟优质品种如桂味、糯米糍、仙进奉等"大小年"结果问题。项目由笔者牵头主持，组织省农科院、华南农业大学、国家荔枝龙眼体系专家等开展联合攻关。经过连续两年在荔枝主产区茂名、广州增城区示范基地的试验和现场测产，制定形成了《克服荔枝中晚熟品种"大小年"产业技术方案》（见本文附件），方案的发布将为克服中晚熟荔枝"大小年"结果、荔枝产量稳定和荔枝产业发展提供技术支撑。

一、荔枝专项基本情况

"广东省乡村振兴战略专项资金（农业科技能力提升专项）"于2019年11月获立项。专项下设荔枝、菠萝、茶叶三个产业攻关示范项目。项目预算财政经费支持2000万元/年，连续支持3年。其中，荔枝产业攻关示范项目由笔者牵头承担，项目预算财政经费支持1120万元/年，连续3年。

荔枝产业攻关示范项目下设6个课题，分别由广东省农业科学院果树研究所向旭研究员、华南农业大学园艺学院陈厚彬研究员、广东省农业科学院果树研究所欧良喜研究员、华南农业大学工程学院副院长李君教授、广东省农业科学院农业经济与信息研究所处长周灿芳研究员等主持。6个课题包括：荔枝中晚熟品种稳定成花关键技术攻关及技术集成示范、克服桂味糯米糍大小年关键技术研发与示范、克服早迟熟荔枝优质品种"大小年"关键技术研发和示范推广、荔枝产业农机农艺融合技术与装备研发、荔枝文旅采摘销售信息平台构建与示范、提升市县农业科技能力促进优势产业发展专项。项目拟通过系列研究，解决荔枝产业发展存在的荔枝"大小年"结果、荔枝果园机械化水平低、荔枝产业组织化程度低、信息服务不完善、销售同质竞争及市县科研机构支持不足等问题。

二、荔枝专项实施及完成情况

项目启动后，在产业摸底调研基础上，选定试验示范合作基地20家，开展了产业技术攻关技术路线及示范基地基础条件建设等一系列方案进行论证，实施方案的编制经过了多轮必要性、科学性、合理性、可行性论证，组织专家对方案的技术路线、绩效目标等进行了评估。项目启动后，要求任务分工落实到具体负责人，明确了在项目实施过程中实行季度检查和年度考核制，规范科研日志填报、台账管理和绩效评价等工作，并出台了项目的具体管理文件对有关工作机制进行了明确。项目共举办了 3 次季度工作检查会，第一季度在广东省农业科学院召开、第二季度在茂名召开、第三季度在广州增城区召开。

两年来，专家们就优质中晚熟荔枝品种如桂味、糯米糍、仙进奉等克服"大小年"结果展开技术攻关，通过对历史科研数据的总结分析，在茂名、广州增城区等荔枝产区开展试验研究，经过 2 年的生产实践，集成制定了《克服荔枝中晚熟品种"大小年"产业技术方案》，已于 2021 年 6 月正式发布。

本项目的研究和克服"大小年"技术方案的发布，以及接下来的技术推广和培训，将为克服荔枝"大小年"结果提供技术支撑，努力解决荔枝生产的产量不稳定这个大问题，为广东荔枝产业高质量发展提供更有力的科技支撑，为全面实施乡村振兴战略贡献科技的力量。

项目实施近两年来的主要绩效包括：

（1）发布《克服荔枝中晚熟品种"大小年"产业技术方案》。团队研发了以"树体营养诊断及平衡施肥"为重点的桂味、糯米糍等品种稳定成花关键技术模式，总结凝练出以"控穗疏果控产平滑年份间树体营养水平鸿沟"为技术路径的《克服荔枝中晚熟品种"大小年"产业技术方案》，在方案中明确了大年后的秋梢质量目标，并通过充分的营养、水分和植保管理确保秋梢质量，在规定的秋梢老熟时间节点做好控梢促花工作，确保在 1 月中、下旬之前见到"白点"。方案经示范基地试验测得果园年均单产可达 500 千克以上，成花率与产量变幅小于 30%，获得业界普遍好评。

（2）开展荔枝关键生产环节机械化技术集成与示范。制定示范基地的宜机化改造方案，完成对果树间伐、土地平整及宜机化修剪改造，为示范基地全程机械化作业提供装备支撑。

（3）开发增城区荔枝产业"一张图"系统，建立数据开放共享机制。开发并推广数据采集 App，为政府、企业、果农、消费者等提供"一站式"荔枝产业信息服务，促进产销链接、生产透明；开通"美荔增城"微信公众号，宣传增城荔枝品种、品牌、文化、果场等。

（4）开展系列培训和文旅采摘活动，提升影响力。举办技术培训班 16 期，开展技术培训会及现场观摩会共 2 次，共培训人员 3460 人次，技术辐射荔枝种植面积约 10 万亩；组织荔枝旅游采摘活动 10 期。此外，通过组织荔枝文创大赛、高铁专列推广活动、直播宣传活动等，不断提升广东荔枝的影响力。

（5）构建起实现农业科技能力提升模式评价的指标体系。技术攻关团队深入调研了广东地市农业产业及其对现代农业技术的需求、产业对高新技术转化能力等情况，提炼地市提升项目能力的模式及管理机制研究报告，对引领未来广东地市水平提升指明方向，为抢占未来农业发展制高点提供理论支撑。

三、克服"大小年"产业技术方案解决的主要问题

随着全球气候变化加剧，加之对不利环境条件的预见性较差，我国荔枝生产上中晚熟优质品种存在"大小年"结果，或者连续两年以上小年结果的现象，越发严重，这是长期制约着荔枝产业发展的突出问题，由广东省农业科学院主持研发的稳定成花及克服"大小年"产业技术方案的关键技术要点有：

（1）明确末次秋梢叶片转绿时间应在 10 月中旬~下旬。

（2）通过充分的营养、水分和植保管理确保秋梢质量。

（3）在秋梢老熟时间节点做好控杀冬梢，促花芽生理分化。

（4）在 12 月~次年 1 月期间进行灌水，促花芽形态分化，确保在 1 月中下旬之前见到"白点"。

（5）冬季做好清园，重施优质有机肥，平衡施用中微量元素肥。

（6）有序做好控穗、疏花、促进授粉、环割保果、灌溉保果、防落果和防裂果等管理。

此外，该技术方案以"大年"适当控制挂果量，采收后加大营养管理和

枝梢调控力度，提升下年度的成花枝率和挂果量为基本原则。以采后秋梢培养、控梢促花和开花结果三个阶段的科学管理为主要内容。完整流程包括 7 个环节：合理行间距与高光效树体结构改造、适时健壮秋梢培养、冬梢的控制、花芽萌动的促进、花穗质量的控制、授粉受精的保证、果实发育的保证。此外，还需满足 4 个基础条件：园地的合理整理、灌溉设施的建设、良好的植保与生草管理。

技术成果破解了"营养生长与生殖生长年周期内不平衡、年周期之间难协调"的技术难题，主要解决三个关键问题：一是培养高光效树冠，通过整形和修剪，保证高比例的水平枝和下垂枝，培养容易成花挂果的树体结构；二是大年疏穗控产，即特别利于成花挂果的年份，通过疏除部分果穗，控制产量，减少树体营养消耗；三是小年早控重剥，即特别不利于成花挂果的年份，通过早控梢、重环剥，保证树体达到足够营养积累及生理干旱状态，保证较高的成花率，这对于荔枝稳产、高产、优质都很重要，在中晚熟优质品种主产区尤为重要。该技术在促稳定成花的同时，可实现优质荔枝品种平均亩产量超过 500 千克，年际产量波动幅度在 30% 以内的目标，可作为广东省荔枝"连年丰产稳产"的重要抓手。该技术连续两年已在生产实践中获得验证。

四、与现有或同类技术的比较优势

与传统技术相比，"克服荔枝中晚熟品种大小年产业关键技术"有四大优势。一是丰产稳产性好，增产增收。比传统技术平均亩产量 350 千克增产 42.8%，达到 500 千克以上，大幅降低了传统技术年际间产量波动幅度（50% 以上），可控制在 30% 以内。二是树体抗逆性强，增强了可持续发展能力。由于实施了全面的果园改造（灌溉设施建设、合理行间距为重点的园地整理、开心形树冠培养、生草栽培为主的病虫害绿色防控），尤其是高光效树冠培养使树体衰退大幅减轻，大幅增强了对逆境的抗性。三是果实品质提高、节肥省药，安全环保。由于实施以叶片营养诊断为基础的平衡施肥，以及冬季深翻改土重施有机肥，既显著提高果实品质，又节省氮肥 20% 左右，面源污染大幅减轻。四是操作简单，适应性广。多年多点的示范和推广应用表明，只要按技术规程去做，就可获得稳定的增产增收效果。不同品种、不同种植方式、不同土壤和气候条件下均可使用，效果稳定。

五、技术要点以及对生态环保的影响

（一）技术要点

（1）明确大年后的秋梢质量目标。中晚熟荔枝末次秋梢叶片转绿时间应在 10 月中旬~下旬期间，粤西宜早，粤中和粤东可适当推后。因成熟的秋梢才能对低温产生响应，而冬季低温来临时间难以预测，故末次秋梢早老熟是保障大年树成花的技术关键点。

（2）通过充分的营养、水分和植保管理确保秋梢质量。要点是：大年适当压低挂果量；及时采收；大年树采果后适当轻修剪，多留功能叶片；施足秋梢肥，施肥量应达到全年用量的 40% 以上，一般每株树施用复合肥 3~4 千克、尿素 2 千克；持续一周无降水时应灌溉；及时杀虫以保护秋梢。这些技术对于确保足够的秋梢生长量和老熟时间非常关键。

（3）在规定的秋梢老熟时间节点做好控梢促花工作。要点是：在 11 月上旬对主干或大枝进行螺旋环剥或环割；对 11 月上旬之后抽发的幼嫩冬梢，必须进行杀梢处理；在 12 月~次年 1 月期间进行灌水，以促进花芽分化，确保在 1 月中下旬之前见到"白点"。

（4）精心做好冬季和花果期管理。要点是：冬季做好清园，重施优质有机肥，平衡施用中微量元素肥；有序做好控穗、疏花、促进授粉、环割保果、灌溉保果、防落果和防裂果等管理；同时做好病虫害防控，确保实现优质、高产目标。

（5）逐步完善果园基础设施。荔枝园规范行株距、整平地面、实行生草制，建设灌溉工程设施，主要技术环节尽量采用农机具，将有助于提升果园的生态管理效能和技术管理效率，确保实现绿色、安全、优质、高产和高效益目标。

（6）其他配套技术：合理、适时、防治病虫害。采用本产业技术的果园，等病虫害较轻，可酌情减少施药次数。其他与现有习惯技术相同。

（二）该技术对生态环保的影响

"克服荔枝中晚熟品种大小年产业关键技术"是一项典型的生态环保技术，该技术改造了果园立地条件和树体生态环境，抗逆性显著增强，树体寿命延长，减少了化肥尤其是氮肥的施用、病虫害少，可以显著减少化肥农药用量，氮肥施用量减少 20% 左右，氮肥利用率提高 10 个百分点以上，亩均减少氮肥损失 1.70 千克，环境效益十分显著；主要病虫害减少 20% 以上，每季少打农药 1~3 次。这不仅提升了果品食用安全，且有利于维护生态平衡。

六、产业技术应用推广情况

（一）应用推广的区域与示范基地

本专项选择了茂名和广州市增城区的六个面积连片超 100 亩的果园作为试验示范基地，技术辐射点在茂名市电白区、茂南区、高州市、化州市，广州市增城区仙村镇、三江镇、石滩镇，东莞市厚街镇、惠州市惠东区、镇隆镇、博罗县，以及粤东汕尾市等。试验示范基地的具体概况如下：

（1）茂名市高州市燊马生态农业发展有限公司，地点在高州市高州沙田镇，果场有桂味 220 亩/2400 株，20 年生。2015~2019 年平均大小年结果指数为 0.62。

（2）茂名市高州市永兴生态农业发展有限公司，地点在高州市泗水镇龙胆水库，果场有桂味 230 亩/1700 株，22 年生。2015~2019 年平均大小年结果指数为 0.60。

（3）茂名市电白区小良镇苏日进果场，地点在电白区小良镇白沙村委，果场有桂味 120 亩/1700 株，22 年生。2015~2019 年平均大小年结果指数为 0.60。

（4）广州市仙基农业发展有限公司，地点在广州市增城区仙村镇基岗村果场，果场有仙进奉、桂味等 260 亩，2015~2019 年几个品种的平均大小年结果指数为 0.35。

（5）广州市增城区石滩镇三镇荔枝园，地点在广州市增城区石滩镇三镇荔枝园，果场有桂味等150亩/1900株，2015～2019年几个品种的平均大小年结果指数为0.34。

（6）广州市东林生态农业发展有限公司，地点在广州市增城区石滩镇麻车村麻车，果场有桂味600株、糯米糍100株，均为35年生，另有25年生甜岩150株、水晶球40株及高接4年的仙进奉200株，合计占地100亩1090株。2015～2019年几个品种的平均大小年结果指数为0.31～0.34。

2020～2021年六个试验基地均获得亩产上千斤。经组织专家测产，2021年高州沙田镇高州市燊马生态农业发展有限公司基地220亩桂味平均亩产794.5千克，广州市增城基地260亩仙进奉平均亩产685.2千克。

（二）增产及节本增效情况说明

与传统技术相比，该产业技术每亩平均增收荔枝150千克，以近两年平均单价20.0元/千克计，每亩增收3000元。每亩平均节省化肥农药300元，增收节支合计3300元/亩。该技术在广东省2020～2021年累计应用面积约20万亩以上，两年新增荔枝产量3万吨，增收节支6亿元以上。

附件：克服中晚熟荔枝"大小年"产业技术方案（全文）

1. 定义

"大年"：按照中晚熟优质品种丰产年份（成花枝率85%以上，坐果枝率75%以上）平均单位面积产量标准计算，挂果量达到平均单产（暂定亩产500千克）以上的年份称为"大年"，其中结果量达到平均水平以上的树称为"大年"树。

"小年"：挂果量低于"大年"平均产量标准30%以上的年份，称为"小年"，其中结果量明显很少的树称为"小年"树。"小年"树抽发春、夏梢，容易形成时期合适和高质量的秋梢，成花率较高。

"大小年"结果：指相邻两年中出现产量一年高产、一年低产的现象，一般产量波动幅度达到30%以上，就表现为明显的"大小年"结果现象。如全国桂味和糯米糍在2010～2020年期间出现低于平均单位面积产量的"小年"年份就达6年。一些地区、果园或植株也可出现连续"小年"结果。

本技术方案适用于荔枝果园（小区）或植株个体的生产管理。

2. 克服"大小年"生产管理的原则、目标和策略

基本原则："大年"适当控制挂果量；采收后加大营养管理和枝梢调控力度，提升下年度的成花枝率和挂果量。

稳产目标：通过科学的技术管理，实现优质荔枝品种平均亩产量500千克以上，年际产量波动幅度在30%以内。

技术策略：通过整形和修剪，保证高比例的水平枝和下垂枝，培养容易成花挂果的树体结构；特别利于成花挂果的年份（大年），通过疏除部分果穗，控制产量，减少树体营养消耗；在特别不利于成花挂果的年份（小年），通过早控梢，重环剥，保证树体达到足够营养积累及生理干旱状态，保证高的成花率。

根据品种及产地生态气候特点，对于迟熟和特迟熟品种，在开花和结果后难以培育秋梢的高纬度和高海拔地区，建议采取"轮换结果"策略；在低纬度与低海拔、日照和降水充足或灌溉条件好的地区，可采取以"大年"控产为核心的连年开花结果策略。

要加强对果园生态和物候数据收集，进行科学分析评判。重点培育符合质量标准的秋梢、精准调控末次秋梢老熟期和现"白点期"，提高成花"保险系数"，是实现克服"大小年"生产目标的关键。

荔枝园生产管理可分为采后秋梢培养、控梢促花和开花结果三个阶段的管理。完整的流程包括7个环节：合理行间距与高光效树体结构改造、适时健壮秋梢培养、冬梢的控制、花芽萌动的促进、花穗质量的控制、授粉受精的保证、果实发育的保证。此外，克服"大小年"结果还须满足4个基础条件：园地的合理整理、灌溉设施的建设、良好的植保与生草管理。

3. 采后管理

采后管理目标为培养适时、适量和健壮秋梢，主要工作包括施肥、枝梢修剪、水分管理及防治虫害和病害。

3.1 施肥攻梢

"大年"树在采果后10天内完成施肥，以尽快恢复树势和培育健壮秋梢。

秋梢期施肥量要达到全年施肥量的40%以上，建议5~6米树冠的植株每株树施N：P：K（15-15-15）复合肥3~4千克，尿素2千克；施入肥料并覆盖。速效肥可在每次秋梢期的降雨后撒施，或撒施后淋水。

"小年"树在秋梢期也应施肥。可根据树势，参照结果树标准决定每株施肥量。

3.2 采后修剪

采后是进行合理行间距与高光效树体结构改造的最佳时间，"大年"结果树在采果后

10～15 天内完成修剪。一般采取轻修剪方式，保留末次梢 5～7 厘米。适当疏剪弱枝。

"小年"树，如密闭的，可进行间伐改造，目标是达到行距 6～10 米，树高 5 米以下。疏除过密的骨干枝。一般应使树冠下部有 1.7 米净空，行间树冠间有 70 厘米以上的间距，以改善光照和方便机械通行与喷药。

未开花的荔枝树，建议在春季天气凉爽时进行间伐和回缩修剪。修剪后的裸露树干和锯口涂杀菌剂保护。修剪下的枝条可粉碎回土，或及时清理出园。

3.3 灌水促梢

果园应该做到全年能够按需要灌水。水分管理需要通过工程措施解决，要有水源和提水、储水设施。大部分地区夏末、秋初枝梢发育期为雨季，但连续 7 天以上出现无降水和极度高温的反常天气时，应当进行灌溉。灌水量以树盘范围内土壤湿透 10 厘米为度，相当于一个直径 5 米的树盘灌水 300 千克，可使根际土层含水量达到 20% 左右。

大部分地区以采后培育 2 次梢为宜，秋梢总长度应达到 30 厘米以上，中部粗度 0.4 厘米以上，复叶数 15 张以上、叶片数 90 张以上。

3.4 杀虫护梢

秋梢生长期注意防控食叶性害虫和钻蛀性害虫。如尺蠖、卷叶蛾、毒蛾、蒂蛀虫、尖细蛾、金龟子、叶瘿蚊和天牛、茶材小蠹、木蠹蛾等。可在每次秋梢抽发期根据虫情喷施 1～2 次农药防治。选用的药剂：毒死蜱及高效氯氟菊酯，高效氟氯菊酯，或其与辛硫磷、三唑磷，马拉松混配农药。田间使用按照说明书要求的浓度与使用方法执行。

3.5 秋冬季修剪

主要目的是控制枝梢密度以壮梢。花芽萌动前 7～10 天进行疏梢和定梢。从基部剪除下垂枝、交叉枝、重叠枝、短于 10 厘米的弱枝、病虫枝，一般每平方米树冠留下健壮枝 20～25 条。恰当的修剪程度是晴天正午时分树冠下的地面可见到稀疏的光斑。

3.6 末次秋梢老熟时间

总的原则是，低纬度、低海拔地区末次秋梢老熟时间要早，高纬度、高海拔地区可略晚，成熟期较晚的品种可较迟。

确定末次秋梢老熟时间的依据：收集各产区、各品种多年秋梢老熟期，剔除成花和坐果小年数据，计算平均物候期。

一般掌握末次秋梢在 10 月中旬（粤西）～中、下旬（粤中和粤东）叶片转绿。结果量特别大的树，末次秋梢老熟时间应适当提早。

4. 控梢促花

4.1 药物控梢

目的是抑制抽发新梢和杀灭已抽出的嫩梢，保持树上无红叶、枝梢处于停长状态并维持 60 天以上。一般而言，10 月底之后抽出的任何新梢都要杀掉。

在叶片展开前后，用市面上专用的荔枝杀梢剂或乙烯利 300~500 毫克/升直接喷雾嫩梢，以杀死嫩梢或脱除幼小叶片。

在气温较高、土壤水分充足的条件下，枝梢有萌发趋势时，叶面喷施多效唑（25% 悬浮剂 2 毫升/升）、烯效唑（5% 可湿性粉剂 1.2 克/升）等生长抑制剂，以抑制顶芽萌发。

4.2　环割或螺旋环剥促花

在 10 月下旬~11 月上旬对主枝或大枝进行环割或螺旋环剥，以促进花芽诱导。一般环割或环剥的时间越早、部位越高、剥口越宽，程度越重。原则上，当年挂果少的树，梢次多、生长量大，可迟剥、低位剥；当年挂果多的树，梢次少、生长量小，须适当早剥和采取高位剥。高纬度、高海拔地区可采取环割方式促花。

4.3　冬季改土和平衡施肥

土壤疏松肥沃有利于荔枝枝叶生长和开花结果。多年未改土的荔枝园易出现酸化板结问题，导致枝叶生长量减少，叶变小变薄、失绿、坏死、寿命缩短、成花困难、花穗弱小、花质差，易落果、裂果，或果个变小、生理病变，降低果实品质及贮藏性、加工性能。因此，荔枝园改土是十分重要的工作。

改土在末次秋梢老熟后至见"白点"之间进行，结合施用有机质肥和中、微量元素肥。可轮换在树冠的四面挖长度 1.2 米、宽深各 30~40 厘米的改土施肥沟，优质有机质肥和大、中、微量元素肥都在这个阶段施用。

施肥量可根据土壤养分分析数据确定。有机质肥可用花生麸、精制鸡粪、羊粪或其他商品有机肥，5~6 米树冠的植株每株施花生麸 3~4 千克，或腐熟的优质有机质肥 25~50 千克；大、中量元素肥可用 12-11-18 复合肥、硫酸镁、钙镁磷肥等，微量元素肥可用硫酸锌、硫酸铜、硫酸锰、硼酸等，或用其他含微量元素的水溶肥。具体用量建议咨询专业机构。

4.4　促进花穗适时萌动

观测发现，现"白点"时间越早，成花率越高。宜掌握在粤西 1 月 10~20 日、粤中和粤东 1 月 25 日前见"白点"。

在预定现"白点"日期前 10~15 天如无降水，建议灌透水一次，时间在粤西 12 月下旬~次年 1 月中旬，粤中和粤东 1 月上旬~中旬。同时进行疏梢修剪，可刺激留下枝梢的顶芽萌发抽生花穗。

5. 开花坐果期管理

5.1　足量、平衡施肥以壮花

荔枝园土壤管理不良和缺素可成为诱发"大小年"结果和影响品质发育的重要因素。

建议在花穗 5 厘米长时取样进行叶片营养分析。参考的叶片营养标准：氮 1.50%～1.80%，磷 0.14%～0.22%，钾 0.70%～1.10%，钙 0.60%～1.00%，镁 0.30%～0.50%。根据研究，每生产 50 千克鲜荔枝的树冠（按一株树计），需氮 0.75～0.95 千克、磷（P_2O_5）0.4～0.5 千克、钾（K_2O）0.75～1.0 千克。花穗发育期施肥量达到全年用量的 20%～30%，坐果与果实发育期施肥量达到 10%～20%。

肥料种类与用量：花穗期以磷钾肥为主，果实发育期以钾肥为主。花前肥包括中、微量元素肥，可在"白点"期施用。主要采用土壤施肥方式。树弱急需补肥的，可叶面喷施优质大量元素肥，如 0.3%～0.5% 磷酸二氢钾、尿素等。微量元素肥料施用量可咨询专业机构后确定。

5.2　控穗和疏花

控穗做法是：在花穗生长到 5～7 厘米以下时用 15% 多效唑 1000 倍液每隔一周喷一次，也可喷两次。疏花做法是：在花穗 20 厘米以上时，剪去 1/3～1/2 的主花穗，每个枝梢留花穗 1～2 条；或用疏花机剪去一半的花量。

带叶花穗喷施控梢壮花剂如多效唑 300～500 毫克/升，乙烯利 100～200 毫升/升，以脱去小叶或抑制小叶生长。

在花穗发育期，在基部剪除小量未抽花穗的营养梢。在谢花后从基部剪除未坐果的枝梢，以避免抽发春梢和夏梢影响坐果。

可通过试验研究，确定优质荔枝品种药物疏蕾和壮花的方法。大部分产区荔枝树在清明节前开花，可避开花期阴雨影响。

5.3　确保正常授粉受精

在开花前 2～3 天引蜂入场，开花前半个月至蜂群撤离前禁喷任何杀虫剂，以防蜜蜂中毒和蜂蜜受污染。

旱天喷水喷雾，降低雌花柱头黏液浓度，有利于蜜蜂传粉、花粉萌发及授粉受精；连绵阴雨天气应防沤花。盛花期雨天放晴后及时摇花，以抖落水珠，加速花朵风干和散粉。

5.4　保果、防落果和防裂果

果实发育要做好促进坐果、预防裂果和促进果实品质发育管理。核心是平衡的养分与水分管理，尤其是坐果初期补充钙、钾元素和硼、锌、钼等微量元素。在雌花开完时和坐果约 40 天时，可对枝干环割一圈保果。在每次落果高峰前可喷施药物保果，如 GA_3 20～50 毫克/升等。如有夏梢抽发可局部喷杀梢药物控制。

5.5　疏果疏穗

在第二次生理落果高峰期之后挂果仍然偏多的树，可剪除部分结果枝。也可对单穗进行疏果，一般掌握每个枝梢挂果 15 个以内，以挂果面积估算，每平方米树冠挂果 10～15

穗、总挂果量3千克以内。

5.6 病虫防控

荔枝花果期病虫害种类较多，尤以"二虫二病"（荔枝蒂蛀虫、荔枝蝽、荔枝霜疫霉病和炭疽病）危害最重，若防控不当，会造成十花九枯和十果九蛀的现象，严重威胁荔枝高产稳产。近年尺蠖、荔枝蝽、荔枝瘿螨、叶瘿蚊、木蠹蛾、天牛、蓟马、蚜虫、蚧壳虫等以及树干腐烂病、白霉病、花果瘿蚊等也局部频发，分别引起花穗或幼果受害甚至死树，应对症防控。

宜采取"预防为主、综合防治"的策略，加强土壤管理和平衡施肥，改善园区环境以提高树体抗病虫能力，做好清园，压低初侵染源，抓病虫发生初期，及早发现、及早防控。

建议使用的杀虫剂：高效氯氰菊酯、高效氯氟氰菊酯、高氯·虱螨脲、除虫脲、毒死蜱、敌百虫。建议使用的杀菌剂有：嘧菌酯、精甲霜·锰锌、苯醚甲环唑、腈菌唑、咪鲜胺、唑醚·代森联、代森锰锌。使用浓度及方法：按照产品说明书要求进行。

5.7 及时采收

成熟果实应及时完全采收。延后采收的成熟果实将额外消耗树体贮备碳素，推迟采后抽梢。

6. "小年树"管理

荔枝园可能出现一些不开花或开花不结果的"小年"树。要同等进行"小年"树的植保管理；"小年"树营养生长量较大，应在春季进行必要的树冠修剪，包括回缩；要维持"小年"树一定的施肥量，因为枝梢生长消耗养分并不少于果实发育。

完全无花的荔枝园，要重点从末次梢老熟时间去找原因，吸取教训，确保施肥量足够，灌水及时，治虫保梢到位，坚决控制"冬梢"。

6.1 花前修剪

成花枝率30%～70%的树，同一基枝上，把无花穗的枝梢从基部着生处剪去。留下的花穗可更快地抽发，且生长更壮。陆续抽出的营养梢可分期分批疏剪。

带叶花序尽可能剪去复叶或小叶。因花量已减少，留下的花穗可不短截。

6.2 补养孕蕾

"小年树"成花枝率不高，说明树体尤其是结果母枝积累的营养水平偏低，为提高花质，需要每隔3~5天进行根外追肥，从叶面补充各种有利生殖生长的大、中、微量元素，如磷、钙、镁、锌、硼等。

6.3 控梢保果

在抽穗期应严格控制新梢的抽发，以确保不因新梢抽发而抑制花穗发育。在树冠3米以下且劳动力许可情况下可人工多次抹除新梢，在树冠高大情况下，可以用杀梢素点杀新梢；此外，在花期和幼果期须进行环割或螺旋环剥，既能抑制新梢抽发，又能增强结果母枝养分积累，有利于保果。

6.4 春季回缩修剪

未成花和"花而不实"树最适宜在春季进行回缩修剪处理，此时天气凉爽，雨季来临前空气湿度较小，园地草疏浅，安全易操作。

以树冠最高点距离地面约 3 米处进行回缩修剪，促发春梢、夏梢和秋梢，重新培育树冠。锯除过低（主干 1.5 米以下）、过密过多和方位不合适的主枝，仅留一条主干；疏除交叉、下垂、无下一级分支的副主枝，选留方位合适，角度斜向上着生的副主枝，形成三主枝为主的树体结构。

6.5 春季施肥

如花前无施肥，建议施一次氮肥，如尿素 0.5 千克/株，或腐熟禽畜粪水 50 千克/株。

6.6 杀虫保护春梢和夏梢

每次新梢生长期注意杀虫。用 10% 阿维高氯乳油 1500 倍或 10% 高效氯氰菊酯乳油 2000 倍，杀鳞翅目害虫（蒂蛀虫、毒蛾、尺蠖等）。

6.7 夏秋季修剪

春季未能安排修剪的，在采果季节结束时与结果树同步进行修剪。夏季回缩修剪比春季要轻。大约回缩修剪至从上往下第三次梢处，促发 2 次秋梢，末次梢仍须掌握在 10 月 15 日之前转绿。

6.8 秋季之后管理

参照"大年"树进行养分、水分和植保管理。

7. 园地的合理整理

园地的整理是克服"大小年"结果的基础条件之一，内容分为两部分，包括梯级宽度的确定和建设，水土保持（蓄水和排水系统）的建设。

梯级宽度的确定和建设。根据果园坡度情况，结合行距，确定相应的梯级宽度为 6 米或者 8 米。使用挖掘机，按照等高的要求，建设合适的反倾斜梯级，保肥保水。

水土保持（蓄水和排水系统）的建设。在一些梯级一端的内侧，挖掘一些长深坑，在暴雨季节，可以蓄水，减缓地面强的径流，减少水土流失。从高往低的方向，在梯级一端，建设排洪沟，保证过多的雨水有序排走，减缓地面强的径流，减少水土流失。

8. 荔枝园生产机械化作业规范

8.1 灌溉

灌溉设施的建设是克服"大小年"结果的重要基础条件，包括供电系统、水源、提水系统和灌溉系统。

荔枝园可采用预埋管道式喷灌或滴灌设施，要求灌溉用水严格过滤、净化处理。供水时间、供水量可手动或自动控制。必要时，喷灌设施还可喷施液态肥、营养液和杀菌剂。

8.2 施肥

荔枝园环状沟施肥、条沟施肥可使用拖拉机悬挂式或自走式开沟机，穴施肥机具可使用挖穴机或小型挖掘机。推荐采用破土、施肥、覆土多功能联合作业机具，施肥机功率应根据不同耕深、耕作幅宽和土壤比阻选配。

8.3 除草

荔枝园除草可选择拖拉机悬挂式、自走式或手扶式的割草机作业，作业前先清除地块内大的石块、树枝等杂物。对于行走式割草机作业不能覆盖的区域，可采用背负式割草机割草。

8.4 植保

宜采用动力喷雾机或风送式喷雾机进行施药防治病虫害。植保作业应在风力较小时进行，不允许逆风喷药。药液应雾化良好，喷药时须对准果树靶标均匀喷施药液，避免漏喷、重喷。要求喷药过程中安全防护措施到位，用药结束后应及时将药械清洗干净。

8.5 修剪

荔枝树粗枝修剪可选用手持式油锯或电动锯，细枝修剪可选用手持式电动剪或气动剪，篱壁式修剪可采用绿篱机。根据修剪高度相应选择高枝剪或短剪作业，剪、锯口应平滑，过于粗壮的大枝应分段截枝。

8.6 采摘

可选用采摘梯和采果剪进行采摘，在条件允许时可选用臂架式、升降式采摘辅助平台进行人工采摘作业。

8.7 运输

缓坡地荔枝园田间运输可采用轮式或履带式果园运输车，山地荔枝园田间运输推荐采用果园轨道运输机。

荔枝产业政策回顾与建设项目述评

王玉梅[*]

[摘要] 广东省委、省政府高度重视荔枝产业发展，近年来出台了一系列荔枝产业扶持政策、立项了一批荔枝产业项目，本文总结了广东省荔枝产业相关政策、项目的特点和问题，最后有针对性地提出对策和建议。

[关键词] 产业政策；建设项目；广东荔枝

近年省委、省政府高度重视荔枝产业发展。省委书记李希强调，要打造荔枝、菠萝、茶叶、柚子、生猪等 7 个优势产业带，创响广东农业品牌。时任省长马兴瑞同志多次做出批示，要抓紧推动广东省荔枝产业高质量发展和现代农业产业园建设，叶贞琴常委亲自谋划推动荔枝产业高质量发展。广东省农业农村系统认真贯彻落实省委、省政府部署，以把广东荔枝打造成为高品质、有口碑的农业"金字招牌"为目标，以荔枝产业"小切口"推动农业产业"大变化"，积极推进荔枝产业转型升级、高质量发展。

2017 年《广东荔枝产业保护条例》、2020 年《广东荔枝产业高质量发展三年行动计划（2021—2023 年）》发布、2021 年《关于进一步做好 2021 广东荔枝"12221"市场体系建设工作的通知》《关于扎实推进 2021 年我省荔枝出口工作的通知》《关于开展 2021 年广东荔枝市场拓展系列营销活动的通知》《"我为荔农办实事"实施方案的通知》等系列文件的相继出台，为荔枝产业精准把脉、指明方向的同时，也为荔枝产业相关项目立项提供政策支持。

---

* 王玉梅，广东省农业科学院农业经济与信息研究所产业经济研究室助理研究员，主要从事农业产业经济理论与政策研究。

一、荔枝产业相关政策回顾

（一）率先出台全国第一部农作物单品种保护法律法规

2017年1月13日广东省第十二届人民代表大会常务委员会第三十一次会议通过《广东荔枝产业保护条例》，这是全国第一部农作物单品种保护法律法规。作为中国荔枝种植第一大省的广东通过立法，完善了政府扶持政策，加强了对荔枝种植、加工、贮藏等相关活动的规范，加强了对荔枝优良品种的种质资源、种植基地、品牌的保护，并强化了政府的质量监管。《广东荔枝产业保护条例》共包括35条，于2017年5月1日正式颁发实施。本条例的实施对发展荔枝这一广东优势特色农业产业意义重大，以此为契机，广东省荔枝产业迎来了新时代的曙光。

（二）发布一系列荔枝市场营销政策，助力广东荔枝卖向全球

2019年4月，广东省农业农村厅印发《关于印发〈2019年全省荔枝市场营销"12221"行动工作方案〉的通知》，《2019年全省荔枝市场营销"12221"行动工作方案》紧紧围绕省委领导关于加强农产品市场体系建设与荔枝销售批示精神，制定广东省荔枝市场营销"12221"行动工作方案，即"建设一个荔枝全产业链数据平台，组建采购商和经纪人两支队伍，建设产地和销区两个市场平台，策划采购商联盟走进荔枝产区及荔枝走进销区市场两场活动，实现打造品牌、扩大销量、提高价格、市场引导、推广良种、果农增收等一揽子目标"的行动计划，动员各方力量开展荔枝营销活动，不断加大宣传促销力度，加快发展富民兴村产业，全力促进荔枝产销有效对接，着力增加农民收入。

2019年5月，广东省农业农村厅印发《关于进一步推动广东省荔枝市场营销与"520消费"活动有效对接工作的通知》，将扎实推动广东荔枝"520消费"活动有效对接作为深入推动"12221"行动工作的重要抓手，努力将"520广东荔枝"打造成为广东省新的农事节庆活动。2019年广东荔枝出口数量同比增长250%，出口金额同比增长262%，全面提升了广东荔枝产业的

国际化。

2021 年初，《关于进一步做好 2021 广东荔枝"12221"市场体系建设工作的通知》《关于扎实推进 2021 年广东省荔枝出口工作的通知》《关于开展 2021 年广东荔枝市场拓展系列营销活动的通知》等文件相继出台，广东根据荔枝上市时间，划分粤西、粤东、珠三角、广州四大产区，制定营销作战图，制定广东荔枝营销十大措施，分区督战，为广东荔枝产业精准营销指明方向，并提供了后备支撑力量。

（三）注重顶层设计，政策聚焦全产业链总体布局

2021 年 1 月，广东省农业农村厅印发了《荔枝产业高质量发展三年行动计划（2021—2023 年）》，该计划以把广东荔枝打造成为品质与口碑俱佳的农业"金字招牌"为目标，提出调整优化荔枝生产结构、加强高标准果园建设、加强荔枝产业重大平台建设、培育壮大荔枝产业龙头企业、加强荔枝优良品种选育和栽培技术研发、进荔枝果园机械化数字化升级、推动荔枝保鲜加工关键技术及装备研发、完善冷链物流设施、升级荔枝加工设施、完善荔枝产品及生产标准体系、构建荔枝市场营销网络、培育壮大荔枝品牌、支持荔枝文化旅游产业发展等 13 项措施，注重顶层设计，从广东省荔枝产业一盘棋的角度，规划部署全产业链实施方案，以擦亮广东荔枝"金字招牌"，让广东荔枝从"小特产"升级为"大产业"，以荔枝产业"小切口"推动农业产业"大变化"，最终实现联农惠农增收。

（四）各主产区地方政府积极配合，相继出台产业配套政策

东莞是全国著名的荔枝之乡。荔枝是目前东莞市种植面积最大、品种特色最鲜明、区域优势最明显的水果。2020 年 6 月广东省委书记李希来莞调研荔枝产业时指出，要打好荔枝产业、市场、科技、文化"四张牌"，通过小切口推动大变化，在推动荔枝产业高质量发展上为全省率先破题、先行示范，助力实施乡村振兴、富民兴农。① 对此，东莞市高度重视，经市政府常务会议

---

① 南方日报网络版. 李希马兴瑞到东莞调研 抓好产业市场科技文化四个环节 推动广东荔枝产业高质量发展 [EB/OL]. http：//www. gd. gov. cn/xxts/content/post_3023926. html.

研究同意，专门印发了《东莞市荔枝产业高质量发展实施方案》，制定了"10
＋4＋40"行动计划（即：出台 10 条扶持措施、实施 4 项重点工程、启动 40
个重点项目），加速布局涵盖品种培育、种植、加工、销售文旅融合和数字化
管理等多个方面务实举措，着力扬优势、补短板、强弱项，全面推动荔枝产
业高质量发展。"十四五"期间东莞市农业农村局将严格按照《东莞市荔枝产
业高质量发展实施方案》确定的目标任务、时间节点和工作内容，切实抓好
荔枝产前、产中、产后各个环节服务，以及重点推出每年荔枝季新思路、新
举措，着力让莞荔产出高、卖得出、效益好，让农民有更多的获得感和幸
福感。

二、荔枝产业建设项目述评

广东省农业科学院农业经济与信息研究所荔枝产业经济课题组于 2020 年
4 ~ 5 月分别向广东省直及驻粤相关单位、农业农村厅相关业务处室、科研单
位、荔枝主产区市县农业农村部门征集 2015 ~ 2020 年广东省荔枝产业建设项
目 954 个，详见本文附表 1 ~ 附表 6。

（一）项目建设状态

截至 2020 年 4 月 30 日，共收集到广东省荔枝产业建设项目 954 个（见附
表 1 ~ 附表 6）。其中，拟建项目 423 个，占比 44%；已建项目 209 个，占比
22%；在建项目 322 个，占比 34%。

以上数据表明，2015 ~ 2020 年广东省委、省政府对荔枝产业的建设支持
力度不断加大，荔枝产业建设项目立项数有逐年增加的趋势。

（二）项目建设类型

按项目种类梳理分类，高标准生产基地建设类项目 396 个，占比 42%，
见附表 1；培育经营主体类项目 112 个，占比 12%，见附表 2；关键技术研发
类项目 200 个，占比 21%，见附表 3；荔枝品牌塑造类项目 44 个，占比 5%，
见附表 4；文化旅游类项目 85 个，占比 9%，见附表 5；基础设施建设类项目

117 个，占比 12%，见附表 6。

由附表 1～附表 6 数据可知，高标准生产基地建设类项目占比最高，接下来依次是突破关键技术类项目、建设基础设施类项目、培育经营主体类项目、农业旅游类项目，打造荔枝品牌类项目占比最低。高标准生产基地建设类项目和建设基础设施类项目都属于产业发展基础项目，二者之和占比达到 54%，以上数据表明，政府在"十三五"期间较多投资在标准果园建设、基础设施建设方面，为生产端的标准化建设打下良好基础。

突破关键技术类项目占比达到 21%，科技是引领产业发展的重要支撑，表明近年来政府对科技创新类项目加大了支持力度，积极打造荔枝成为创新型产业。培育经营主体类项目占比 12%，相对标准果园建设、基础设施建设类项目比例较低，不利于发挥荔枝从业主体的积极性，"十四五"期间需加强荔枝产业主体的培育力度，鼓励有实力的龙头企业联合，组建广东荔枝产业集群，打造荔枝产业现代化发展的主力军，引领荔枝产业高质量发展。农业旅游类项目占比达到 9%，只占第一产业项目（高标准生产基地建设类）的约 1/4，占比较低。而广东省荔枝要实现高质量发展，需要一二三产业协同发展，第一产业是基础、第二产业是巩固、第三产业是提升，因此，需加强荔枝第三产业的支持力度，更好促进荔枝一二三产业融合发展。打造荔枝品牌类项目占比最低，只占此次收集项目总数的 4.6%，表明广东省在荔枝品牌培育、宣传、推广方面的力度还须加强，打造知名品牌是荔枝产业提档升级的关键，广东荔枝应做好"特"字文章，打造一批区域公用品牌，塑造国际知名品牌，提高广东荔枝品牌的溢价能力。

三、对策及建议

（一）注重规划、政策的落地执行，强调政府监管责任

规划政策出台后，各相关部门、地方政府要积极配合，细化工作方案，量化工作指标，提出具体落实措施。同时要明确工作责任，强化组织领导，积极构建"政府推动、部门联动、企业主动、社会促动"的荔枝高质量发展长效推进机制，同时政府要加强对规划执行的考核监督。

（二）加大二三产业立项比重，补齐荔枝全产业链发展短板

注重荔枝产业一二三产业融合发展，建议"十四五"期间加大农业旅游类项目和荔枝品牌培育、宣传、推广方面的立项数量，补齐广东荔枝产业"三产发展质量不高、品牌知名度不强"的短板，最终实现广东荔枝产业高质量发展。

附表1：2015～2020年广东荔枝产业高标准生产基地建设类项目汇总

一、拟建项目

序号	项目名称	主要建设内容	项目类型	项目建设单位	建设地点
1	绿色防治示范区	建设万亩绿色防治示范区	生产		广州
2	荔枝害虫天敌产品的产业化基础建设	建设荔枝害虫天敌的种质资源库及天敌生产车间，建设害虫天敌科普中心	生产	广东省农业科学院植物保护研究所	广州
3	荔枝园害虫智能监测预警平台的建立与应用——基于物联网技术	建立荔枝园重要害虫智能监测预警平台	生产	广东省农业科学院植物保护研究所	茂名、广州、惠东
4	生态循环荔枝园建设	建立集环境优化、修剪物原位还田、果实品质提升及水肥高效利用于一体的生态循环果园	生产	广东省农业科学院农业资源与环境研究所	茂名、广州、惠州
5	高接换种果园改造	高接换种果园改造3万亩	生产		广州
6	智慧果园建设项目	园区机械化精准作业与信息化管理全貌信息	生产	广东省农业技术推广总站	广州
7	兼用型荔枝良种良法示范推广项目	联合共建加工鲜食兼用型荔枝种植示范基地1～2个	生产	广东省农业技术推广总站	广州
8	高标准示范果园	200亩高标准示范果园	生产	增城农业农村局	增城
9	荔枝智能滴灌系统	配套智能化的滴灌系统	生产	广州市仙基农业发展有限公司	增城
10	绿聚来荔枝"双创"建设项目	荔枝"双创"示范园建设	生产	广州绿聚来农业发展有限公司	增城

序号	项目名称	主要建设内容	项目类型	项目建设单位	建设地点
11	麻车新果场荔枝示范基地设施建设	荔枝示范园建设，建设多功能荔枝标准化示范果园	生产	广州市东林生态农业发展有限公司	增城
12	金丰园荔枝园示范基地设施建设	荔枝示范园建设，建设多功能荔枝标准化示范果园	生产	广州增城民合麻车金丰园荔枝专业合作社	增城
13	盈丰农场基础设施建设项目	完善农场荔枝园基础设施，提高荔枝种植标准化水平	生产	广州市增城盈丰农果场	增城
14	高标准示范果园	500亩高标准示范果园	生产	博罗农业农村局	博罗
15	北回归线300亩荔枝标准园建设	全面推广标准化种植生产，打造规模化、标准化的北回归线300亩荔枝种植园	生产	博罗县公庄维新种植专业合作社	博罗
16	标准化果园、示范园建设工程	标准化生产，配套加工设施完善的规模化荔枝标准园	生产、加工	博罗县公庄镇辉煌水果种植专业合作社	博罗
17	博罗县罗阳街道三徐村"一村一品"项目	荔枝品种园和绿色生产示范园建设	生产	惠州市博罗县海英农业专业合作社	博罗
18	万亩绿色防治示范区项目	建设万亩绿色防治示范区	生产	惠州市农业农村局	惠州
19	高标准示范果园	300亩高标准示范果园	生产	惠东县农业农村局	惠东
20	惠东县白花镇坦塘村"一村一品"荔枝	荔枝品种园和绿色生产示范园	生产	惠东县荔龙种养专业合作社	惠东
21	荔枝标准园建设	荔枝标准化生产、建设	生产	待定	惠东
22	荔枝品种改良	高接换种，将劣质品种改良成新优品种	生产	惠东县水果生产办公室	惠东
23	大路村"一村一品"项目	荔枝标准园建设项目	生产	惠州市四季鲜绿色食品有限公司	惠东
24	高标准示范果园	300亩高标准示范果园	生产	惠来县农业农村局	惠来
25	荔枝示范园	荔枝示范园建设，建设多功能荔枝标准化示范果园	生产	惠来县大天合种养专业合作社	惠来
26	荔枝品种结构优化	推广井岗红糯、岭丰糯、仙进奉、冰荔、紫娘喜、观音绿、迟美人等新品种	生产	华湖镇美园村	惠来
27	荔枝良种繁育示范园	繁育荔枝优良性状种苗	生产	惠来县红荔来种植专业合作社	惠来

序号	项目名称	主要建设内容	项目类型	项目建设单位	建设地点
28	高标准示范果园	200亩高标准示范果园	生产	惠阳城农业农村局	惠阳
29	镇隆荔枝果园示范基地	建设500亩现代化栽培技术体系荔枝园	生产	惠州万岁农业科技有限公司	惠阳
30	标准化果园、示范园建设	建设荔枝标准园	生产	惠州市果皇农业科技有限公司	惠阳
31	新联村"一村一品"项目	荔枝标准园建设	生产	惠州市新联村村集体合作联社	惠阳
32	荔枝绿色示范园	研究和示范荔枝主要病虫害绿色防控技术方案	生产	潮州市植保植检站	饶平
33	饶平县初心荔枝果园建设	果园基础设施建设	生产	饶平县初心农业生态有限公司	饶平
34	饶平县广大荔枝果园建设	果园基础设施建设	生产	饶平县广大农业科技有限公司	饶平
35	饶平县永盛荔枝果园建设	果园基础设施建设	生产	饶平县永盛农牧养殖有限公司	饶平
36	饶平县榕洽荔枝果园建设	果园基础设施建设	生产	饶平县榕洽果庄有限公司	饶平
37	荔枝智能滴灌系统	配套智能化的滴灌系统	生产	古竹满山红荔枝种植农民专业合作社	河源
38	高标准示范果园	200亩高标准示范果园	生产	河源农业农村局	河源
39	高标准示范果园	300亩高标准示范果园	生产	陆河农业农村局	陆河
40	荔枝高标种植基地建设	建设荔枝高标种植基地，提高荔枝种植标准化水平	生产	广东省生宝种养有限公司	陆河
41	荔枝高标种植基地建设	建设荔枝高标种植基地，提高荔枝种植标准化水平	生产	陆河县河口飞鹏种养专业合作社	陆河
42	荔枝高标种植基地建设	建设荔枝高标种植基地，提高荔枝种植标准化水平	生产	陆河县联发荔枝种植专业合作社	陆河
43	荔枝高标种植基地建设	建设荔枝高标种植基地，提高荔枝种植标准化水平	生产	陆河县河口镇金辉养殖场	陆河
44	汕尾市凤山红灯笼等优质荔枝新品种采穗园建设	凤山红灯笼等新品种采穗园建设300亩	生产	汕尾城区凤红荔龙种植专业合作社	汕尾

序号	项目名称	主要建设内容	项目类型	项目建设单位	建设地点
45	汕尾市高品质荔枝"凤山红灯笼"的应用推广	高接换种果园改造300亩	生产	汕尾市创丰原生态农业有限公司	汕尾城区
46	汕尾优质荔枝品种选育	选育荔枝优质品种一个	生产	汕尾市新荔龙现代农业服务有限公司	汕尾
47	优质荔枝示范推广	仙进奉、冰荔高位嫁接	生产	汕尾市绿汇农业有限公司	汕尾城区
48	汕尾市荔枝标准化生产示范基地建设	荔枝标准化生产示范基地建设	生产	汕尾市家乡味农产品有限公司	陆丰
49	陆丰市荔枝产业高质量发展标准化示范园建设	基地面积1000亩；果园水肥一体化示范点建设500亩；配套设施建设	生产	陆丰市畜牧果林场	陆丰
50	荔枝改良提质项目	基地面积1500亩；进行1100亩凤花荔枝改良为无核桂味；配套水肥一体化	生产	陆丰市仁鸿基种养有限公司	陆丰
51	荔枝改良提质项目	基地面积800亩；凤花及妃子笑荔枝改良为无核桂味；配套水肥一体化	生产	陆丰市平东畜牧果林场有限公司	陆丰
52	陆丰市荔枝市级产业园	荔枝改良1500亩；其他建设内容	生产	陆丰市正源种植专业合作社	陆丰
53	石艮村保山埔果园标准化建设项目	果园内500亩土地水肥一体化建投及其他建设内容	生产	农场主	陆丰
54	石艮村上寮果园标准化建设项目	果园内500亩土地水肥一体化建设及其他建设内容	生产	农场主	陆丰
55	青塘村云前果园标准化建设项目	果园内500亩土地水肥一体化建设及其他建设内容	生产	农场主	陆丰
56	荔枝品种改良、运输道路及果园水肥一体化建设项目	基地面积800亩；间伐改良项目600亩；果园水肥一体化建设及其他建设内容	生产	陆丰市五家寮种养专业合作社	陆丰
57	五丰示范场建设	基地面积500亩；间伐改良300亩；其他建设内容	生产	陆丰市南塘五丰种养场	陆丰

序号	项目名称	主要建设内容	项目类型	项目建设单位	建设地点
58	白沙村荔枝果树嫁接改良及果园水肥一体化建设项目	建设面积约 600 亩；其他建设内容	生产	陆丰市汉禾生态农业科技有限公司	陆丰
59	瀛泓博新荔枝示范基地	瀛泓博新荔枝示范基地建设 3785 亩及其配套建设内容	生产	陆丰市瀛泓渔农发展有限公司	陆丰
60	瀛泓客北荔枝示范基地	瀛泓客北荔枝示范基地建设 1655 亩及其配套建设内容	生产	陆丰市瀛泓渔农发展有限公司	陆丰
61	瀛泓渔美荔枝基地	瀛泓渔美荔枝基地建设 1190 亩及其配套建设内容	生产	陆丰市瀛泓渔农发展有限公司	陆丰
62	品种结构优化提质项目	间伐高位嫁接改良（龙潭村 2000 亩）及其配套建设内容	生产	陆丰市丫髻种养专业合作社	陆丰
63	汕尾市陆丰荔枝数字农业产业园	万亩荔枝标准化核心示范园、千亩荔枝良种苗木繁育基地及其配套建设内容	生产	汕尾市万彩生态科技有限公司	陆丰
64	陆丰市荔枝产业高质量发展标准化示范园建设	基地面积 2500 亩及其配套建设内容	生产	陆丰市博美镇恒裕家庭农场	陆丰
65	陆丰市绿丰种养专业合作社	基地面积 530 亩及其配套建设内容	生产	陆丰市绿丰种养专业合作社	陆丰
66	陆丰市陂洋镇正方园种养专业合作社	基地面积 1500 亩。主要是改良间伐 800 亩，果园机耕路建设及水肥一体化建设，农用机械的购置	生产	陆丰市陂洋镇正方园种养专业合作社	陆丰
67	田四荔枝标准化示范果园建设项目	荔枝标准化示范果园建设	生产	汕尾红海湾果牧农作物种植专业合作社	红海湾开发区
68	陆河县河口木公寮荔枝标准化示范基地建设项目	荔枝标准化示范果园建设	生产	陆河县河口镇飞鹏种养专业合作社	陆河
69	陆河县河口镇大塘荔枝标准化示范园建设项目	荔枝标准化示范园建设	生产	陆河县河口镇金辉养殖场	陆河
70	陆河生宝荔枝示范园建设项目	荔枝标准化示范园建设	生产	广东省生宝种养有限公司	陆河
71	高标准示范果园	500 亩高标准示范果园	生产	雷州市农业农村局	雷州

序号	项目名称	主要建设内容	项目类型	项目建设单位	建设地点
72	塘边村荔枝建设示范基地	1500 亩荔枝标准化基地	生产	雷州市覃斗镇云祥农场	雷州
73	英岭村荔枝建设示范基地	300 亩荔枝标准化基地及销售渠道铺设	生产	雷州市覃斗英岭海水养殖专业合作社	雷州
74	雷州市企水镇早熟荔枝生产示范园建设	600 亩荔枝标准化基地及销售渠道铺设	生产	雷州市企水镇森连农业种植专业合作社	雷州
75	早熟荔枝标准化生产基地及销售体系建设	900 亩荔枝标准化基地及销售渠道铺设	生产	雷州市绿莹水果种植专业合作社	雷州
76	高标准示范果园	500 亩高标准示范果园	生产	廉江市农业农村局	廉江
77	荔枝品种优化基地建设	高位嫁接换种 200 亩	生产	廉江市新民新桂水果专业合作社	廉江
78	荔枝田间收购田头冷库建设	建设荔枝田头冷库	生产	廉江市青平绿发荔枝专业合作社	廉江
79	荔枝新品种引进示范基地建设	引进仙进奉、冰荔枝等优良品种 120 亩	生产	廉江市青平龙源荔枝专业合作社	廉江
80	果园机械化提升工程	实施荔枝果园标准化宜机化改造示范项目	生产	廉江市双地种养专业合作社	廉江
81	标准化果园、示范园建设工程	机耕路建设、施肥施药配套设施建设、品种优化、绿色防控、果品商品化处理	生产	廉江市双地种养专业合作社	廉江
82	标准化示范荔枝园建设	机耕路建设、施肥施药配套设施建设、品种优化、绿色防控、果品商品化处理	生产	廉江市联兴荔枝专业合作社	廉江
83	构建新型助农服务体系	发展新型农业生产性服务产业	生产	廉江市双地种养专业合作社	廉江
84	建立荔枝绿色低碳生产制度	绿色防控和清洁生产技术	生产	廉江市双地种养专业合作社	廉江
85	荔枝新品种引进示范基地建设	引进仙进奉、冰荔枝等优良品种 120 亩	生产	廉江市良垌日升荔枝专业合作社	廉江
86	荔枝新品种引进示范基地建设	引进仙进奉、井岗红糯、岭丰糯荔枝优良品种	生产	廉江市联兴荔枝专业合作社	廉江
87	荔枝园机械化提升	实施荔枝果园标准化宜机化建设	生产	廉江市联兴荔枝专业合作社	廉江

序号	项目名称	主要建设内容	项目类型	项目建设单位	建设地点
88	丘陵地带荔枝生产机械化示范园建设	购买荔枝碎枝、开沟、喷药、修剪、搬运等小型机械设备	生产	廉江市良垌日升荔枝专业合作社	廉江
89	优良品种引进示范基地建设	品种选育：仙进奉、冰荔、观音绿等100亩	生产	廉江市农创优品种养专业合作社	廉江
90	优良荔枝品种引进示范基地建设	引进示范仙进奉、岭丰糯等优良荔枝新品种	生产	廉江市石城红岭荔枝专业合作社	廉江
91	荔枝新品种引进示范基地建设	引进仙进奉、冰荔枝等优良品种100亩	生产	廉江市青平绿发荔枝专业合作社	廉江
92	荔枝品种结构优化	仙进奉、井岗红糯、岭丰糯	生产	廉江市双地种养专业合作社	廉江
93	出口标准化标准园建设	建设面积300亩	生产	廉江市农创优品种养专业合作社	廉江
94	标准化荔枝生产示范基地建设	建设肥水药一体化标准化示范基地150亩	生产	廉江市石城红岭荔枝专业合作社	廉江
95	出品荔枝标准化示范基地建设	建设有机肥替代化肥、肥水药一体系统等，打造荔枝出口标准化基地300亩	生产	廉江市良垌日升荔枝专业合作社	廉江
96	肥水药一体化示范基地建设	建设肥水药一体化示范基地500亩	生产	廉江市智兴家庭农场	廉江
97	荔枝绿色低碳生产基地建设	推广使用生物农药和高效低毒低残留农药	生产	廉江市富超合作社	廉江
98	高标准示范果园	500亩高标准示范果园	生产	遂溪农业农村局	遂溪
99	外村塘村荔枝种植项目	种植280亩荔枝	生产	洋青镇外村塘经济合作社	遂溪
100	湛川村荔枝间伐矮化品种优化改造	品种优化改造200亩荔枝	生产	遂溪县湛川河谷荔枝种植专业合作社	遂溪
101	吉塘荔枝示范园	种植50亩荔枝	生产	遂溪鑫兴农科技农业有限公司	遂溪
102	湛川荔枝示范园	种植60亩荔枝	生产	遂溪县湛川河谷荔枝种植专业合作社	遂溪
103	安铺仔村荔枝间伐矮化品种优化改造	品种优化改造100亩荔枝	生产	遂溪县乌塘镇安铺仔村民委员会	遂溪
104	荔枝病虫害统防统治	植保无人机30台、农夫车10台	生产	遂溪县好帮手农业机械专业合作社	遂溪

序号	项目名称	主要建设内容	项目类型	项目建设单位	建设地点
105	高标准示范果园	200亩高标准示范果园	生产	徐闻农业农村局	徐闻
106	徐闻县早熟荔枝种植标准化示范园	基础设施完善，品牌打造，新品种引进	生产	徐闻县青果农业有限公司	徐闻
107	徐优质早熟荔枝标准园生产示范基地	优质早熟荔枝标准园生产示范基地建设	生产	徐闻县正茂蔬菜种植有限公司	徐闻
108	"一村一品、一镇一业"项目	标准化果园建设	生产	徐闻县腾信泰农业专业合作社	徐闻
109	"一村一品、一镇一业"项目	标准化果园建设	生产	广东益鸟巢生态农业有限公司	徐闻
110	"一村一品、一镇一业"项目	标准化果园建设	生产	徐闻县青果农业有限公司	徐闻
111	徐优质早熟荔枝标准园生产示范基地	荔枝标准化基地建设，文化推广	生产	徐闻县正茂蔬菜种植有限公司	徐闻
112	荔枝标准园建设	荔枝标准化生产、建设	生产	郁南县河口镇天智蔬果种植专业合作社	郁南
113	荔枝丰产优质栽培技术示范基地	荔枝保控稍促花控疏花保果疏果，配方施肥技术示范	生产	广东农垦热带作物科学研究所	化州
114	农垦荔枝新品种采穗圃建设	建设荔枝新品种展示园、采穗圃	生产	广东农垦热带作物科学研究所	化州
115	荔枝优良新品种示范园建设	建设荔枝新品种展示园	生产	广东农垦热带农业研究院四会分公司	四会
116	徐闻县荔枝种植标准化示范园	荔枝标准化基地建设	种植	徐闻县达盈农民专业合作社	下桥镇
117	徐闻县荔枝种植标准化示范园	荔枝标准化基地建设	种植	徐闻县光力家庭农场	
118	荔枝熟期优化技术示范工程	构建早、晚熟期荔枝示范基地各1个	生产	广东省农业技术推广总站	湛江、从化
119	荔枝高效栽培管理技术示范推广项目	集成轻简化、标准化、融合机艺于一体的荔枝高效栽培管理技术	生产	广东省农业技术推广总站	湛江、从化
120	高标准示范果园	200亩高标准示范果园	生产	新兴县农业农村局	新兴
121	新兴香荔高产稳产优质示范基地建设	新兴香荔先进栽培技术研发与推广应用和电子商务建设等	生产	新兴县水果生产协会	新兴

序号	项目名称	主要建设内容	项目类型	项目建设单位	建设地点
122	低值果园改造项目	加强果园水、电、路、渠和喷（滴）灌设施、病虫害监测防治点等基础设施建设，改造低值果园 200 万亩	生产	全省各荔枝主产县区农业农村局	全省
123	万亩绿色防治示范区项目	建设万亩绿色防治示范区	生产	茂名市农业农村局	茂名
124	高接换种果园改造项目	高接换种果园改造 10 万亩	生产	茂名市农业农村局	茂名
125	高接换种果园改造项目	高接换种果园改造 3 万亩	生产	阳江市农业农村局	阳江
126	智能喷药	无人机喷药	生产	马头岭荔枝种植专业合作社	茂南
127	智能管理	智能信息管理	生产	马头岭荔枝种植专业合作社	茂南
128	病虫害绿色防控	绿色杀虫建设	生产	马头岭荔枝种植专业合作社	茂南
129	智能采摘	示范园区采摘	生产	广东润物农业投资有限公司	茂南
130	绿色环保病虫害设备	示范园区及禄段贡园除虫	生产	广东润物农业投资有限公司	茂南
131	荔枝废弃枝叶墨水虻生物处理综合利用	建设废弃枝叶预处理系统、墨水虻养殖系统、墨水虻产品综合利用设施	生产	茂名天缔环保科技有限公司、茂名市三力农业有限公司	电白区旦场镇
132	荔枝蒂蛀虫智能防控平台	建设预测设施、分析系统等	生产	茂名市水果产业发展中心	各县区选点
133	荔枝高标示范园	建设树木高标、园地高标、设施高标现代化果园等	生产	茂名市中园农业有限公司等 2 个果场	茂南区、高州市
134	荔枝大宗品种变异单株优选	筛选三月红、妃子笑、白糖罂优良单株等	生产	茂名市水果产业发展中心	各县区选点
135	"冰荔" 优质荔枝高标准示范基地建设	在各荔枝主产区布点建设 "冰荔" 优质荔枝高标准示范基地，示范面积达 1000 亩	生产	茂名市水果科学研究所	各县区选点

序号	项目名称	主要建设内容	项目类型	项目建设单位	建设地点
136	"仙进奉"优质荔枝高标准示范基地建设	在各荔枝主产区布点建设"仙进奉"优质荔枝高标准示范基地，示范面积达2000亩	生产	茂名市水果科学研究所	各县区选点
137	间伐矮化品种优化改造项目	荔枝树冠矮化及回缩间伐	生产	化州市中垌东联水果种植专业合作社	化州市中垌镇
138	间伐矮化品种优化改造项目	荔枝树冠矮化及回缩间伐	生产	化州市众佳养殖专业合作社	化州市中垌镇
139	间伐矮化品种优化改造项目	荔枝树冠矮化及回缩间伐	生产	广东天天汇有机食品有限公司	化州市笪桥镇
140	高接换种果园改造项目	高接换种果园改造5万亩	生产	汕尾市农业农村局	汕尾
141	高接换种果园改造项目	高接换种果园改造3万亩	生产	揭阳市农业农村局	揭阳
142	荔枝良种采穗圃建设项目	改造和新建面积200亩的荔枝良种采穗圃1个	生产	广州市农业技术推广中心	高州
143	荔枝良种采穗圃建设项目	改造和新建面积200亩的荔枝良种采穗圃1个	生产	电白区农科所	电白
144	荔枝良种采穗圃建设项目	改造和新建面积100亩的荔枝良种采穗圃1个	生产	信宜市农业农村局	信宜
145	荔枝良种采穗圃建设项目	改造和新建面积200亩的荔枝良种采穗圃1个	生产	阳东区农业农村局	阳东
146	荔枝良种采穗圃建设项目	改造和新建面积200亩的荔枝良种采穗圃1个	生产	阳西县农业农村局	阳西
147	荔枝良种采穗圃建设项目	改造和新建面积200亩的荔枝良种采穗圃	生产	廉江市农业农村局	廉江
148	荔枝良种采穗圃建设项目	改造和新建面积200亩的荔枝良种采穗圃	生产	从化区农业农村局	从化
149	荔枝良种采穗圃建设项目	改造和新建面积200亩的荔枝良种采穗圃	生产	增城区农业农村局	增城
150	荔枝良种采穗圃建设项目	改造和新建面积200亩的荔枝良种采穗圃	生产	东莞市农业农村局	东莞
151	荔枝良种采穗圃建设项目	改造和新建面积200亩的荔枝良种采穗圃	生产	惠来县农业农村局	惠来

序号	项目名称	主要建设内容	项目类型	项目建设单位	建设地点
152	荔枝良种采穗圃建设项目	改造和新建面积200亩的荔枝良种采穗圃	生产	陆丰市农业农村局	陆丰
153	荔枝良种采穗圃建设项目	改造和新建面积100亩的荔枝良种采穗圃	生产	郁南县农业农村局	郁南
154	新品种区域化试验基地建设项目	改造和新建新品种区域化试验基地1个	生产	高州市农业农村局	高州
155	新品种区域化试验基地建设项目	改造和新建新品种区域化试验基地1个	生产	电白区农业农村局	电白
156	新品种区域化试验基地建设项目	改造和新建新品种区域化试验基地1个	生产	信宜市农业农村局	信宜
157	新品种区域化试验基地建设项目	改造和新建新品种区域化试验基地1个	生产	阳东区农业农村局	阳东
158	新品种区域化试验基地建设项目	改造和新建新品种区域化试验基地1个	生产	阳西县农业农村局	阳西
159	新品种区域化试验基地建设项目	改造和新建新品种区域化试验基地1个	生产	廉江市农业农村局	廉江
160	新品种区域化试验基地建设项目	改造和新建新品种区域化试验基地1个	生产	从化区农业农村局	从化
161	新品种区域化试验基地建设项目	改造和新建新品种区域化试验基地1个	生产	增城区农业农村局	增城
162	新品种区域化试验基地建设项目	改造和新建新品种区域化试验基地1个	生产	东莞市农业农村局	东莞
163	新品种区域化试验基地建设项目	改造和新建新品种区域化试验基地1个	生产	惠来县农业农村局	惠来
164	新品种区域化试验基地建设项目	改造和新建新品种区域化试验基地1个	生产	陆丰市农业农村局	陆丰
165	新品种区域化试验基地建设项目	改造和新建新品种区域化试验基地1个	生产	郁南县农业农村局	郁南
166	荔枝品种结构优化工程	建立品种改良示范点，辐射带动主产区农户加快荔枝品种改良步伐	科研、生产	惠来县农业农村局	惠城镇
167	荔枝品种结构优化工程	建立品种改良示范点的形式，以点带面，辐射带动主产区农户加快荔枝品种改良步伐	科研、生产	惠来县农业农村局	葵潭镇

序号	项目名称	主要建设内容	项目类型	项目建设单位	建设地点
168	荔枝品种调优基础工程	粤东中迟熟荔枝优势区采穗圃面积100亩	科研、生产	以惠来县红荔来种植专业合作社为龙头	惠来
169	荔枝品种调优基础工程	粤东中迟熟荔枝优势区采穗圃面积100亩	科研、生产	以惠来县红荔来种植专业合作社为龙头	惠来
170	荔枝病虫害全程绿色防控示范园	全省三年建设荔枝病虫害全程绿色防控示范园100个，每个示范园投入100万元	生产	广东省农业有害生物预警防控中心	全省
171	建设产业载体，推进产业融合	实施三产融合行动	生产、加工、观光	惠来县兴阳农资专业合作社	惠来
172	荔枝病虫害监测点	建成50个荔枝病虫害田间监测点，提高对荔枝病虫害的预测预报准确率	生产	广东省农业有害生物预警防控中心	全省
173	标准化果园、示范园建设	完善基础设施、品种改良、建设田头冷库、建立加工生产线和建设完善观光休闲	生产、加工、休闲	博罗县泰美镇龙记种养专业合作社	泰美镇
174	低效果园高接换种示范园建设项目	在全省范围建设高接换种示范园30个，每年建10个（每个面积100亩）	生产	由当地农业农村主管部门承担	
175	标准化果园、示范园建设工程	建设标准化示范果园1个300亩	生产	葵潭镇农林水推广中心	葵潭镇
176	标准化果园、示范园建设工程	建设标准化示范果园1个300亩	生产	惠来县兴阳农资专业合作社	惠城镇
177	标准化果园、示范园建设工程	建设标准化示范果园1个300亩	生产	葵潭镇农林水推广中心	葵潭镇
178	标准化果园、示范园建设工程	建设标准化示范果园1个300亩	生产	惠来县兴阳农资专业合作社	惠城镇
179	荔枝病虫害绿色防控示范项目	建设一批荔枝病虫害绿色防控示范果园，大面积推广应用生物防治绿色防控技术	生产	荔枝主产县区	茂名、惠州
180	荔枝种质资源原生境保护点建设	分布集中的古老、野生荔枝种质资源原生境保护，建设原生境保护点10个	生产	项目建设地各县人民政府	茂名、惠州

二、已建项目

序号	项目名称	主要建设内容	项目类型	项目建设单位	建设地点
1	北园绿产业园设施建设	提升完善果园基础设施	生产	广州市正旭农业科技有限公司	增城
2	荔枝示范基地设施建设项目	标准化基地建设	生产	广州市汇强农业发展有限公司	增城
3	三镇果场设施设备升级建设	完善果园基础设施设备	生产	广州市增城三镇果场	增城
4	年丰荔枝园设施设备建设	完善果园基础设施设备	生产	广州市年丰果业有限公司	增城
5	五岭进奉设备提升项目	完善果园基础设施设备	生产	广州市增城五岭健食家庭农场	增城
6	步云果场荔枝品种改良	荔枝品种优化示范带动	生产	广州市增城步云果场	增城
7	茗通果场设施设备改造建设	提升完善果园基础设施	生产	广州市增城茗通果场	增城
8	荔枝示范基地建设项目	荔枝生产示范基地建设	生产	广州市增城区光帆园艺场	增城
9	增城佳丰荔枝生产示范基地建设	荔枝生产示范基地建设	生产	广州市增城区佳丰农业专业合作社	增城
10	荔枝绿色高产高效创建项目	提升从化区荔枝绿色高产高效生产水平	生产	广州市从化区农业农村局	从化
11	2016年荔枝标准园创建项目	完善果园基础设施、高接换种、绿色防控、水肥一体化建设等	生产	莲塘荔枝专业合作社	番禺
12	荔枝高标种植基地建设	建设荔枝高标种植基地	生产	东莞市厚街桂冠荔枝专业合作社	东莞
13	荔枝高标种植基地建设	建设荔枝高标种植基地	生产	东莞市兰姐农场有限公司	东莞
14	荔枝高标种植基地建设	建设荔枝高标种植基地	生产	冰荔农业科技有限公司	东莞
15	市级开展荔枝龙眼标准示范园创建	完善果园基础设施、高接换种、绿色防控、水肥一体化等	生产	惠州仲恺高新区利农荔枝专业合作社	仲恺

序号	项目名称	主要建设内容	项目类型	项目建设单位	建设地点
16	荔枝龙眼标准示范园创建项目	完善果园基础设施、高接换种、绿色防控、水肥一体化等	生产	惠州市东伦种养专业合作社	惠城
17	市级开展荔枝龙眼标准示范园创建设	完善果园基础设施、高接换种、绿色防控、水肥一体化等	生产	惠州市丹荔农业农民专业合作社	惠城
18	2018 年荔枝标准园区创建项目	完善果园基础设施、高接换种、绿色防控、水肥一体化等	生产	惠东县水果办	惠东
19	2018 年省扶持荔枝标准示范园建设	奖励十大荔枝匠荔枝标准示范园建设	生产	惠东县荔龙种养专业合作社	惠东
20	荔枝标准示范园创建项目	完善果园基础设施、高接换种、绿色防控、水肥一体化等	生产	惠东县荔龙种养专业合作社	惠东
21	2017 年市级扶持荔枝标准示范园创建项目	完善果园基础设施、高接换种、绿色防控、水肥一体化建设等	生产	惠东年年红荔枝科技发展有限公司	惠东
22	荔枝标准示范园创建项目	完善果园基础设施、高接换种、绿色防控、水肥一体化建设等	生产	惠东县水果办	惠东
23	果园改造省级示范基地建设	完善果园基础设施、高接换种、绿色防控、水肥一体化等	生产	惠东县福盈门水果专业合作社	惠东
24	2016 年荔枝龙眼标准示范园创建	完善果园基础设施、高接换种、绿色防控、水肥一体化建设等	生产	惠东县四季鲜荔枝专业合作社	惠东
25	市级开展荔枝龙眼标准示范园创建	完善果园基础设施、高接换种、绿色防控、水肥一体化等	生产	惠东县美荔园荔枝专业合作社	惠东
26	2015 年国家园艺作物标准化创建项目	创建标准化荔枝园	生产	惠州市四季鲜绿色食品有限公司	惠东
27	荔枝优质品种示范推广及技术培训	推广优质荔枝品种，对果农进行技术培训	生产	惠阳区新圩镇长布村长富荔枝专业合作社	惠阳
28	惠阳区荔枝优良品种培育与推广	推广良种荔枝	生产	惠阳区水果办	惠阳

序号	项目名称	主要建设内容	项目类型	项目建设单位	建设地点
29	荔枝龙眼病虫害综合防治推广项目	防治果园病虫害	生产	惠阳区水果办	惠阳
30	优质品种示范推广及技术培训	推广良种荔枝	生产	惠阳区镇隆镇景丽果场荔枝专业合作社	惠阳
31	2015年国家园艺作物标准化创建项目	创建标准化荔枝园	生产	惠州市惠阳区镇隆景丽荔枝专业合作社	惠阳
32	2018年荔枝标准园创建项目	完善果园基础设施、高接换种、绿色防控、水肥一体化等	生产	博罗县荔园水果专业合作社	博罗
33	2017年荔枝龙眼标准园创建项目	完善果园基础设施、高接换种、绿色防控、水肥一体化建设等	生产	盈盛果蔬种植专业合作社	博罗
34	荔枝标准园创建项目	标准化示范园	生产	维新水果销售专业合作社	博罗
35	荔枝标准园创建项目	标准化示范园	生产	博罗县龙华山前荔枝专业合作社	博罗
36	荔枝标准园创建项目	标准化示范园	生产	雷公象山果蔬专业合作社	博罗
37	红利来种养专业合作社荔枝标准化基地	高接换种150亩，建设水肥一体化设施150亩，开展技术培训、技术咨询指导等	生产	惠来县红利来种养专业合作	惠来
38	荔枝标准化基地创建	高接换种150亩，建设水肥一体化设施150亩，开展技术培训、技术咨询指导等	生产	惠来县兴阳农资专业合作社	惠来
39	荔枝示范园	荔枝示范园建设，建设多功能荔枝标准化示范果园	生产	惠来县红利来种养专业合作社	惠来
40	惠来县荔枝示范基地	荔枝嫁接改良40亩、水肥一体化设施建设40亩，以及技术培训、参观观摩等	生产	惠来县绿莞庄园有限公司	惠来
41	惠来县荔枝示范基地	荔枝嫁接改良40亩、水肥一体化设施建设40亩，以及技术培训、参观观摩等	生产	惠来县绿莞庄园有限公司	惠来
42	（荔枝种植）红灯笼	荔枝种植130亩，主要品种红灯笼，年产量750吨，产值约700万元		汕尾市新绿龙现代农业服务有限公司	汕尾城区

序号	项目名称	主要建设内容	项目类型	项目建设单位	建设地点
43	荔枝种植（糯米糍）	荔枝种植 550 亩，主要品种糯米糍，年产量 820 吨，产值约 600 万元		深圳天地和农业科技有限公司汕尾城区分公司	汕尾城区
44	（荔枝种植）红灯笼	荔枝种植 600 亩，主要品种红灯笼，年产量 900 吨，产值约 720 万元		汕尾市城区泽辉种养专业合作社	汕尾城区
45	荔枝标准化创建		生产	阳江市阳东区柳西水果专业合作社	阳东
46	林头镇绿洲荔枝品种优化示范园	荔枝品种优化示范带动	生产	广东绿洲农业有限公司	电白
47	坡心镇盐仓荔枝品种优化示范园	荔枝品种优化示范带动	生产	茂名市康奇仪器有限公司	电白
48	荔枝品种优化示范园建设	荔枝品种优化示范带动	生产	茂名市电白区麻岗镇源丰源果场	电白
49	荔枝品种优化示范园建设	荔枝品种优化示范带动	生产	茂名市电白区马踏镇嶂源家庭农场	电白
50	炳新家庭农场荔枝品种优化示范园	荔枝品种优化示范带动	生产	林头镇塘村炳新家庭农场	电白
51	宜双家庭农场荔枝品种优化示范园	荔枝品种优化示范带动	生产	林头镇塘村宜双家庭农场	电白
52	晓坤家庭农场荔枝品种优化示范园	荔枝品种优化示范带动	生产	林头镇塘村晓坤家庭农场	电白
53	荔枝品种优化示范园建设	荔枝品种优化示范带动	生产	茂名市电白区兴达养殖有限公司	电白
54	荔枝品种优化示范园建设	荔枝品种优化示范带动	生产	茂名市旦场镇来利种植家庭农场	电白
55	仙桃园村委会荔枝标准化示范园建设	荔枝品种优化示范带动	生产	茂名市电白区绿生园原生态家庭农场	电白
56	麻岗镇牛门村荔枝品种优化示范园	荔枝品种优化示范带动	生产	茂名市电白区华宝种养专业合作社	电白
57	林头镇塘迳村荔枝品种优化示范园	荔枝品种优化示范带动	生产	茂名市电白区林头彦章家庭农场	电白
58	荔枝智慧果园升级	增加树木数据智能采集设备，研发采集数据与智能管理自动对接系统，配套硬底耕作道等	生产	茂名市果旺生态农业有限公司	电白旦场镇

序号	项目名称	主要建设内容	项目类型	项目建设单位	建设地点
59	荔枝大数据扩容	增加生产数据统计系统、增加田间数据智能采集设备	生产	茂名市农业农村事务中心	茂南
60	金塘镇顺兴荔枝、龙眼标准化示范园	完成标准化改造	生产	茂名市茂南区金塘顺兴种植场	茂南
61	荔枝标准化（优化）示范园建设	示范园标准化管理；荔枝高接换种	生产	茂名市金运农业有限公司	茂南
62	山阁镇烧酒荔枝、龙眼标准化示范园	水肥一体化设施建设，完成标准化改造	生产	茂名市茂南区山阁镇大岭种养殖场	茂南
63	大同村集体果园荔枝标准化示范园建设	园区内道路建设；水肥一体化建设；喷药系统建设；标准化建设	生产	广东润物农业投资有限公司	茂南
64	赴源荔枝"三高"种植项目实施	200亩荔枝标准化基地	生产	雷州市赴源农业发展有限公司	雷州
65	2017年农作物百千亩品种改良示范	荔枝品种改良示范基地建设	生产	廉江市石城红岭荔枝专业合作社	廉江
66	2015年国家园艺作物标准化创建项目	创建标准化荔枝园	生产	廉江市日强种植专业合作社	廉江
67	2015年国家园艺作物标准化创建项目	建设标准化果园	生产	廉江市新民新桂水果专业合作社	廉江
68	2015年国家园艺作物标准化创建项目	建设标准化果园	加工、贸易、观光	廉江市日强种植专业合作社	廉江
69	2015年国家园艺作物标准化创建项目	建设标准化果园	加工、贸易、观光	湛江市山雨生态农牧有限公司	廉江
70	2017年农作物百千亩品种改良示范		生产	廉江市石城红岭荔枝专业合作社	廉江
71	2015年国家园艺作物标准化创建项目	创建标准化荔枝园	生产	湛江市山雨生态农牧有限公司	廉江
72	2015年国家园艺作物标准化创建项目	创建标准化荔枝园	生产	廉江市新民新桂水果专业合作社	廉江
73	标准化基地建设	标准化示范园	生产	坡头区官渡镇林永强种植场	坡头

序号	项目名称	主要建设内容	项目类型	项目建设单位	建设地点
74	标准化基地建设	标准化示范园	生产	坡头区龙头镇戴瑞恒种植场	坡头
75	标准化果园建设	荔枝种植	生产	坡头区官渡镇詹实佳种植场	坡头
76	荔枝标准园建设	荔枝种植	生产	坡头区龙头镇詹木全种植场	坡头
77	荔枝标准园建设	荔枝种植	生产	坡头区官渡镇平富家庭农场	坡头
78	荔枝标准园建设	荔枝种植	生产	坡头区官渡镇詹祝基种植场	坡头
79	荔枝标准园建设	荔枝种植	生产	坡头区官渡镇黄土兴种植场	坡头
80	荔枝标准园建设	荔枝种植	生产	坡头区官渡镇詹虾子种植场	坡头
81	荔枝标准园建设	荔枝种植	生产	坡头区龙头镇冯亚养种植场	坡头
82	荔枝标准园建设	荔枝种植	生产	坡头区龙头镇钟如松种植场	坡头
83	荔枝标准园建设	荔枝种植	生产	坡头区龙头镇吴亚书种植场	坡头
84	标准化荔枝园	荔枝种植	生产	坡头区龙头镇庞洪标种植场	坡头
85	黄坡镇岭头村水果种植示范基地	面积80亩荔枝标准化基地	生产	自建	吴川
86	荔枝标准化基地	面积240亩荔枝标准化基地	生产	分界牌水库果场	吴川
87	荔枝标准化基地	面积250亩荔枝标准化基地	生产	鸣古果场	吴川
88	荔枝标准化基地	面积120亩荔枝标准化基地	生产	河村果场	吴川
89	荔枝标准化基地	面积80亩荔枝标准化基地	生产	奇石生态种养基地	吴川
90	2015年热带南亚热带项目	安装变压器2台及电网配套	生产	徐闻县陆南果菜种植专业合作社	徐闻

三、在建项目

序号	项目名称	主要建设内容	项目类型	项目建设单位	建设地点
1	高滩绿水源果场（荔枝）提升项目	提升荔枝种植水平	生产	广州市增城区派潭镇高滩绿水源果场	增城
2	仙基农业生产基地建设	建设荔枝果园等项目	生产	广州市仙基农业发展有限公司	增城
3	汝佳果场基础设施建设	果园基础设施提升，提升水肥施放能力	生产	广州市增城汝佳果场	增城
4	丘陵山地果园全程机械化示范基地	建设全程机械化示范园	生产	从化达南农业发展有限公司	从化
5	从化区岭南佳果良种试验示范基地	完善果园基础设施、高接换种、绿色防控、水肥一体化等	生产	广州市荔鼎生态农业开发有限公司	从化
6	从化区岭南佳果良种试验示范基地	建设标准化核心示范园	生产	广州市野力农业发展有限公司	从化
7	从化区岭南佳果良种试验示范基地	建设标准化核心示范园	生产	从化达南农业发展有限公司	从化
8	岭南佳果良种试验示范基地项目	完善果园基础设施、高接换种、绿色防控、水肥一体化等	生产	广州本昌生态农业有限责任公司	从化
9	果树科研基地荔枝种质资源圃建设	种质资源圃建设	生产	广州市从化区农业技术推广中心	从化
10	从化区岭南佳果良种试验示范基地	设施设备提升建设	生产	广州市从化太平镇汇欣园林种植场	从化
11	岭南佳果良种试验示范基地项目	建设标准化核心示范园	生产	广州市从化顺昌源绿色食品有限公司	从化
12	岭南佳果良种试验示范基地项目	完善果园基础设施、高接换种、绿色防控、水肥一体化等	生产	广州市从化先一水果专业合作社	从化
13	从化区岭南佳果良种试验示范基地	完善果园基础设施、高接换种、绿色防控、水肥一体化等	生产	广州市格然农业有限公司	从化
14	2019年扶持创建生产标准园示范基地	建设标准化示范园	生产	惠东县水果办	惠东

序号	项目名称	主要建设内容	项目类型	项目建设单位	建设地点
15	荔枝高标种植基地建设	完善果园基础设施、高接换种、绿色防控、水肥一体化等	生产	海丰县昊成种养专业合作社	海丰
16	荔枝高标种植基地建设	建设荔枝高标准种植基地	生产	海丰县赤坑镇建安种植场	海丰
17	荔枝高标种植基地建设	完善果园基础设施、高接换种、绿色防控、水肥一体化等	生产	深圳市创新盈可技有限公司海丰分公司	海丰
18	荔枝高标种植基地建设	建设荔枝高标准种植基地	生产	海丰县四兴种养专业合作社	海丰
19	荔枝高标种植基地建设	建设荔枝高标准种植基地	生产	海丰县赤坑镇木清辣椒种植专业合作社	海丰
20	荔枝高标种植基地建设	建设荔枝高标准种植基地	生产	海丰县凤来山庄种养专业合作社	海丰
21	荔枝高标种植基地建设	建设荔枝高标准种植基地	生产	海丰县鼎丰果蔬种植专业合作社	海丰
22	荔枝高标种植基地建设	完善果园基础设施、高接换种、绿色防控、水肥一体化等	生产	汕尾市双叠石农业发展有限公司	海丰
23	荔枝高标种植基地建设	建设荔枝高标准种植基地	生产	汕尾市隆兴源现代农业科技有限公司	海丰
24	荔枝高标种植基地建设	建设荔枝高标准种植基地	生产	海丰县恒裕源专业合作社	海丰
25	荔枝高标种植基地建设	完善果园基础设施、高接换种、绿色防控、水肥一体化等	生产	海丰县陶河镇科来蔬果种养场	海丰
26	陆丰市跨越种养专业合作社荔枝产业质量升级示范基地	基地面积1300亩及其配套设施建设		陆丰市跨越种养专业合作社	陆丰
27	陆丰市企耕荔枝产业高质量发展示范园	基地面积3800亩荔枝种植园及其配套设施建设		广东企耕农业科技有限公司	陆丰
28	陆丰市亿辉农业发展有限公司荔枝产业质量升级示范基地	基地面积2000亩及其他配套建设内容		陆丰市亿辉农业发展有限公司	陆丰

序号	项目名称	主要建设内容	项目类型	项目建设单位	建设地点
29	陆丰市伊生源农业科技有限公司荔枝产业质量升级示范基地	基地面积500亩及其他配套建设内容		陆丰市伊生源农业科技有限公司	陆丰
30	陆丰市荔枝市级产业园	基地面积800亩。200亩荔枝改良面积、600亩水肥一体化高标准设施建设及其他配套建设内容		陆丰市博豪种养有限公司	陆丰
31	广东省茂名市国家荔枝种质资源圃	荔枝品种优化示范带动	生产	茂名市水果科学研究所	茂名
32	高标准化智慧示范园建设	进行标准化、机械化、智能化建设	生产	茂名市水果科学研究所	茂名
33	高位嫁接采穗圃建设项目	80亩采穗圃	生产	茂名市水果科学研究所	茂名
34	茂名市智慧果园试点建设	试点建设茂名市荔枝种植生产智慧果园	生产	茂名市水果科学研究所	茂名
35	间伐矮化品种优化改造项目	回缩矮化面积330亩，品种优化面积330亩	生产	茂名市蓝盟渔业有限公司	茂南
36	绿色标准化生产基地建设项目	1000亩标准化建设	生产	茂名市马头岭荔枝种植专业合作社	茂南
37	荔枝标准化示范园	荔枝标准化示范园建设，水电、果园道路等设施设备提升	生产	广东润物农业投资有限公司	茂南
38	荔枝标准化示范园	荔枝标准化示范园建设，水电、果园道路等设施设备提升	生产	茂南区山阁镇霞池乡果品有限公司	茂南
39	荔枝绿色标准化生产基地	园区内道路建设；水肥一体化建设；标准化建设	生产	茂名市马头岭荔枝种植专业合作社	茂南
40	间伐矮化品种优化改造项目	回缩矮化110亩，品种优化110亩	生产	信宜市百惠农业发展有限公司	信宜
41	华宝种养专业合作社标准化示范园	完善果园基础设施、高接换种、绿色防控、水肥一体化建设等	生产	茂名市电白区华宝种养专业合作社	电白
42	荔枝国家现代农业产业园	智慧果园系统建设	生产	茂名市果旺生态农业有限公司	电白

序号	项目名称	主要建设内容	项目类型	项目建设单位	建设地点
43	荔枝标准化示范园	完善果园基础设施、高接换种、绿色防控、水肥一体化等	生产	茂名市电白区旦场镇金米水果种植农场	电白
44	大业农业科技有限公司标准化示范园	建设标准化核心示范园	生产	广东大业农业科技有限公司	电白
45	三力农业有限公司标准化示范园	建设标准化示范园	生产	茂名市三力农业有限公司	电白
46	间伐矮化品种优化改造项目	矮化回缩738.3亩，品种优化738.3亩	生产	茂名市电白区家劲种养专业合作社	电白
47	间伐矮化品种优化改造项目	回缩矮化面积400亩，品种优化面积400亩	生产	茂名市千绿农林科技有限公司	电白
48	间伐矮化品种优化改造项目	矮化回缩511亩，品种优化511亩	生产	茂名市绿然农业科技有限公司	电白
49	间伐矮化品种优化改造项目	矮化回缩300亩，品种优化300亩	生产	茂名市电白区广娣种养专业合作社	电白
50	高位嫁接采穗圃建设项目	100亩妃子笑采穗圃	生产	茂名市电白区华权种养专业合作社	电白
51	间伐矮化品种优化改造项目	品种优化350亩	生产	茂名市电白区林头镇再兴果场	电白
52	间伐矮化品种优化改造项目	回缩矮化面积200亩，品种优化面积200亩	生产	茂名市电白区林头镇丰收果场	电白
53	间伐矮化品种优化改造项目	矮化回缩180亩，品种优化197亩	生产	茂名市加禾生态农业有限公司	电白
54	间伐矮化品种优化改造项目	矮化回缩87亩，品种优化180亩	生产	茂名市电白区旦场镇丰荔园水果种植场	电白
55	间伐矮化品种优化改造项目	回缩矮化150亩，品种优化150亩	生产	广东大业农业科技有限公司	电白
56	高位嫁接采穗圃建设项目	50亩妃子笑采穗圃	生产	茂名市电白区丰实种养专业合作社	电白
57	间伐矮化品种优化改造项目	矮化回缩90亩，品种优化130亩	生产	茂名市电白区麻岗镇旺财家庭农场	电白
58	间伐矮化品种优化改造项目	回缩矮化200亩，品种优化200亩	生产	茂名市三力农业有限公司	电白

续表

序号	项目名称	主要建设内容	项目类型	项目建设单位	建设地点
59	间伐矮化品种优化改造项目	回缩矮化 126 亩，品种优化面积 126 亩	生产	茂名市电白区马踏镇祥旺水果种植场	电白
60	间伐矮化品种优化改造项目	矮化回缩 121 亩，品种优化 121 亩	生产	茂名市电白区马踏镇丰润种养场	电白
61	间伐矮化品种优化改造项目	回缩矮化 169 亩，品种优化 100 亩	生产	茂名市电白区建昌种养专业合作社	电白
62	间伐矮化品种优化改造项目	回缩矮化 102 亩，品种优化 102 亩	生产	茂名市电白区马踏镇马抗水果种植场	电白
63	间伐矮化品种优化改造项目	回缩矮化 115 亩，品种优化 115 亩	生产	茂名市电白区何翠红家庭农场	电白
64	间伐矮化品种优化改造项目	回缩矮化 110 亩，品种优化 110 亩	生产	茂名市电白区爵琴种养专业合作社	电白
65	间伐矮化品种优化改造项目	回缩矮化 81 亩，品种优化 81 亩	生产	茂名市电白区璟之鸿农业科技有限公司	电白
66	间伐矮化品种优化改造项目	品种优化 102 亩	生产	茂名市电白区华荔种植农场	电白
67	绿色标准化生产基地建设项目	1000 亩绿色标准化生产基地建设	生产	茂名市电白区华宝种养专业合作社	电白
68	荔枝标准化示范园	荔枝标准化示范园建设，水电、果园道路等设施设备提升	生产	茂名市电白区旦场镇金米水果种植农场	电白
69	新盛丰荔枝标准化示范果园项目	荔枝标准化示范园建设，水电、果园道路等设施设备提升	生产	广东新盛丰肥业有限公司	电白
70	茂名市电白区水果行业协会技术培训	培训果农，提高果农素质	生产	茂名市电白区水果行业协会	电白
71	千绿农林科技有限公司标准化示范园	完善果园基础设施、高接换种、绿色防控、水肥一体化等	生产	茂名市千绿农林科技有限公司	电白
72	荔枝国家现代农业产业园	完善果园基础设施、高接换种、绿色防控、水肥一体化等	生产	广东新盛丰肥业有限公司	电白
73	广娣种养合作社荔枝标准化示范园	完善果园基础设施、高接换种、绿色防控、水肥一体化等	生产	茂名市电白区广娣种养专业合作社	电白

序号	项目名称	主要建设内容	项目类型	项目建设单位	建设地点
74	家劲种养合作社荔枝标准化示范园	完善果园基础设施、高接换种、绿色防控、水肥一体化等	生产	茂名市电白区家劲种养专业合作社	电白
75	荔枝国家现代农业产业园	完善果园基础设施、高接换种、绿色防控、水肥一体化等	生产	茂名市加禾生态农业有限公司	电白
76	荔枝国家现代农业产业园	完善果园基础设施、高接换种、绿色防控、水肥一体化等	生产	茂名市绿然农业科技有限公司	电白
77	标准化示范园	建设标准化核心示范园	生产	茂名市电白区林头镇丰收果园	电白
78	标准化示范园	建设标准化示范园	生产	茂名市电白区何翠红家庭农场	电白
79	标准化示范园	建设标准化示范园	生产	茂名市电白区爵琴种养专业合作社	电白
80	荔枝产业"双创"示范县	良种繁育接穗母本园	生产	吉海湾生态科技有限公司	电白
81	标准化示范园	建设标准化示范园	生产	茂名市电白区马踏镇祥旺水果种植场	电白
82	标准化示范园	建设标准化示范园	生产	茂名市电白区建昌种养专业合作社	电白
83	标准化示范园	建设标准化示范园	生产	茂名市电白区马踏镇马抗水果种植场	电白
84	标准化示范园	建设标准化示范园	生产	茂名市璟之鸿农业科技有限公司	电白
85	荔枝标准化示范园	完善果园基础设施、高接换种、绿色防控、水肥一体化等	生产	茂名市电白区霞洞镇上河经济联合社	电白
86	间伐矮化品种优化改造	矮化回缩920亩，品种优化920亩	生产	高州市子文水果专业合作社	高州
87	间伐矮化品种优化改造	优化荔枝园品种结构	生产	高州市大井镇玖代富果场	高州
88	间伐矮化品种优化改造项目	回缩矮化655亩，品种优化655亩	生产	高州市聚贤果蔬种植专业合作社	高州

序号	项目名称	主要建设内容	项目类型	项目建设单位	建设地点
89	间伐矮化品种优化改造项目	矮化回缩 600 亩，品种优化 600 亩	生产	高州市华峰果业发展有限公司	高州
90	间伐矮化品种优化改造项目	矮化回缩 455 亩，品种优化 455 亩	生产	高州市根子镇陈礼勇水果专业合作社	高州
91	高位嫁接采穗圃建设项目	66 亩仙进奉、御金球采穗圃	生产	茂名市仁生生物科技有限公司	高州
92	间伐矮化品种优化改造项目	矮化回缩 358 亩，品种优化 358 亩	生产	高州市壹坊农业有限公司	高州
93	间伐矮化品种优化改造项目	矮化回缩 330 亩，品种优化 330 亩	生产	高州市云岭林果专业合作社	高州
94	间伐矮化品种优化改造项目	矮化回缩 300 亩，品种优化 300 亩	生产	高州市小玲水果种植专业合作社	高州
95	高位嫁接采穗圃建设项目	50 亩鸡嘴荔采穗圃	生产	高州市建联水果专业合作社	高州
96	高位嫁接采穗圃建设项目	50 亩采穗圃	生产	高州市长坡镇里龙家庭农场	高州
97	高位嫁接采穗圃建设项目	50 亩妃子笑采穗圃	生产	高州市盛丰种养专业合作社	高州
98	荔枝高位嫁接采穗圃建设	建设高位嫁接采穗圃	生产	高州市建联水果专业合作社	高州
99	荔枝高位嫁接采穗圃建设	建设高位嫁接采穗圃	生产	高州市长坡镇里龙家庭农场	高州
100	荔枝高位嫁接采穗圃建设	建设高位嫁接采穗圃	生产	高州市盛丰种养专业合作社	高州
101	间伐矮化品种优化改造项目	回缩矮化 276 亩，品种优化 276 亩	生产	高州市润民种植专业合作社	高州
102	间伐矮化品种优化改造项目	矮化回缩 110 亩，品种优化 110 亩	生产	高州市鉴河生态农业发展有限公司	高州
103	间伐矮化品种优化改造项目	矮化回缩面积 108 亩，品种优化面积 108 亩	生产	高州市盛农种养专业合作社	高州
104	间伐矮化品种优化改造项目	矮化回缩 95 亩，品种优化 110 亩	生产	高州市沙田镇昌盛水果种植场	高州
105	间伐矮化品种优化改造项目	回缩矮化 105 亩，品种优化 105 亩	生产	高州市永乐龙眼种植专业合作社	高州

序号	项目名称	主要建设内容	项目类型	项目建设单位	建设地点
106	间伐矮化品种优化改造项目	矮化回缩 90 亩，品种优化 90 亩	生产	高州市汇民良品种养专业合作社	高州
107	间伐矮化品种优化改造项目	矮化回缩 80 亩，品种优化 80 亩	生产	高州市达源果场	高州
108	绿色标准化生产基地建设项目	1000 亩标准化建设	生产	高州市聚民绿色水果种植专业合作社	高州
109	荔枝标准化示范园创建项目	标准化示范园创建	生产	高州市壹零叁果业有限公司	高州
110	荔枝标准化示范园创建项目	标准化示范园创建	生产	高州市八达种养专业合作社	高州
111	荔枝标准化示范园创建项目	标准化示范园创建	生产	高州市林武水果种植场	高州
112	荔枝标准化示范园创建项目	标准化示范园创建	生产	高州市石炳全水果种植场	高州
113	根子镇荔枝绿色标准化示范果园建设	标准化示范园创建	生产	高州市盛农种养农业专业合作社	高州
114	绿色标准化生产基地建设	绿色标准化基地建设，施用绿色肥料	生产	高州市聚民绿色水果种植专业合作社	高州
115	高位嫁接采穗圃建设项目	52 亩妃子笑采穗圃	生产	化州市江湖镇永恒果场	化州
116	间伐矮化品种优化改造项目	回缩矮化 570 亩	生产	茂名好农夫畜牧科技有限公司	化州
117	间伐矮化品种优化改造项目	间伐 200 亩，回缩矮化 300 亩，品种优化 100 亩	生产	化州市富旺种植有限公司	化州
118	间伐矮化品种优化改造项目	矮化回缩间伐 400 亩	生产	化州市红阳场种养专业合作社	化州
119	间伐矮化品种优化改造项目	回缩矮化 290 亩，品种优化 290 亩	生产	化州市广超种植基地家庭农场	化州
120	间伐矮化品种优化改造项目	回缩矮化 297.5 亩	生产	茂名钜园农业有限公司	化州
121	"一村一品"荔枝产业	1604 亩荔枝产业标准化种植工程	生产	雷州市顺康种养专业合作社	雷州
122	荔枝标准园建设	荔枝种植	生产	坡头区龙头镇庞耀华种植场	坡头

序号	项目名称	主要建设内容	项目类型	项目建设单位	建设地点
123	湛川荔枝	种植1.1万亩	生产	遂溪县湛川河谷荔枝种植专业合作社	遂溪
124	吴家村荔枝高质量种植基地项目	种植300亩荔枝	生产	遂溪县吴家村委会	遂溪
125	安铺仔村高质量荔枝种植项目	种植1000亩荔枝	生产	遂溪县乌塘镇安铺仔村民委员会	遂溪
126	黄坡镇岭头村水果种植示范基地	标准化荔枝种植基地建设	生产	吴川市祺洋种养专业合作社	吴川

附表2：2015~2020年广东荔枝产业培育经营主体类项目汇总

一、拟建项目

序号	项目名称	主要建设内容	项目类型	项目建设单位	建设地点
1	提升农民合作社和家庭农场	开展荔枝新技术、新品种、新模式培训推广	主体提升	廉江市双地种养专业合作社	廉江
2	加强荔枝业人才培养	开展荔枝产业农业技能和经营能力培训，扶持培养荔枝果品经纪人队伍	荔枝产业人才培养工程	廉江市双地种养专业合作社	廉江
3	农民合作社和家庭农场提升	开展荔枝新技术、新品种、新模式培训推广	科研	揭阳荔丰科技专业合作社	东埔农场
4	"一村一品、一镇一业"	冷库建设、购荔枝果分拣设备、烘干设备	生产	高州市陈礼勇水果专业合作社	高州市根子镇
5	"一村一品、一镇一业"	水果保鲜冷库	生产	高州市铬景农业发展有限公司	高州市分界镇
6	"一村一品、一镇一业"	园区道路、水肥一体化建设，品种改良、品牌打造等	生产	高州市绿家园果蔬专业合作社	高州市根子镇
7	"一村一品、一镇一业"	冷库、园区道路、水肥一体化建设等	生产	高州市瑞农种植专业合作社	高州市南塘镇
8	"一村一品、一镇一业"	冷库、园区道路、荔枝烘干线建设，购分拣机、品牌打造等	生产	高州市南塘镇金纺农业专业合作社	高州市南塘镇

续表

序号	项目名称	主要建设内容	项目类型	项目建设单位	建设地点
9	省级现代农业产业园项目	荔枝加工产业园1个	加工、出口	揭阳市农业农村局	揭阳
10	省级现代农业产业园项目	建设荔枝加工产业园	加工、出口	汕尾农业农村局	汕尾
11	提升荔枝产业主体	扶持荔枝种植80亩以上100亩以下大户50户、家庭农场和农民专业合作社20家，品种结构优化示范补助种植大户5万元/户、家庭农场10万元/家、荔枝专业合作社20万元/家		陆丰市荔枝产业经营主体	陆丰
12	省级现代农业产业园项目	建设以荔枝出口为导向的省级现代农业产业园	加工、出口	惠州农业农村局	惠州
13	新兴香荔先进栽培技术推广示范	新兴香荔先进栽培技术示范推广和培育经营主体等	生产	新兴县水果生产协会	新兴
14	技术推广示范	组织举办展示、推介和推广活动等	生产	新兴县微丰农业科技有限公司	新兴
15	技术推广示范	先进栽培技术示范推广和培育经营主体等	生产	新兴县丰辰农业科技有限公司	新兴
16	技术推广示范	技术示范推广	生产	广东荔园食品有限公司	新兴
17	技术推广示范	技术示范推广、电子商务等	生产、贸易流通	新兴县手拉手电子商务有限公司	新兴
18	技术推广示范	先进栽培技术示范推广和培育经营主体等	生产	新兴县梁文常种植专业合作社	新兴
19	技术推广示范	先进栽培技术示范推广和培育经营主体等	生产	新兴县五谷丰农产品专业合作社	新兴
20	技术推广示范	先进栽培技术示范推广和培育经营主体等	生产	新兴县梁新耀种植专业合作社	新兴
21	技术推广示范	先进栽培技术示范推广和培育经营主体等	生产	新兴县东成镇二哥荔枝场	新兴
22	技术推广示范	扶持荔枝合作社发展	生产	云浮市郁南县宝珠镇汝强种植销售专业合作社	郁南
23	技术推广示范	扶持荔枝合作社发展	生产	宝珠镇飞凤荔枝专业合作社	郁南

续表

序号	项目名称	主要建设内容	项目类型	项目建设单位	建设地点
24	技术推广示范	扶持荔枝合作社发展	生产	郁南县建城镇星辰荔枝种植专业合作社	郁南
25	技术推广示范	先进栽培技术示范推广	生产	广东省水丰农场	电白
26	荔枝出口认证示范基地建设项目	建设荔枝出口认证示范基地	生产、出口	中荔集团	湛江
27	荔枝出口基地建设	建设荔枝出口认证示范基地	生产、出口	中荔集团	茂名
28	荔枝出口基地建设	建设荔枝出口认证示范基地	生产、出口	中荔集团	阳江
29	荔枝出口基地建设	建设荔枝出口认证示范基地	生产、出口	中荔集团	广州
30	荔枝出口基地建设	建设荔枝出口认证示范基地	生产、出口	中荔集团	惠州
31	荔枝出口基地建设	建设荔枝出口认证示范基地	生产、出口	中荔集团	汕尾
32	荔枝出口基地建设	建设荔枝出口认证示范基地	生产、出口	中荔集团	揭阳
33	出口荔枝产业园	科创中心，出口荔枝标准化生产核心示范区，出口荔枝保鲜与加工核心区	生产、加工、出口	广东中荔农业科技有限公司等	惠阳
34	荔枝主题公园	升级园区，大规模完善连片3000亩果园基础设施，升级打造荔枝旅游度假区	生产、观光	博罗县山前荔枝专业合作社	博罗
35	惠来县荔枝综合交易中心	建设集加工仓储、物流配送、现货交易、电子商务于一体的区域性荔枝交易中心	加工、贸易流通	惠来县农业农村局	惠来
36	标准化果园、示范园建设	完善基础设施、品种改良、建设田头冷库、建立加工生产线和建设完善观光休闲	生产、加工、观光	博罗县泰美镇龙记种养专业合作社	泰美镇
37	荔枝龙眼深加工工厂建设	建设3000平方米标准荔枝龙眼深加工工厂	生产、加工	博罗县公庄维新种植专业合作社	公庄镇

续表

序号	项目名称	主要建设内容	项目类型	项目建设单位	建设地点
38	惠来县荔枝综合交易中心	建设集加工仓储、物流配送、现货交易、电子商务于一体的区域性荔枝交易中心	加工、贸易流通	惠来县农业农村局	惠来县

二、已建项目

序号	项目名称	主要建设内容	项目类型	项目建设单位	建设地点
1	广东省 2018 年支持适度规模经营项目	溯源体系建设、品牌宣传等	生产、加工	惠州市惠阳区农业农村和水利局	惠阳
2	花田生态休闲农业公园	荔枝果园建设和休闲设施建设	加工、贸易观光	惠州市南丫塘花田生态休闲农庄有限公司	惠城
3	2018 年省级荔枝特色农产品优势区创建	扶持荔枝加工升级、标准化种植基地、品牌宣传等	加工、贸易观光	惠州市农业农村局	博罗
4	2019"一村一品"项目		加工、贸易观光	陆丰市浅仔种养专业合作社	陆丰
5	荔枝产业带	荔枝果园建设和休闲设施建设	生产	阳东区农业农村局	阳东
6	茂名荔枝"空天地一体化"智慧果园	构建"天空地一体化"智慧果园物联网，融合荔枝种植机械化和信息化	加工、贸易观光	广东省现代农业装备研究所	茂名
7	2018 年广东省农业产业强镇建设	发展荔枝专业合作社和龙头企业，培育壮大优势特色主导产业	生产、贸易流通	茂名市高州市根子镇	高州
8	荔枝"双创"示范县项目	荔枝"双创"示范县项目相关建设	加工、贸易观光	廉江市高桥镇双旺水果种植专业合作社	廉江
9	荔枝"双创"示范县项目	荔枝"双创"示范县项目相关建设	加工、贸易观光	廉江市高桥镇双旺水果种植专业合作社	廉江

226

序号	项目名称	主要建设内容	项目类型	项目建设单位	建设地点
10	2018 年广东省农业产业强镇建设	开展生态荔枝园创建、荔枝产业加工体系建设、荔枝公共服务体系建设等	生产、贸易流通	湛江市廉江市良垌镇政府	廉江
11	荔枝"双创"示范县项目	荔枝"双创"示范县项目相关建设	加工、贸易、观光	廉江市良垌日升荔枝专业合作社	廉江
12	荔枝"双创"示范县项目	荔枝"双创"示范县项目相关建设	加工、贸易、观光	廉江市兴旺农业发展有限公司	廉江
13	荔枝"双创"示范县项目	荔枝"双创"示范县项目相关建设	加工、贸易、观光	廉江市冠村生态种养有限公司	廉江
14	荔枝"双创"示范县项目	荔枝"双创"示范县项目相关建设	加工、贸易、观光	廉江市绿益红橙种植专业合作社	廉江
15	荔枝"双创"示范县项目	荔枝"双创"示范县项目相关建设	加工、贸易、观光	廉江市青平绿发水果专业合作社	廉江
16	2015 年特色水果（荔枝）产业带	特色水果（荔枝）产业带建设项目相关建设内容	加工、贸易、观光	廉江市青平绿发水果专业合作社	廉江
17	荔枝"双创"示范县项目	荔枝"双创"示范县项目相关建设	加工、贸易、观光	廉江市石城红岭荔枝专业合作社	廉江
18	荔枝"双创"示范县项目	荔枝"双创"示范县项目相关建设	加工、贸易、观光	廉江市石城镇塘背村童德种植专业合作社	廉江
19	荔枝"双创"示范县项目	荔枝"双创"示范县项目相关建设	加工、贸易、观光	廉江市廉佳种植专业合作社	廉江

序号	项目名称	主要建设内容	项目类型	项目建设单位	建设地点
20	2015 年特色水果（荔枝）产业带	特色水果（荔枝）产业带建设项目相关建设内容	加工、贸易、观光	廉江市石城红岭荔枝专业合作社	廉江
21	2015 年特色水果（荔枝）产业带	特色水果（荔枝）产业带建设项目相关建设内容	加工、贸易、观光	廉江市那良荔林种植专业合作社	廉江
22	荔枝"双创"示范县项目	荔枝"双创"示范县项目相关建设	加工、贸易、观光	廉江市杨名种植合作社	廉江
23	荔枝"双创"示范县项目	荔枝"双创"示范县项目相关建设	加工、贸易、观光	廉江市敬松水果专业合作社	廉江
24	荔枝"双创"示范县项目	荔枝"双创"示范县项目相关建设	加工、贸易、观光	廉江市新民新桂水果专业合作社	廉江
25	2015 年特色水果（荔枝）产业带	特色水果（荔枝）产业带建设项目相关建设内容	加工、贸易、观光	廉江市新民新桂水果专业合作社	廉江
26	徐闻县省级农产品加工园 2017 年度项目	基础设施建设、节水节肥灌溉设施、新品种引进、荔枝"双创"示范县项目相关建设	加工、贸易、观光	徐闻县陆南果菜种植专业合作社	徐闻
27	2019 年"一村一品、一镇一业"项目	基础设施建设，品牌打造	加工、贸易、观光	迈陈镇郑妃梁家庭农场	徐闻
28	2015 年热带南亚热带项目	项目相关内容	加工、贸易、观光	徐闻县陆南果菜种植专业合作社	徐闻
29	徐闻县省级农产品加工园 2017 年度项目	基础设施建设、节水节肥灌溉设施、新品种引进、建设省级农产品加工园配套荔枝	加工、贸易、观光	潭园村荔枝经济合作社	徐闻

三、在建项目

序号	项目名称	主要建设内容	项目类型	项目建设单位	建设地点
1	增城区仙进奉荔枝产业园	产业园中关于促进产业园内经营主体发展内容	生产、加工、流通、观光	广州市仙基农业发展有限公司等	增城
2	2020年广东省农业产业强镇建设	荔枝标准化示范基地，交易、冷链物流、精深加工、观光、品牌创建壮产业强镇中的经营主体	生产、贸易流通	广州市从化区太平镇	从化
3	荔枝产业园–2020年	产业园建设相关内容	生产	广州市从化华隆果菜保鲜有限公司	从化
4	"一村一品、一镇一业"龙华镇山前荔枝	扶持荔枝合作社发展	生产、销售	博罗县山前荔枝专业合作社	博罗
5	"一村一品、一镇一业"项目	荔枝标准园建设、完善基础设施、水肥一体化、打造品牌，壮大经营主体	生产	博罗县泰美镇龙记种养专业合作社	博罗
6	2019年"一村一品、一镇一业"项目	扶持荔枝加工生产线升级、品牌宣传、壮大经营主体等	生产、加工	惠州市日辉农业发展有限公司	惠东
7	景丽农业公园	打造一个果树种植、观光休闲、餐饮娱乐、科普示范、会议培训一体农业园区	生产、加工	惠州市惠阳区镇隆镇景丽荔枝专业合作社	惠阳
8	镇隆镇荔枝产业人才培训服务平台建设	荔枝产业人才培训服务平台建设	科研	惠州市惠阳区镇隆山顶村荔枝专业合作社	惠阳
9	荔枝特色产业发展	发展荔枝特色产业	生产	塘坪镇盛鸿水果种植专业合作社	阳东
10	荔枝特色产业发展	发展荔枝特色产业	生产	新洲镇兴农果蔬生产专业合作社	阳东
11	荔枝特色产业发展	发展荔枝特色产业	生产	阳江市阳东区柳西水果专业合作社	阳东
12	荔枝绿色安全生产示范与推广	茂名荔枝绿色安全生产技术试验与示范推广	科技推广	广东省农业技术推广总站	茂名
13	产业园信息化管理平台建设	建设产业园信息管理平台	科技支撑	广东长盈科技股份有限公司	茂名

序号	项目名称	主要建设内容	项目类型	项目建设单位	建设地点
14	技术推广示范	举办培训次数不少于2次，人次不少于200人，印发资料不少于500份	生产	茂名市水果科学研究所	茂名
15	技术推广示范	举办培训次数不少于2次，人次不少于200人，印发资料不少于500份	生产	茂名市水果局	茂名
16	技术推广示范	组织举办展示、推介和推广活动2次	生产	茂名市水果电子商务协会	茂名
17	技术推广示范	技术推广	生产	茂名市电白区农业技术推广中心	电白
18	2019年陆丰市荔枝市级现代农业产业园	产业园建设相关内容	生产	汕尾市信星生态农业科技有限公司	电白
19	荔枝产业"双创"示范园	关于荔枝经营主体建设内容	生产	茂名市电白区益农农产品专业合作社	电白
20	荔枝产业"双创"示范园	关于荔枝经营主体建设内容	生产	茂名市电白区旦场镇荔丰园果园	电白
21	荔枝产业"双创"示范园	关于荔枝经营主体建设内容	生产	茂名市金皇蜜生态农业有限公司	电白
22	荔枝产业"双创"示范园	关于荔枝经营主体建设内容	生产	茂名市电白区旦场镇多发种植果场	电白
23	荔枝高质量发展项目	荔枝高质量发展项目相关建设内容	生产	茂名市电白区旦场镇丰荔园水果种植场	电白
24	荔枝高质量发展项目	荔枝高质量发展项目相关建设内容	生产	茂名市电白区华荔种植农场	电白
25	荔枝特色产业发展	鼓励适度规模经营的合作社提升生产能力	生产	茂名市电白区家劲种养专业合作社	电白
26	茂名果旺早熟荔枝智慧果园系统建设	果园信息系统建设	科技支撑	茂名市果旺生态农业有限公司	电白
27	荔枝产业"双创"示范园	荔枝产业"双创"示范园中关于荔枝生产建设内容	生产、加工	茂名市电白区林头镇合利家庭农场	电白
28	荔枝高质量发展项目	荔枝高质量发展项目	荔枝生产	茂名市绿然农业科技有限公司	电白
29	荔枝产业"双创"示范园	荔枝产业"双创"示范园中关于荔枝生产建设内容	生产	茂名市电白区丰实种养专业合作社	电白

序号	项目名称	主要建设内容	项目类型	项目建设单位	建设地点
30	荔枝高质量发展项目	荔枝高质量发展项目相关建设内容	生产	茂名市电白区广娣种养专业合作社	电白
31	荔枝高质量发展项目	荔枝高质量发展项目相关建设内容	生产	茂名市电白区华权种养专业合作社	电白
32	荔枝高质量发展项目	荔枝高质量发展项目相关建设内容	生产	茂名市电白区林头镇再兴果场	电白
33	荔枝高质量发展项目	荔枝高质量发展项目相关建设内容	生产	茂名市加禾生态农业有限公司	电白
34	荔枝高质量发展项目	荔枝高质量发展项目相关建设内容	生产	茂名市电白区丰实种养专业合作社	电白
35	荔枝产业"双创"示范园	关于荔枝经营主体建设内容	生产、加工	茂名市电白区尚品种养专业合作社	电白
36	荔枝产业"双创"示范园	关于荔枝经营主体建设内容	生产	茂名市电白区岭门镇多旺种养家庭农场	电白
37	荔枝高质量发展项目	荔枝高质量发展项目相关建设内容	生产	茂名市电白区麻岗镇旺财家庭农场	电白
38	荔枝产业"双创"示范园	荔枝产业"双创"示范园中关于荔枝生产建设内容	生产	茂名市电白区马踏镇蔡淑珠果场	电白
39	荔枝高质量发展项目	荔枝高质量发展项目相关建设内容	生产	茂名市电白区马踏镇丰润种养场	电白
40	荔枝产业"双创"示范园	荔枝产业"双创"示范园中关于扶持经营主体相关建设内容	生产、加工	茂名市电白区树仔镇炽丰家庭农场	电白
41	荔枝产业"双创"示范园	关于荔枝经营主体建设内容	生产	茂名市电白区观珠镇富宇家庭农场	电白
42	新兴县现代特色农业产业项目	母本树基地、示范基地、新种植基地建设和加工包装储存区建设等	加工、流通、观光	新兴县新荔种植专业合作社	新兴
43	庞寨村黑叶荔枝（"一村一品"）	扶持荔枝合作社发展	生产	郁南县宝珠镇荔乡种养专业合作社	郁南
44	技术推广示范项目	培训技术人员3期150人次，编制、印刷技术1000份	生产	茂南区农业技术推广中心	茂南
45	技术推广示范项目	培训技术人员3期350人次，编制、印刷技术500份	生产	电白区水果行业协会	电白

附表3：2015～2020年广东荔枝产业突破关键技术类项目汇总

一、拟建项目

序号	项目名称	主要建设内容	项目类型	项目建设单位	建设地点
1	荔枝分子标记辅助育种技术创新与育种应用研究	荔枝育种技术研发	科研	广东省农业科学院果树研究所	广东
2	荔枝熟期育种基因聚合技术方案研发	荔枝育种技术研发	科研	广东省农业科学院果树研究所	广东
3	荔枝智能气调贮运保鲜集装箱装备研发应用及示范推广	荔枝保鲜技术研发	科研	广东省农业科学院果树研究所，深圳市中集冷链科技有限公司	广东
4	荔枝自发气调＆可生物降解保鲜包装研发及应用推广	荔枝保鲜技术研发	科研、推广	广东省农业科学院果树研究所，上海复命新材料科技有限公司	广东
5	广东荔枝文旅和品牌营销项目	协助各地策划荔枝品牌形象，组建专业团队运营微信平台和直播营销等新媒体，扩大广东荔枝文化和品牌营销	科研	广东省农业科学院农业经济与农村发展研究所	广州
6	优质品种荔枝再生体系建立及优化	荔枝育种技术研发	科研	广东省农业科学院果树研究所	广州
7	粤东晚熟荔枝产区发展规划及优良品种示范与推广	荔枝产业发展规划	科研	广东省农业科学院果树研究所	广东
8	荔枝耐贮性评价及耐贮荔枝新品种选育	荔枝保鲜技术研发	科研	广东省农业科学院果树研究所	广东
9	荔枝树冠层营养和果实品质的空间分布及郁闭植株改造的生理响应研究	荔枝栽培技术研发	科研	广东省农业科学院果树研究所	广东
10	郁南县荔枝老果园改造及荔枝新品种引进推广	荔枝品种结构优化	科研	广东省农业科学院果树研究所，郁南县农业技术推广中心	郁南
11	遗传物质交换调节荔枝嫁接亲和性的作用机制	荔枝育种技术研发	科研	广东省农业科学院果树研究所	广州

序号	项目名称	主要建设内容	项目类型	项目建设单位	建设地点
12	水分胁迫对荔枝果实发育、物质代谢及抗氧化活性的影响及灌溉关键技术研发	荔枝栽培技术研发	科研	广东省农业科学院果树研究所	广东
13	广东省荔枝精深加工创新中心	针对荔枝热敏性强等原料特性，建立荔枝新型加工技术研究中心，研发产业链短板技术和装备，设计创制多元化荔枝新产品，并实现产业化	科研	广东省农业科学院蚕业与农产品加工研究所	广东
14	以农业品牌创建为导向的荔枝品种品质评价与分类利用标准构建	构建涵盖华南地区荔枝主栽品种的营养功能品质数据库；构建荔枝分类利用质量标准	科研	广东省农业科学院蚕业与农产品加工研究所	广州
15	荔枝采后新型冷链物流保鲜关键技术研发	研发"预冷＋气调包装袋＋改良纸箱"的新型荔枝电商物流技术；研发"冷库＋气调包装，冷库＋光保鲜"荔枝现代化智能贮运保鲜技术	科研	广东省农业科学院蚕业与农产品加工研究所	广州
16	荔枝高值化加工利用关键技术研究与应用	以营养、健康为导向，建立促进荔枝果肉活性成分稳态增效的荔枝健康食品加工关键技术；建立荔枝加工副产物活性成分高效制备及其高值化加工利用关键技术	科研	广东省农业科学院蚕业与农产品加工研究所	广州
17	荔枝新型非热加工关键技术研发	研发超高压速冻、液氮速冻等新型单体速冻荔枝技术；研发冷冻浓缩、水合物浓缩等低温浓缩荔枝液态制品技术；研发超高压（＋）杀菌、光动力杀菌等保证荔枝及其制品安全的非热技术	科研	广东省农业科学院蚕业与农产品加工研究所、相关加工企业	广州
18	荔枝益生菌发酵食品的研究及产业化	重点开展荔枝乳酸菌、酵母菌等益生菌单独发酵和复合发酵技术，开发荔枝益生菌发酵原液、发酵饮料和固体益生食品。针对发酵荔枝产品贮藏过程中品质劣变问题，开展品质调控技术研究，并实现产业化	科研	广东省农业科学院蚕业与农产品加工研究所、相关加工企业	广州

序号	项目名称	主要建设内容	项目类型	项目建设单位	建设地点
19	营养健康型荔枝果醋加工关键技术研究及产业化	设计创制营养健康型荔枝果醋加工技术，引进 Frings 等国外先进果醋发酵设备，开发具有荔枝特征香味且富含活性成分的荔枝果醋新产品，并实现产业化	科研	广东省农业科学院蚕业与农产品加工研究所、相关加工企业	广东
20	荔枝特征性功能成分高效富集及其高值化加工技术研发	研发荔枝特征性功能成分超高压、超声波、微波等辅助提取，反渗透浓缩和柱分离关键技术，高效富集荔枝壳原花青素、多酚，荔枝果渣高蛋白膳食纤维，荔枝核黄酮、三萜类功能成分，建立加工过程中品质控制技术体系，及其作为功能因子的营养吸收评价体系	科研	广东省农业科学院蚕业与农产品加工研究所、相关加工企业	广州
21	荔枝系列加工技术规程及产品技术标准的研究与制定	组织荔枝加工产品质量标准体系构建现状调研，根据发展现状制定一批产品生产加工技术规程及荔枝汁、荔枝发酵饮料、荔枝醋、荔枝果干等系列产品相关行业标准或地方标准，统筹开展技术及管理培训，组织标准宣贯实施	科研	广东省农业科学院蚕业与农产品加工研究所	广州
22	荔枝蒂蛀虫灯光干扰无药化防控技术研发及示范应用	研究不同波长光源对荔枝蒂蛀虫交配产卵等行为的影响，筛选干扰效果最佳波长的光源；研究光照强度对荔枝蒂蛀虫成虫交配产卵等行为的影响，测定对蒂蛀虫有明显干扰效果的最低光照强度；研发出适合于果园防控荔枝蒂蛀虫的灯光照明设施；评估灯光设施对荔枝蒂蛀虫的控制效果；示范推广	科研	广东省农业科学院植物保护研究所	广州
23	荔枝主要害虫的生物防治技术研发	调查荔枝主要害虫天敌种类，筛选优势天敌资源；明确优势天敌的生物学特性，研发人工繁殖技术，研发规模化繁殖技术和田间配套应用技术，实现荔枝害虫的绿色防控	科研	广东省农业科学院植物保护研究所	广州

序号	项目名称	主要建设内容	项目类型	项目建设单位	建设地点
24	广东省优质荔枝品质标准建立与关键控制技术研发与应用	开展优质荔枝品质标准建立与关键控制技术的研究	科研、生产	广东省农业科学院植物保护研究所	广东
25	荔枝主要鳞翅目害虫绿色防控技术模式的集成应用与创新发展	研究荔枝主要鳞翅目害虫发生危害特点；研究荔枝园生草对节肢动物群落多样性与稳定性的影响，构建荔枝园生草栽培技术；荔枝蒂蛀虫生态调控技术设计、实施及效果评估；研究荔枝蒂蛀虫对不同光源的趋避作用，研发干扰荔枝蒂蛀虫的新型光源及配套装备；荔枝蒂蛀虫绿色防控技术的集成应用；示范推广	科研	广东省农业科学院植物保护研究所	广州
26	基于病害监测预警的荔枝主要病害绿色、精准防控关键技术	研发荔枝主要病害的监测预警技术，荔枝主要病害绿色、精准防控技术	科研	广东省农业科学院植物保护研究所	东莞
27	荔枝园生草控草技术研发及示范推广	荔枝园杂草防控	科研	广东省农业科学院植物保护研究所	广州
28	荔枝病虫害省力化绿色防控技术研究与示范	果园环境改造；防控新设施新装备应用；农技农艺结合；病虫防治适期测报；用药档案建立健全；技术应用和示范	科研	广东省农业科学院植物保护研究所	广州
29	荔枝园障碍土壤改良与质量提升技术研究	研究不同酸性土壤调理剂、有机肥和农艺措施对荔枝园酸化、板结土壤改良与质量提升效果的影响	科研	广东省农业科学院农业资源与环境研究所	广州
30	荔枝园水肥智慧决策关键技术研究	建立荔枝园果实产量、品质对营养与水分精准管理的响应理论模型，构建荔枝营养、水分胁迫的动态诊断决策模型	科研	广东省农业科学院农业资源与环境研究所	广州
31	荔枝果品提升关键施肥技术研究	研究小分子有机营养物质、微量元素组合对荔枝品质及生理活性物质的调控技术	科研	广东省农业科学院农业资源与环境研究所	广州

序号	项目名称	主要建设内容	项目类型	项目建设单位	建设地点
32	荔枝园生态系统养分循环调控途径和技术研究	采用多元综合分析方法评价修剪不同资源化利用技术及其施用方式的生态循环效应	科研	广东省农业科学院农业资源与环境研究所	广州
33	荔枝园氮磷流失防控技术及应用	研究荔枝园养分径流流失系数及负荷，获得荔枝园环境安全养分管理技术，构建荔枝园氮磷风险预警评价体系	科研	广东省农业科学院农业资源与环境研究所	广州
34	荔枝生产多维信息感知大数据平台应用研究	构建荔枝生产信息与环境多维信息感知共享服务大数据平台，并进行试点应用	科研	广东省农业科学院农业资源与环境研究所、中国农科院	广州
35	广东荔枝生产动态监测与市场风险预警	基于遥感技术测算广东荔枝生产能力，构建荔枝市场风险预警系统。涵盖基于遥感技术的荔枝生产动态监测、荔枝样点信息采集布局方案与综合数据库构建、荔枝市场风险预警方法研究、荔枝综合信息服务平台建设与示范应用等研究内容	科研	广东省农业科学院农业经济与农村发展研究所	广州
36	荔枝品质综合评价体系及基础数据库的建立与应用	针对荔枝开展感官、营养、风味以及特征标志性指标的品质评价与鉴定，在此基础上建立全省荔枝品质基础数据库	科研	广东省农业科学院农产品公共监测中心	广州
37	广东荔枝产业高质量标准化建设工程	建立荔枝品种选育、安全种植、疫病防控、产地环境评价、农业投入品合理使用、有毒有害物质残留限量及检测、产品分等分级、储运保鲜、流通溯源等全链条的荔枝产业高质量标准体系	科研	广东省农业科学院农产品公共监测中心	广州
38	荔枝优质新品种选育工程	加快开展荔枝新品种选育，加强育种新技术的应用	科研	惠来县农业农村局	惠来
39	惠州荔枝产业大数据平台建设项目	收集、整理、分析荔枝产业生产、流通和消费领域实践运行数据	科研	惠州市农业农村局	惠州

序号	项目名称	主要建设内容	项目类型	项目建设单位	建设地点
40	荔枝保鲜冷链技术与设备	荔枝保鲜及其装备	科研	仲恺农业工程学院	茂名
41	2020年荔枝良种重大科研联合攻关	创制特异荔枝育种材料；构建荔枝分子辅助育种平台	科研	华南农业大学	广州
42	荔枝蒂蛀虫绿色防控关键技术开发	荔枝虫害防控	科研	仲恺农业工程学院	广州
43	荔枝椿象性信息素的分离鉴定及其缓释型引诱剂的开发	荔枝虫害防控	科研	仲恺农业工程学院	广州
44	南方荔枝施肥、植保关键技术研究	荔枝绿色生产技术及装备	科研	仲恺农业工程学院	广州
45	γ-氨基丁酸调控荔枝果实脱落机制	荔枝生产机制	科研	仲恺农业工程学院	广州
46	MADS-box转录因子LcAGL11调控荔枝果实脱落机制研究	荔枝生产机制	科研	仲恺农业工程学院	广州
47	广东荔枝产地真实性评价技术体系	荔枝质量标准	科研	仲恺农业工程学院	广州
48	创新加工协同冷链保鲜集成技术研究	荔枝冷链及加工	科研	仲恺农业工程学院	广州
49	荔枝馅料绿色制备关键技术及产业化	荔枝加工	科研	仲恺农业工程学院	广州
50	冷链物流智能高效CO_2制冷系统	荔枝冷链物流	科研	仲恺农业工程学院	广州
51	生产供应链先进标准体系构建	荔枝出口标准	科研	仲恺农业工程学院	广州
52	荔枝功能性糖制备关键技术研究	荔枝功能食品	科研	仲恺农业工程学院	广州
53	荔枝钙转运蛋白相关基因作用机理	荔枝品质机理	科研	仲恺农业工程学院	广州
54	保鲜薄膜制备关键技术及应用研究	荔枝保鲜	科研	仲恺农业工程学院	广州

序号	项目名称	主要建设内容	项目类型	项目建设单位	建设地点
55	玉米醇溶蛋白基抗菌纳米微球的研发及在荔枝保鲜中的应用	荔枝保鲜	科研	仲恺农业工程学院	广州
56	不同荔枝品种间多酚含量分析及荔枝高值化利用研究	荔枝加工	科研	仲恺农业工程学院	广州
57	基于"鲜能比"的荔枝冷链运输能耗机理研究	荔枝保鲜冷链机理	科研	仲恺农业工程学院	广州
58	有益微生物驱动荔枝防病保鲜的关键技术研发及应用	荔枝保鲜	科研	仲恺农业工程学院	广州
59	以荔枝为原料的益生菌产品研究开发	荔枝加工	科研	仲恺农业工程学院	广州
60	广东省荔枝贸易发展战略研究	荔枝贸易战略	科研	仲恺农业工程学院	广州
61	荔枝固体饮料加工新技术研究	荔枝加工	科研	仲恺农业工程学院	广州
62	荔枝果园智能运输装备技术的研发	远程调度多功能轨道运输系统、果园非定向运输装备技术的研发	科研	广东省现代农业装备研究所	广州
63	荔枝果园植保装备技术的研发	集成具有对靶、变量喷雾功能的风送式喷雾机，实现自动智能按需施药	科研	广东省现代农业装备研究所	广州
64	荔枝果园智能除草装备技术的研发	集成研制具有远程驾驶、适应复杂荔枝果园环境除草作业的智能除草机	科研	广东省现代农业装备研究所	广州
65	荔枝果树修剪、碎枝装备技术的研发	研究荔枝果树修剪、碎枝技术，设计果园方便适用的果树修剪、果枝粉碎机械装备	科研	广东省现代农业装备研究所	广州
66	荔枝果园机械化采摘装备技术的研发	研发一种适合荔枝园区辅助果实采摘和果树修剪的高架作业装备	科研	广东省现代农业装备研究所	广州
67	荔枝果园土壤机械化改良装备技术的研发	研究丘陵山区果园土壤机械化改良技术装备	科研	广东省现代农业装备研究所	广州

序号	项目名称	主要建设内容	项目类型	项目建设单位	建设地点
68	智慧果园管理	机械化、信息化智能采摘	科研	广东润物农业投资有限公司	茂南区羊角镇禄段贡园
69	古荔枝树保护	古荔枝树保护	科研	广东润物农业投资有限公司	茂南区羊角镇禄段贡园
70	荔枝高新技术与产品开发试验平台	研发平台，测定各时期荔枝的枝、叶、果营养含量，高产树与低产树对比；分析多酚氧化物、珈玛氨基酸等	科研	茂名市电白区旦场荔枝高新技术与产品开发试验联盟	电白
71	下塔雁慧新品种示范基地建设	一是荔枝育种和栽培技术研发；二是荔枝保鲜加工关键技术研发	科研、生产	饶平县下塔雁慧果蔬农场	饶平县浮山镇下塔村大埔围、麻湖村岭畔场
72	荔枝凉果研发	发展荔枝凉果科研技术	科研	广东荔园食品有限公司	新兴
73	荔枝品种结构优化工程	建立品种改良示范点的形式，辐射带动主产区农户加快荔枝品种改良步伐	科研、生产	惠来县农业农村局	惠来
74	荔枝品种调优基础工程	粤东中迟熟荔枝优势区采穗圃面积 100 亩	科研、生产	以惠来县红荔来种植专业合作社为龙头	全县各镇
75	荔枝育种创新平台建设	表型精准鉴定评价、种质创制、分子辅助育种、品种试验、DUS 测试等平台建设	科研	由省级科研单位、高等院校承担	广州
76	荔枝砧穗组合研究	筛选出一批砧穗亲和性好、经济效益高的组合提供生产应用	科研	由省级科研单位、高等院校承担	广州
77	荔枝病虫害绿色防控示范项目	建设一批荔枝病虫害绿色防控示范果园，大面积推广应用生物防治绿色防控技术	生产	荔枝主产县区	茂名、惠州、广州等

二、已建项目

序号	项目名称	主要建设内容	项目类型	项目建设单位	建设地点
1	现代种业"育繁推"一体化创新发展联盟	开展荔枝新品种选育	科研	华南农业大学园艺学院	广东
2	荔枝冷链物流贮运保鲜集成技术研究	冷藏保鲜	贸易流通	仲恺农业工程学院	广州
3	NFC荔枝果汁高压均质加工新技术研究	荔枝加工	加工	仲恺农业工程学院	广州
4	荔枝包装与其常温保鲜技术的研究	包装保鲜	贸易流通	仲恺农业工程学院	广州
5	荔枝冷冻浓缩果汁产业化关键技术	荔枝加工	加工	仲恺农业工程学院	广州
6	荔枝果汁加工关键技术研究与示范	荔枝加工	加工	仲恺农业工程学院	广州
7	灯笼状荔枝果肉获取关键技术和设备	荔枝加工	加工	仲恺农业工程学院	广州
8	荔枝酒品质分析研究	荔枝加工	加工	仲恺农业工程学院	广州
9	出口果香型荔枝酒加工技术成果转化	荔枝加工	加工	仲恺农业工程学院	广州
10	天门冬氨酸型蓄冷保湿板研制及其在荔枝保鲜贮运中的应用	冷藏保鲜	贸易流通	仲恺农业工程学院	广州
11	晚熟优质荔枝新品种的示范与推广	晚熟优质荔枝新品种的示范与推广	科研	华南农业大学	广州
12	果树（荔枝）产业农技推广	荔枝新品种及高接换种技术示范与推广	科研	华南农业大学	广州
13	现代种业"育繁推"一体化创新发展联盟	荔枝新品种示范与推广	科研	华南农业大学	广州
14	活性氧参与荔枝成花调控的基因网络解析	荔枝品种选育研究	科研	华南农业大学	广州

序号	项目名称	主要建设内容	项目类型	项目建设单位	建设地点
15	荔枝病虫害监测与防控技术支持（2015年)	荔枝病虫害防治技术研究	科研	华南农业大学	广州
16	荔枝病虫害监测与防控技术支持（2016年)	荔枝病虫害防治技术研究	科研	华南农业大学	广州
17	脱落酸（ABA）生理生化及分子机理	荔枝果皮花色素苷积累的生理生化及分子机理	科研	华南农业大学	广州
18	荔枝细胞壁转化酶基因家族与焦核发生的相关性研究	荔枝细胞壁转化酶基因家族与焦核发生的相关性研究	科研	华南农业大学	广州
19	NAC 转录因子调控荔枝果柄离区细胞凋亡的机理研究	荔枝新品种选育	科研	华南农业大学	广州
20	CBF 介导干旱调控荔枝开花的作用机制研究	荔枝品种选育研究	科研	华南农业大学	广州
21	转录因子 LcKNOX23 调控荔枝落果的分子机制研究	荔枝落果的分子机制研究	科研	华南农业大学	广州
22	荔枝安全高效生产技术示范	荔枝安全高效生产技术示范	科研	华南农业大学	广州
23	基于仿生嗅觉和保鲜环境的荔枝货架多源信息反演机理	采后保鲜制备技术研究	科研	华南农业大学	广州
24	荔枝保鲜物理防褐调控机理及装备	采后保鲜制备技术研究	科研	华南农业大学	广州
25	荔枝集约化养殖禽畜粪合理施用技术	荔枝果品质量安全	科研	华南农业大学	广州
26	荔枝无损检测自动分级设备关键技术	荔枝自动分级研究	科研	华南农业大学	广州
27	荔枝低损采摘机器人关键技术	荔枝采摘关键技术研究	科研	华南农业大学	广州
28	广州市荔枝产业发展规划	荔枝产业发展规划	科研	华南农业大学	广州

续表

序号	项目名称	主要建设内容	项目类型	项目建设单位	建设地点
29	荔枝龙眼产业大数据建设	荔枝产业大数据建设	科研	华南农业大学	广州
30	荔枝产业信息分析与研究（2015 年）	荔枝产业信息分析与研究	科研	华南农业大学	广州
31	荔枝出口美国检验检疫技术措施研究	荔枝出口美国检验检疫技术研究	科研	华南农业大学	广州
32	荔枝产业信息分析与研究（2016 年）	荔枝产业信息分析与研究	科研	华南农业大学	广州
33	2017 年荔枝龙眼产业科技推广项目	荔枝品种资源示范园	科研、其他	博罗县水果办	博罗
34	履带自走曲臂式荔枝龙眼摘果机研究	荔枝采果机械设计	科研	惠州市农机推广站	惠州

三、在建项目

序号	项目名称	主要建设内容	项目类型	项目建设单位	建设地点
1	荔枝良种重大科研联合攻关	种质资源的收集、保存、鉴定、评价；育种材料创新技术的应用	科研	华南农业大学	广东
2	国家荔枝香蕉种质资源圃改扩建项目	购买仪器设备，田间工程	科研	广东省农业科学院果树研究所	广州
3	荔枝产品合格证区块链系统研究与应用	研究农业区块链关键技术、追踪溯源管理模型与理论框架	科研	广东省现代农业装备研究所	广州
4	广东省农产品加工技术研发中试服务平台	建立广东省农产品加工技术研发中试公共服务平台项目	科研	省农业科学院蚕业与农产品加工研究所	广州
5	岭南特色水果荔枝新品种选育	荔枝新品种选育	科研	华南农业大学	广州
6	荔枝种质创制与新品种选育	荔枝种质创制与新品种选育	科研	广东省农业科学院果树研究所	广州
7	国家荔枝龙眼产业体系	栽培生理与生态；病害防控；荔枝品种改良；荔枝栽培；土肥水管理	科研	华南农业大学	广州

序号	项目名称	主要建设内容	项目类型	项目建设单位	建设地点
8	荔枝果实脱落和着色的分子调控机理研究	荔枝新品种选育	科研	华南农业大学	广州
9	国家荔枝良种重大科研联合攻关（2019）	荔枝品种改良	科研	华南农业大学	广州
10	荔枝果实花色苷生物合成研究	荔枝果实花色苷生物合成研究	科研	中国科学院武汉植物园	广州
11	荔枝新品种选育及产业化应用	晚熟优质荔枝新品种的示范与推广	科研	华南农业大学	广州
12	物种品种资源保护费项目	开展国家荔枝良种重大科研联合攻关工作经费	科研	华南农业大学	广州
13	国家荔枝良种重大科研联合攻关	荔枝品种改良	科研	华南农业大学	广州
14	荔枝病虫害监测与绿色防治技术创新	荔枝病虫害防治技术研究	科研	华南农业大学	广州
15	荔枝病虫害监测与绿色防治技术创新	荔枝病虫害防治技术研究	科研	农业农村部农垦局	广州
16	基于 SNPs 分析和砧穗互作解析荔枝成花时间调控的分子机制	荔枝品种选育研究	科研	华南农业大学	广州
17	转录因子 LcHd – Zip2 调控荔枝落果的分子机制研究	荔枝新品种选育	科研	华南农业大学	广州
18	miR482/2118 通过 GA 信号转导途径参与荔枝果实发育的作用机制研究	荔枝品种选育研究	科研	华南农业大学	广州
19	荔枝果皮花色苷生物合成 MYB 负调控因子的筛选与功能验证	荔枝新品种选育	科研	华南农业大学	广州
20	细胞分裂素对荔枝果实成熟衰老的调控作用及其分子机制探索	荔枝育种技术研究	科研	华南农业大学	广州

续表

序号	项目名称	主要建设内容	项目类型	项目建设单位	建设地点
21	荔枝、枇杷育种共性关键技术研究（荔枝）	荔枝育种技术研究	科研	中国热带农业科学院环境与植物保护研究所	广州
22	荔枝果皮缩合单宁积累及其与果皮褐变的关系	荔枝新产品研发	科研	华南农业大学	广州
23	荔枝霜疫霉果胶乙酰酯酶 PAE4 和 PAE5 的功能与作用机制	荔枝新品种选育	科研	华南农业大学	广州
24	荔枝绿色高产高效创建	荔枝绿色高产高效创建	科研	华南农业大学	广州
25	荔枝新品种井岗红糯的示范与推广	荔枝新品种示范与推广	科研	华南农业大学	广州
26	荔枝龙眼等热作病虫害监测与防治技术创新	荔枝病虫害防治技术研究	科研	华南农业大学	广州
27	荔枝龙眼病虫害监测防治技术支持	荔枝病虫害防治技术研究	科研	华南农业大学	广州
28	荔枝新品种引种与示范	荔枝新品种引种与示范	科研	华南农业大学	广州
29	晚熟丰产优质抗裂荔枝新品种井岗红糯的示范与推广	晚熟优质荔枝新品种的示范与推广	科研	华南农业大学	广州
30	政府购买服务合同——荔枝新品种及高接换种技术示范与推广	晚熟优质荔枝新品种的示范与推广	科研	农业农村部种业管理司	广州
31	晚熟抗寒优质龙眼荔枝属间杂交种质的创制及评价利用	荔枝新品种选育	科研	华南农业大学	广州
32	LAMP 快速检测方法的建立及其在荔枝重大病害监测上的应用研究	荔枝病虫害防治技术研究	科研	华南农业大学	广州
33	荔枝新品种及高接换种技术示范与推广	荔枝新品种及高接换种技术示范与推广	科研	华南农业大学	广州

续表

序号	项目名称	主要建设内容	项目类型	项目建设单位	建设地点
34	荔枝组蛋白乙酰化修饰基因的鉴定及其在落果中的作用	荔枝组蛋白乙酰化修饰基因的鉴定及其在落果中的作用	科研	华南农业大学	广州
35	CBF 在干旱和低温协同调控荔枝开花过程中的作用机制研究	荔枝品种选育研究	科研	华南农业大学	广州
36	荔枝霜疫霉原生质体转化体系的建立及其致病相关基因的功能分析	荔枝致病基因功能分析	科研	华南农业大学	广州
37	营养、激素和光照影响荔枝果柄离区发育及离层细胞分离的细胞学、免疫细胞化学及细胞程序化死亡研究	荔枝新品种选育	科研	华南农业大学	广州
38	荔枝 NACs 转录因子在调控花序雏形叶衰老中的作用研究	荔枝品种选育研究	科研	华南农业大学	广州
39	荔枝果皮原花青素肠道菌群代谢物抗动脉粥样硬化的作用与机制研究	荔枝果皮原花青素机制研究	科研	华南农业大学	广州
40	广东荔枝高接换种技术规程	荔枝高接换种技术研究	科研	华南农业大学	广州
41	晚熟优质荔枝综合技术集成与示范推广（2018 年）	优质荔枝示范推广	科研	华南农业大学	广州
42	PUF 蛋白 PIM90 调控荔枝霜疫霉卵孢子形成的机制	荔枝品种选育研究	科研	华南农业大学	广州
43	荔枝霜疫霉果胶裂解酶的功能和作用机制研究	荔枝新品种选育	科研	华南农业大学	广州
44	荔枝龙眼主要病虫害绿色防控技术的建立与示范推广	荔枝病虫害防治技术研究	科研	华南农业大学	广州

序号	项目名称	主要建设内容	项目类型	项目建设单位	建设地点
45	辣木、荔枝新技术推广示范与产业服务支持	荔枝新品种示范与推广	科研	华南农业大学	广州
46	荔枝省力化栽培技术集成与示范	荔枝高效栽培技术研究	科研	东莞市农业科学研究中心	广州
47	促进荔枝产业振兴品种结构优化规划	荔枝品种优化	科研	华南农业大学	广州
48	晚熟优质荔枝综合技术集成与示范推广（2019年）	优质荔枝示范推广	科研	农业农村部农垦局	广州
49	国家荔枝龙眼产业体系	采后贮藏与保鲜	科研	华南农业大学	广州
50	国家荔枝龙眼产业体系	荔枝龙眼加工	科研	华南农业大学	广州
51	荔枝龙眼采后保质增值贮藏节能技术与装备	荔枝龙眼采后保质增值	科研	华南农业大学	广州
52	荔枝干制过程中基于不同键合力的蛋白/多糖复合形成及其生物活性调控机制	荔枝干制过程调控机制	科研	华南农业大学	广州
53	漆酶在荔枝果皮单宁缩合及果皮褐变中的作用	荔枝新产品研发	科研	华南农业大学	广州
54	荔枝气调贮藏保鲜热质耦合机理与环境自寻优协同调控模型	采后保鲜制备技术研究	科研	华南农业大学	广州
55	广州市从化华隆果菜保鲜有限公司合作	采后保鲜制备技术研究	科研	广州市从化华隆果菜保鲜有限公司	广州
56	惠阳区中荔出口荔枝省级产业园规划编制	荔枝出口产业发展规划	科研	广东中荔农业科技有限公司	广州
57	荔枝等农产品出口保鲜新技术研发	荔枝出口保鲜技术研发	科研	广东富易农产品有限公司	广州

续表

序号	项目名称	主要建设内容	项目类型	项目建设单位	建设地点
58	基于内外协同的荔枝保鲜包装微环境多目标调控机理研究	采后保鲜制备技术研究	科研	华南农业大学	广州
59	荔枝酒酒精度快速检测及发酵过程酒精度实时监测研究	荔枝新产品研发	科研	广州标旗光电科技发展股份有限公司	广州
60	荔枝低温联合脱水加工技术的研究	荔枝脱水加工技术研究	科研	惠州市四季鲜绿色食品有限公司	广州
61	木质素聚合反应在采后荔枝龙眼果皮褐变中的作用	木质素聚合反应在采后荔枝龙眼果皮褐变中的作用	科研	华南农业大学	广州
62	采后荔枝果实褐变的"心路历程"	采后荔枝果实褐变相关研究	科研	华南农业大学	广州
63	荔枝果品质量评价	荔枝果品质量评价	科研	农业农村部农垦局	广州
64	荔枝采摘机器人与种植关键技术	荔枝采摘关键技术研究	科研	惠州市惠阳区镇隆山顶村荔枝专业合作社	广州
65	优质半干荔枝的制备技术研究与示范	采后保鲜制备技术研究	科研	惠州市四季鲜绿色食品有限公司	广州
66	国家荔枝龙眼产业体系	果园生产机械化	科研	华南农业大学	广州
67	国家荔枝龙眼产业体系	荔枝产业经济	科研	华南农业大学	广州
68	荔枝产业农机农艺融合技术与装备研发	荔枝产业农机农艺融合技术与装备研发	科研	华南农业大学	广州
69	荔枝产业攻关示范项目	荔枝产业攻关示范	科研	广东省农科院	广州
70	从化荔枝农技推广科技服务平台	荔枝农技推广科技服务平台建设	科研	华南农业大学	广州
71	基于物联网的荔枝全产业链高效管理	荔枝产业链大数据管理	科研	华南农业大学	广州
72	荔枝保护条例宣贯	荔枝保护条例宣贯	科研	华南农业大学	广州
73	新兴县荔枝产业发展规划	荔枝产业发展规划	科研	华南农业大学	广州

序号	项目名称	主要建设内容	项目类型	项目建设单位	建设地点
74	空地一体化荔枝生长精准管控关键技术	荔枝生长精准管控关键技术研究与示范	科研	华南农业大学	广州
75	荔枝产业信息分析与研究（2018年）	荔枝产业信息分析与研究	科研	华南农业大学	广州
76	荔枝智慧果园技术支撑与推广示范	荔枝智慧果园技术与推广	科研	农业农村部农垦局	广州
77	广东特色小宗作物用药登记开发	选择广东省主要特色小宗作物品种，如荔枝开展农药登记试验	科研	广东省农科院	广州
78	共建仙村小镇和仙进奉荔枝产业园	仙村小镇和仙进奉荔枝产业园共建	科研	广州市增城区仙村镇政府	增城
79	技术合作协议（从化荔枝"双创"项目）	荔枝新品种示范与推广	科研	广州市从化区农业农村局	从化
80	20个荔枝品种果实营养成分及储藏性	荔枝保险技术研究	科研	东莞植物园	东莞
81	西荔王生态农业有限公司科技合作	荔枝产业园共建	科研	阳西县西荔王生态农业有限公司	阳西
82	阳西县西荔王生态农业有限公司科技合作	荔枝产业园共建	科研	阳西县西荔王生态农业有限公司	阳西
83	阳西县西荔王生态农业有限公司科技合作	荔枝产业园共建	科研	阳西县西荔王生态农业有限公司	阳西
84	"互联网＋荔枝龙眼"全生命周期的绿色生态产品孵化平台建设	荔枝产品孵化平台建设	科研	惠州市惠阳区镇隆山顶村荔枝专业合作社	惠州
85	巨大荔枝专用肥料	荔枝肥料研究	科研	博罗县农业技术推广中心	博罗
86	广东省茂名市国家荔枝种质资源圃	建安工程，田间工程，仪器设备	科研	茂名市水果科学研究所	茂名
87	茂名市荔枝国家现代农业产业园	广东省茂名市国家荔枝种质资源圃项目建设	科研	茂名市水果科学研究所	茂名

序号	项目名称	主要建设内容	项目类型	项目建设单位	建设地点
88	荔枝高枝换接新品种试验	高枝换接8个新品种生产试验，计划筛选2~3个新优品种	科研	广东农垦热带作物科学研究所	电白
89	荔枝新品种引进试验示范基地建设	引进岭丰糯、井岗红糯和仙进奉等优质荔枝新品种，筛选适宜潮州发展的新品种，建立采穗圃，并加以示范	科研、生产	潮州市果树研究所	饶平县

附表4：2015~2020年广东荔枝品牌塑造类项目汇总

一、拟建项目

序号	项目名称	主要建设内容	项目类型	项目建设单位	建设地点
1	广东省智慧果园（荔枝）建设标准	编制智慧果园（荔枝）标准规范	品牌营销	广东省现代农业装备研究所	广州
2	实施全面营销行动，促进产销有效对接	拓展荔枝销售市场，实施品牌强荔战略，强化荔枝果品质量安全监管	品牌营销	惠来县农业农村局	惠来
3	2021年惠州市第二届东坡荔枝文化节	品牌宣传和线上线下营销活动	品牌营销	惠州市农业农村局	惠州
4	标准化管理技术制定与培训	荔枝管理标准化、荔枝产品质量标准、管理技术培训等技术提升工程	品牌营销	陆丰市农业农村局	陆丰
5	与"一亩田"建立合作协议	帮助陆丰建设荔枝等农产品线上线下销售；组建产业和销售联盟；提升陆丰荔枝品牌打造	品牌营销	"一亩田"农业公司	陆丰
6	区域公共品牌创建	创建区域公共品牌，扩大江东新区农产品对外影响力和竞争力	品牌营销	紫金县古竹满山红荔枝种植专业合作社	紫金
7	建设销区市场体系和荔枝品牌宣传	建设销区市场和交流合作平台、荔枝观光休闲采摘及品牌宣传	品牌营销	廉江市兴旺农业发展有限公司	廉江

序号	项目名称	主要建设内容	项目类型	项目建设单位	建设地点
8	"廉江妃子笑"荔枝公共品牌建设	打造"廉江妃子笑"荔枝公共品牌并进行宣传，申请"廉江妃子笑"荔枝地理标志	品牌营销	廉江市荔枝协会	廉江
9	拓展荔枝销售市场	对接网销平台及扩展北方市场	贸易流通	廉江市富超合作社	廉江市河唇镇
10	荔枝溯源服务中心建设项目	实现在荔枝果品生产、加工、包装、运输、贮藏及市场销售等各个环节溯源	质量安全追溯	广东省农业科学院	广州
11	"茂名荔枝"区域公用品牌推广	媒体宣传、补贴制包装箱等	流通	茂名市农业农村事务中心	茂南
12	乌洋电商基地建设	发展电商	流通、营销	乌洋水果专业合作社	饶平县新塘镇乌洋村
13	区域公用品牌建设	建设区域公共品牌，扩大新兴香荔对外影响力和竞争力	品牌	新兴县农业农村局	新兴
14	品牌培育项目	重点培育1个县域区域公用品牌、2个知名产品品牌10个"新三品"核心企业	品牌	高州市农业农村局	高州
15	品牌培育项目	重点培育1个县域区域公用品牌、4个知名产品品牌和5个"新三品"核心企业	品牌	茂名市农业农村局	电白
16	品牌培育项目	重点培育1个县域区域公用品牌、1个知名产品品牌	品牌	信宜市农业农村局	信宜
17	品牌培育项目	重点培育1个县域区域公用品牌、3个知名产品品牌	品牌	阳江市农业农村局	阳东
18	品牌培育项目	重点培育1个县域区域公用品牌、2个知名产品品牌和5个"新三品"核心企业	品牌	阳西县农业农村局	阳西
19	品牌培育项目	重点培育1个县域区域公用品牌、3个知名产品品牌和5个"新三品"核心企业	品牌	廉江市农业农村局	廉江
20	品牌培育项目	重点培育1个县域区域公用品牌、1个知名产品品牌和3个"新三品"核心企业	品牌	广州市农业农村局	从化

续表

序号	项目名称	主要建设内容	项目类型	项目建设单位	建设地点
21	品牌培育项目	重点培育 1 个县域区域公用品牌、1 个知名产品品牌	品牌	广州市农业农村局	增城
22	品牌培育项目	重点培育 2 个县域区域公用品牌、5 个知名产品品牌和 4 个"新三品"核心企业	品牌	东莞市农业农村局	东莞
23	品牌培育项目	重点培育 1 个县域区域公用品牌、1 个知名产品品牌和 2 个"新三品"核心企业	品牌	惠来县农业农村局	惠来
24	品牌培育项目	重点培育 1 个县域区域公用品牌、1 个知名产品品牌	品牌	陆丰市农业农村局	陆丰
25	品牌培育项目	重点培育 1 个县域区域公用品牌、1 个知名产品品牌	品牌	郁南县农业农村局	郁南
26	新兴香荔高产稳产优质示范基地建设	电子商务建设等	品牌营销	新兴县水果生产协会	新兴
27	"一村一品、一镇一业"项目	基础设施建设，品牌打造	品牌营销	徐闻县青果农业有限公司	徐闻
28	"广东荔枝"品牌专卖店建设项目	建设一批集冷藏、冷链运输配送于一体的"广东荔枝"品牌专卖店	营销	荔枝企业	北京
29	"广东荔枝"品牌专卖店建设项目	建设一批集冷藏、冷链运输配送于一体的"广东荔枝"品牌专卖店	营销	荔枝企业	上海
30	"广东荔枝"品牌专卖店建设项目	建设一批集冷藏、冷链运输配送于一体的"广东荔枝"品牌专卖店	营销	荔枝企业	杭州
31	"广东荔枝"品牌专卖店建设项目	建设一批集冷藏、冷链运输配送于一体的"广东荔枝"品牌专卖店	营销	荔枝企业	重庆
32	"广东荔枝"品牌专卖店建设项目	建设一批集冷藏、冷链运输配送于一体的"广东荔枝"品牌专卖店	营销	中荔集团	香港、澳门

二、已建项目

项目名称	主要建设内容	项目类型	项目建设单位	建设地点
荔枝龙眼品牌宣传与打造项目	荔枝龙眼品牌推荐	品牌营销	博罗县水果办	博罗

三、在建项目

序号	项目名称	主要建设内容	项目类型	项目建设单位	建设地点
1	"茂名荔枝"宣传项目（固定牌坊宣传）	公共区域品牌打造	品牌营销	茂名市缤纷广告装潢有限公司	茂名
2	"茂名荔枝"区域公用品牌提升项目	公共区域品牌打造	品牌营销	南方农村报社	茂名
3	"茂名荔枝"区域公用品牌广告宣传	公共区域品牌打造	品牌营销	北京天工金铭广告有限公司	茂名
4	技术推广示范及品牌宣传推广项目	举办培训次数不少于2次，人次不少于200人，印发资料不少于500份	品牌营销	茂名市水果科学研究所	茂名
5	技术推广示范及品牌宣传推广项目	举办培训次数不少于2次，人次不少于200人，印发资料不少于500份	品牌营销	茂名市水果局	茂名
6	技术推广示范及品牌宣传推广项目	组织举办展示、推介和推广活动2次	品牌营销	茂名市水果电子商务协会	茂名
7	"茂名荔枝"区域公用品牌广告宣传	公共区域品牌打造	品牌营销	北京中视金禾文化传播有限公司	茂名
8	产业园创建成果宣传项目	公共区域品牌打造	品牌营销	茂名市广播电视台	茂名
9	"茂名荔枝"区域公用品牌宣传	公共区域品牌打造	品牌营销	高州市铭珠包装制品有限公司	高州
10	粤西农批荔枝特色品牌电子商务平台	荔枝旅游信息推广	观光休闲	茂名市中晟实业有限公司	电白
11	湛川荔枝	公共区域品牌打造	品牌营销	遂溪县湛川河谷荔枝种植专业合作社	遂溪

附表5：2015～2020年广东省荔枝文化旅游类项目汇总

一、拟建项目

序号	项目名称	主要建设内容	项目类型	项目建设单位	建设地点
1	荔枝文化公园荔枝设施设备建设项目	建设荔枝文化公园	观光	广州市增城孝廉家庭农场	增城

序号	项目名称	主要建设内容	项目类型	项目建设单位	建设地点
2	电白荔枝公园后续建设	荔枝公园后续建设	观光	茂名市电白区文化广电旅游局	电海街道办、电白区荔枝公园
3	电白古荔贡园后续建设	荔枝加工厂、园区道路建设、园区美化、观光玻璃渠、空中缆车、贡园宾馆、饮食园	观光	上河经济联合社	电白古荔贡园
4	智慧园升级	智慧农业拓展教育中心（多功能）含监控室	观光	茂名市果旺生态农业有限公司	电白旦场镇
5	茂名市电白区家劲种养专业合作社示范园升级	储水灌溉水塘、观光人行道、荔枝品牌观光亭、电白荔枝牌坊、荔枝分拣收购中心	观光	茂名市电白区家劲种养专业合作社	电白林头
6	茂名市电白区麻岗镇源丰果场示范园升级	示范园基础建设	观光	茂名市电白区麻岗镇源丰果场	电白麻岗
7	荔枝文化长廊	荔枝文化宣传	观光	马头岭荔枝种植专业合作社	茂南
8	荔枝特色养生养老项目	荔枝示范产业园区养生养老设施建设	荔枝产业结合养生养老	茂名市茂南区山阁镇霞池乡果品有限公司	山阁镇白花果园
9	荔枝博物馆	禄段贡园荔枝博物馆	观光	广东润物农业投资有限公司	禄段贡园
10	荔枝文化苑	荔枝文化旅游	观光	广东润物农业投资有限公司	禄段贡园
11	新兴香荔乡村振兴融合发展项目	建设新兴香荔休闲公园，打造休闲、采摘一体化公园等	科研、生产、观光	新兴县新荔种植专业合作社	新兴
12	荔枝观光休闲产业建设	荔枝销售、观光基础设施建设等	生产、观光	陆河县河口飞鹏种养专业合作社	陆河
13	荔枝观光休闲产业建设	荔枝销售、观光基础设施建设等	生产、观光	陆河县联发荔枝种植专业合作社	陆河
14	徐闻县荔枝休闲采摘园	荔枝销售、观光基础设施建设等	种植、农旅结合	徐闻县春绿农业种养有限公司	城北乡大黄村

序号	项目名称	主要建设内容	项目类型	项目建设单位	建设地点
15	徐闻县正茂荔枝休闲观光农庄	荔枝销售、观光基础设施建设等	种植、农旅结合	徐闻县正茂蔬菜种植有限公司	城北乡大黄村
16	观光旅游荔枝基地建设	水、电、道路建设及机械设备购买	观光	廉江市展望家庭农场	廉江良垌镇
17	观光休闲荔枝基地建设	建设观光休闲荔枝基地200亩	观光	廉江市新民新桂水果专业合作社	廉江新民镇
18	百年荔枝老树资源保护	对百年荔枝老树资源进行保护	观光	待定	惠东
19	新兴县国恩寺古荔枝树资源保护	古荔枝树资源保护	观光	新兴县农业农村局	新兴
20	荔枝特色小镇建设项目	在黎少镇等荔枝种植面积大的乡镇建设荔枝特色小镇	观光	罗定市农业农村局	罗定
21	荔枝主题旅游线路建设项目	推出荔枝主题旅游线路	观光	罗定市农业农村局	罗定
22	宝珠镇荔枝公园	完善基础设施，促进一二三产业融合发展	生产、观光	郁南县宝珠镇人民政府	郁南
23	荔枝特色小镇建设项目	建设黑叶荔枝特色小镇	观光	郁南县宝珠镇人民政府	郁南
24	荔枝主题旅游线路建设项目	推出荔枝主题旅游线路	观光	郁南县宝珠镇人民政府	郁南
25	禅荔休闲之旅	建设荔枝观光采摘旅游线路	旅游、品牌营销	新兴县农业农村局	新兴
26	郁南县荔枝产业南江文化之旅	建设荔枝产业与乡村旅游精品线路	旅游、品牌营销	郁南县农业农村局	郁南
27	荔枝科普教育主题公园	建设集示范、科普、采摘、观光于一体的荔枝主题公园	休闲	广垦（茂名）国家热带农业公园	化州
28	荔枝生态文化公园	建设荔枝生态文化公园	生产、观光	广东省水丰农场	电白
29	荔枝特色小镇建设项目	建设荔枝特色小镇	观光	汕头市农业农村局	潮南
30	荔枝特色小镇建设项目	建设荔枝特色小镇	观光	东莞市农业农村局	东莞

续表

序号	项目名称	主要建设内容	项目类型	项目建设单位	建设地点
31	荔枝特色小镇建设项目	建设荔枝特色小镇	观光	广州市农业农村局	从化
32	荔枝特色小镇建设项目	建设荔枝特色小镇	观光	广州市农业农村局	增城
33	荔枝特色小镇建设项目	建设荔枝特色小镇	观光	廉江市农业农村局	廉江
34	荔枝特色小镇建设项目	建设荔枝特色小镇	观光	电白县农业农村局	电白
35	荔枝特色小镇建设项目	建设荔枝特色小镇	观光	高州市农业农村局	高州
36	荔枝特色小镇建设项目	建设荔枝特色小镇	观光	新兴县农业农村局	新兴
37	荔枝特色小镇建设项目	建设荔枝特色小镇	观光	广州市农业农村局	黄埔
38	荔枝公园、荔枝博物馆建设项目	建设荔枝公园、荔枝博物馆	观光	广州市农业农村局	从化
39	荔枝公园、荔枝博物馆建设项目	建设荔枝公园、荔枝博物馆	观光	广州市农业农村局	增城
40	荔枝公园、荔枝博物馆建设项目	建设荔枝公园、荔枝博物馆	观光	东莞市农业农村局	东莞
41	荔枝公园、荔枝博物馆建设项目	建设荔枝公园、荔枝博物馆	观光	博罗县农业农村局	博罗
42	荔枝公园、荔枝博物馆建设项目	建设荔枝公园、荔枝博物馆	观光	阳西县农业农村局	阳西
43	荔枝公园、荔枝博物馆建设项目	建设荔枝公园、荔枝博物馆	观光	新兴县农业农村局	新兴
44	荔枝公园、荔枝博物馆建设项目	建设荔枝公园、荔枝博物馆	观光	惠来县农业农村局	惠来
45	荔枝主题旅游线路建设项目	推出荔枝主题旅游线路	观光	高州市农业农村局	高州
46	荔枝主题旅游线路建设项目	推出荔枝主题旅游线路	观光	电白县农业农村局	电白
47	荔枝主题旅游线路建设项目	推出荔枝主题旅游线路	观光	新兴县农业农村局	新兴
48	荔枝主题旅游线路建设项目	推出荔枝主题旅游线路	观光	广州市农业农村局	增城

续表

序号	项目名称	主要建设内容	项目类型	项目建设单位	建设地点
49	荔枝主题旅游线路建设项目	推出荔枝主题旅游线路	观光	广州市农业农村局	从化
50	荔枝主题旅游线路建设项目	推出荔枝主题旅游线路	观光	东莞市农业农村局	东莞
51	荔枝主题旅游线路建设项目	推出荔枝主题旅游线路	观光	博罗县农业农村局	博罗
52	荔枝主题旅游线路建设项目	推出荔枝主题旅游线路	观光	汕尾市农业农村局	汕尾
53	荔枝主题旅游线路建设项目	推出荔枝主题旅游线路	观光	惠来县农业农村局	惠来
54	千秋镇村荔枝公园、荔枝小镇	建设荔枝树主题公园	观光	葵潭镇千秋镇村	千秋镇村
55	建设产业载体，推进产业融合	实施三产融合行动，推动荔枝产业与休闲、旅游、文化融合发展	生产、加工、观光	惠来县兴阳农资专业合作社	惠来
56	全面营销行动，促进产销有效对接	荔枝市场、品牌宣传及质量安全监管	贸易流通	惠来县农业农村局	惠来

二、已建项目

序号	项目名称	主要建设内容	项目类型	项目建设单位	建设地点
1	步云果场荔枝观光休闲采摘	荔枝采摘园建设	生产、贸易流通、观光	广州市增城步云果场	增城
2	花田生态休闲农业公园	综合性荔枝文化生态公园建设	观光、其他	惠州市南丫塘花田生态休闲农庄有限公司	惠城
3	荔枝果园的建设	休闲观光采摘，辐射带动周边农户种植；管理荔枝果园、病虫害综合防控、稳产管理	种植、加工、观光	横沥镇盛源农场	惠城
4	荔枝标准化高效生态种植示范基地	休闲观光采摘，辐射带动周边农户种植	观光	紫金县满山红荔枝种植农民专业合作社	紫金
5	荔枝科普示范基地	打造荔枝主题，展现荔枝文化	观光	紫金县满山红荔枝种植农民专业合作社	紫金

序号	项目名称	主要建设内容	项目类型	项目建设单位	建设地点
6	根子荔枝文化广场	产业融合	观光	茂名市名园农业有限公司	高州
7	柏桥电商一条街	产业融合	观光	高州市丰盛食品有限公司	高州
8	荔枝休闲观光园（唐诗主题园）	产业融合	观光	高州市丰盛食品有限公司	高州
9	荔林观光栈道	产业融合	观光	茂名市名园农业有限公司	高州
10	黄竹塘荔枝工坊	产业融合	观光	高州市丰盛食品有限公司	高州
11	茂名羊角禄段贡园古荔枝树资源保护	500年以上古荔枝树信息二维码；深度挖掘农耕文化；开展古树有效保护	观光	广东润物农业投资有限公司	茂南
12	2019年"一村一品、一镇一业"项目	农旅结合项目	种植、农旅结合	迈陈镇郑妃梁家庭农场	徐闻

三、在建项目

序号	项目名称	主要建设内容	项目类型	项目建设单位	建设地点
1	增城区仙进奉荔枝产业园	产业园中关于文旅结合建设相关内容	观光	广州市仙基农业发展有限公司等	增城
2	2019年从化荔枝产业园	荔枝博览园建设	观光	广州市从化华隆果菜保鲜有限公司	从化
3	农业产业强镇项目	产业强镇中关于文化建设内容	观光	广州市从化华隆果菜保鲜有限公司	从化
4	2019年市级惠阳区镇隆镇景丽农业公园	打造一个果树种植、观光休闲、餐饮娱乐、科普示范、会议培训一体农业园区	观光	惠州市惠阳区镇隆镇景丽荔枝专业合作社	惠阳
5	荔枝庄园	建设荔枝主题庄园	观光	紫金县古竹满山红荔枝种植专业合作社	紫金
6	中国荔枝博览馆建设	建设荔枝博物馆	观光	高州市农业技术推广中心	高州

序号	项目名称	主要建设内容	项目类型	项目建设单位	建设地点
7	高州市柏桥贡园文化遗产保护项目	古荔枝树资源保护	观光	高州市丰盛食品有限公司	高州
8	高州市滩底贡园文化遗产保护项目	古荔枝树资源保护	观光	高州市云岭林果专业合作社	高州
9	茂名市国家现代农业产业园	荔枝旅游信息推广、荔枝电商服务中心	观光	高州市弘昊农业科技有限公司	高州
10	世界荔枝交易集散中心	建设世界最大交易中心，普及荔枝文化旅游	观光	茂名市中晟实业有限公司	电白
11	新河古荔贡园古荔枝树资源保护	古荔枝树资源保护	观光	茂名市电白区霞洞镇上河经济联合社	电白
12	荔枝国家现代农业产业园	古荔枝树资源保护	荔枝文化	茂名市电白区霞洞镇上河经济联合社	电白
13	电白区荔枝电商产品供应中心	荔枝旅游信息推广	观光	茂名市联力电子商务有限公司	电白
14	新兴县现代特色农业产业项目	推广性新兴县荔枝文化旅游	观光	新兴县新荔种植专业合作社	新兴
15	新兴香荔乡村振兴融合发展项目	建设新兴香荔休闲公园，打造休闲、采摘一体化公园等	观光	新兴县新荔种植专业合作社	新兴
16	茂名羊角禄段贡园古荔枝树资源保护	古荔枝树资源保护	观光	广东润物农业投资有限公司	茂南
17	农乡园扩建	水电、道路、基础设施	观光		廉江

附表6：2015～2020年广东荔枝基础设施建设类项目汇总

一、拟建项目

序号	项目名称	主要建设内容	项目类型	项目建设单位	建设地点
1	荔枝加工项目	荔枝深加工项目	加工	广东祺盛农业科技有限公司	阳东
2	荔枝冷链物流实施设备	保鲜与长途运输设备	保鲜与长途运输设备	紫金县满山红荔荔枝种植农民专业合作社	紫金

序号	项目名称	主要建设内容	项目类型	项目建设单位	建设地点
3	荔枝保鲜、产地初加工项目	荔枝初加工项目	加工流通	雅时园荔枝稀有品种专业合作社	博罗
4	惠东县多祝镇新联村"一村一品"项目	荔枝标准园、加工、荔枝公园三产融合建设	生产、加工、观光	惠州市新联村村集体合作联社	惠东
5	惠东县多祝镇大路村"一村一品"项目	荔枝标准园和加工项目	生产、加工	惠州市四季鲜绿色食品有限公司	惠东
6	标准化果园、示范园建设	标准化生产，配套加工设施完善的规模化荔枝标准园	生产、加工	惠州市果皇农业科技有限公司	惠阳
7	荔枝深加工技术提升及品牌推广	提升加工能力及产品品质，衍生新技术新产品，通过线上线下形式进行品牌推广等	加工	广东祯州集团有限公司	惠州
8	升级荔枝深加工	建设荔枝发酵车间	深加工	潮州市湘桥区韩汕源酒厂	磷溪芦庄村
9	设备购置	购置荔枝发酵罐	深加工	潮州市湘桥区韩汕源酒厂	磷溪芦庄村
10	冷链物流	荔枝预冷，贮存运输	流通	马头岭荔枝种植专业合作社	茂南
11	荔枝深加工	烘干，深加工	加工	马头岭荔枝种植专业合作社	马头岭示范园区
12	新兴香荔高产稳产优质示范基地建设	保鲜、电子商务建设等	加工、贸易流通	新兴县东成镇二哥荔枝场	新兴
13	汕尾市荔枝加工生产线建设	加工	加工	汕尾市家乡味农产品有限公司	陆丰
14	陆丰市荔枝加工厂	建设粤东荔枝加工厂，占地面积4万平方米，总投入资金8800万元	加工	陆丰市碣石金乐业蜜果厂	陆丰
15	荔枝加工生产线建设	购买荔枝预冷、清洗、挑选生产线，荔枝称重包装设备等	加工	廉江市兴旺农业发展有限公司	廉江
16	分拣/包装/预冷设备及电商建设	冷链物流系统、分拣设备、田头冷库等5亩	加工	廉江市农创优品种养专业合作社	廉江

序号	项目名称	主要建设内容	项目类型	项目建设单位	建设地点
17	荔枝分拣生产线建设	建设荔枝分拣生产线一条	生产	廉江市青平绿发荔枝专业合作社	廉江
18	高质量冷藏技术提升工程	扩大田头冷库容量	生产	廉江市新民新桂水果专业合作社	廉江新民镇
19	荔枝烘干加工	购买荔枝烘干设备	生产	廉江市新民新桂水果专业合作社	廉江新民镇
20	荔枝冷库	2000立方米	贸易流通	遂溪县湛川河谷荔枝种植专业合作社	遂溪
21	遂溪县界炮镇江头村荔枝冷库建设	6000立方米	贸易流通	湛江市铭景农业发展有限公司	遂溪
22	荔枝果酒生产	建设荔枝果酒生产线与开展品牌建设	荔枝果酒开发与品牌宣传	广东巴伦比酒业有限公司	郁南
23	荔枝烘干加工项目	建设荔枝烘干生产线	荔枝加工流通	广东荔园食品有限公司	新兴
24	荔枝烘干加工项目	建设荔枝烘干生产线	荔枝加工流通	郁南县宝珠镇汝强荔枝种植销售专业合作社	郁南
25	荔枝冷藏配送项目	建设荔枝冷库、购置冷藏车辆	荔枝冷藏、配送、物流	郁南县宝珠镇汝强荔枝种植销售专业合作社	郁南
26	云座农场农产品冷藏库项目	建设冷库土建工程、购置冷链配套设备、购置制冷机组、包装、保鲜、加工、冷冻冷藏、冷链运输等设施设备	冷藏、配送、物流	新兴县锦和味稻农业科技有限公司	新兴新城镇
27	荔枝产地初加工项目	建设产地初加工项目5个	加工	龙头企业、合作社	茂名
28	荔枝产地初加工项目	建设产地初加工项目2个	加工	龙头企业、合作社	广州
29	荔枝产地初加工项目	建设产地初加工项目2个	加工	龙头企业、合作社	阳江
30	荔枝产地初加工项目	建设产地初加工项目3个	加工	龙头企业、合作社	惠州
31	荔枝产地初加工项目	建设产地初加工项目3个	加工	龙头企业、合作社	湛江

续表

序号	项目名称	主要建设内容	项目类型	项目建设单位	建设地点
32	荔枝产地初加工项目	建设产地初加工项目2个	加工	龙头企业、合作社	揭阳
33	荔枝产地初加工项目	建设产地初加工项目2个	加工	龙头企业、合作社	汕尾
34	荔枝深加工项目	建设荔枝精深加工生产线2条	加工	龙头企业	茂名
35	荔枝深加工项目	建设荔枝精深加工生产线1条	加工	龙头企业	广州
36	荔枝深加工项目	建设荔枝精深加工生产线2条	加工	龙头企业	阳江
37	荔枝深加工项目	建设荔枝精深加工生产线1条	加工	龙头企业	惠州
38	荔枝深加工项目	建设荔枝精深加工生产线2条	加工	龙头企业	湛江
39	荔枝深加工项目	建设荔枝精深加工生产线1条	加工	龙头企业	揭阳
40	荔枝深加工项目	建设荔枝精深加工生产线1条	加工	龙头企业	汕尾

二、已建项目

序号	项目名称	主要建设内容	项目类型	项目建设单位	建设地点
1	荔枝示范基地设施建设项目	电商平台建设	生产、贸易流通	广州市汇强农业发展有限公司	增城
2	年丰荔枝园设施设备建设	电商平台建设	生产、贸易流通	广州市年丰果业有限公司	增城
3	步云果场荔枝品种改良	电商平台建设	贸易流通、观光休闲	广州市增城步云果场	增城
4	茗通果场设施设备改造建设	电商平台建设	生产、贸易流通	广州市增城茗通果场	增城
5	从化区荔枝绿色高产高效创建项目		生产、加工	广州市从化区农业农村局	从化

续表

序号	项目名称	主要建设内容	项目类型	项目建设单位	建设地点
6	农业龙头企业能力提升项目	万吨鲜果加工基地建设（三期）	加工	广州市佳荔干鲜果食品有限公司	从化
7	农业龙头企业能力提升项目	年产 1000 吨荔枝养生果酒系列产品高质化技术创新示范	加工	广州市从化顺昌源绿色食品有限公司	从化
8	荔枝绿色高产高效品牌创建示范推广	荔枝采后保鲜加工物流配送中心	加工	广州市从化华隆果菜保鲜有限公司	从化
9	从化区岭南佳果良种试验示范基地		加工	广州市从化李根水果专业合作社	从化
10	荔枝绿色高产高效品牌创建示范推广项目	荔枝干加工配送中心	加工	广州市从化佳荔干鲜果有限公司	从化
11	农业龙头企业能力提升项目	富易荔枝保鲜加工项目	加工	佛山市富易食品有限公司	高明
12	农业龙头企业能力提升项目	真空冻干机蒸汽漂烫机、气浴式冷却机热泵烘干机	加工	广东祺盛农业科技有限公司	阳东
13	农业龙头企业能力提升项目	荔枝初加工建设	加工	新洲镇兴农果蔬生产专业合作社	阳东
14	农业龙头企业能力提升项目	农业龙头企业能力提升项目	加工	广东祺盛农业科技有限公司	阳东
15	农业龙头企业能力提升项目	购置生产加工设施设备、加工污水处理设施，无菌玻璃晒场扩建	加工	广东阳江八果圣食品有限公司	阳江
16	农业龙头企业能力提升项目	荔枝深加工技术改造项目	加工	广东祯州集团有限公司	惠城
17	荔枝果园的建设	管理荔枝果园、病虫害综合防控、稳产管理	种植、加工、观光	横沥镇盛源农场	惠城
18	2016 年荔枝标准示范园创建项目	完善果园农业机械、品牌建设等	生产、加工、流通、观光	惠东县荔龙种养专业合作社	惠东
19	2018 年市级扶持荔枝加工流通发展	荔枝果酱的加工和包装	加工	惠东县华宝农业发展有限公司	惠东

序号	项目名称	主要建设内容	项目类型	项目建设单位	建设地点
20	农业龙头企业能力提升项目	建设350吨的生产线一条，购置必要配套设施设备，制定农产品加工工艺规程	加工	惠州市四季鲜绿色食品有限公司	惠东
21	2015年荔枝龙眼加工流通发展项目	扶持荔枝龙眼流通	加工、贸易、观光	惠东县南溪文晖农业发展有限公司	惠东
22	广东省2018年支持适度规模经营项目	建设田头冷库、溯源体系建设、品牌宣传等	生产、加工	惠州市惠阳区农业农村和水利局	惠阳
23	农业龙头企业能力提升项目	优质荔枝自动化加工项目	加工	惠州市惠阳区镇隆山顶村荔枝专业合作社	惠阳
24	2017年荔枝果干、果粒深加工项目	荔枝烘干生产线建设	加工	惠州农顶顶投资有限公司	惠阳
25	惠州荔枝龙眼电子商务服务平台	电商平台建设	贸易流通	惠州市惠大种养专业合作联社	惠阳
26	农业龙头企业能力提升项目	购置必需的加工、包装设施设备及包装材料等	加工	惠州市双成利食品有限公司	惠州
27	2018年省级荔枝特色农产品优势区创建	扶持荔枝加工升级、标准化种植基地品牌宣传等	生产、加工	惠州市农业农村局	惠州
28	2016年扶持荔枝龙眼初加工、深加工	荔枝酒深加工生产线	加工	广东祯州荔枝产业股份有限公司	惠州
29	2018年扶持荔枝龙眼加工流通发展	荔枝干烘干加工生产线	加工	博罗县光华食品加工企业	博罗
30	2016年扶持荔枝龙眼加工流通发展	荔枝干晒干加工生产线	加工	博罗县为民光华农产品专业合作社	博罗
31	扶持荔枝龙眼流通中发展项目	电商平台设施建设	电商平台建设	博罗县一诺农业有限公司	博罗
32	扶持荔枝龙眼流通中发展项目	电商平台设施建设	电商平台建设	博罗县金巢电子商务有限公司	博罗
33	扶持荔枝龙眼流通中发展项目	电商平台设施建设	电商平台建设	博罗县汇农商贸有限公司	博罗

续表

序号	项目名称	主要建设内容	项目类型	项目建设单位	建设地点
34	扶持荔枝龙眼流通中发展项目	电商平台设施建设	电商平台建设	博罗县福波商贸连锁有限公司	博罗
35	农业龙头企业能力提升项目	荔枝加工关键技术研发提升与规模化生产	加工	高州市燊马生态农业发展有限公司	高州
36	农业龙头企业能力提升项目	荔枝保鲜与干制加工（满山红）	加工	紫金县满山红荔枝种植农民专业合作社	河源
37	田头冷库	2075.3立方米	贸易流通	湛江市铭景农业发展有限公司	湛江
38	农业龙头企业能力提升项目	建设荔枝收购、分拣、清洗处理、烘干后半成品储存（冷却）车间	加工	廉江市新民新桂水果专业合作社	廉江
39	农业龙头企业能力提升项目	采用冻干技术扩大荔枝精深加工量建设项目	加工	茂名市泽丰园农产品有限公司	茂名
40	农业龙头企业能力提升项目	扩建年产千吨荔枝果酒加工生产线、购置设施设备等	加工	广东荔宝酿酒有限公司	汕头
41	农业龙头企业能力提升项目	汕尾市吉发食品荔枝醋酿造设施升级及生产线扩建	加工	汕尾吉发食品有限公司	汕尾
42	农业龙头企业能力提升项目	生产车间、高温冷库、环保建设、生产设施设备等	加工	新兴县天绿食品有限公司	新兴
43	农业龙头企业能力提升项目	加工生产线及生产设备改造、原辅材料、燃料动力、培训、测试等	加工	广东十二岭酒业有限公司	郁南

三、在建项目

序号	项目名称	主要建设内容	项目类型	项目建设单位	建设地点
1	增城区仙进奉荔枝产业园	产业园配套相关	全产业链	广州市仙基农业发展有限公司等	增城
2	仙基农业荔枝生产基地建设	电商平台建设	生产、贸易流通	广州市仙基农业发展有限公司	增城
3	2020年从化荔枝产业园	产业园建设相关	加工	广州市佳荔干鲜果食品有限公司	从化

续表

序号	项目名称	主要建设内容	项目类型	项目建设单位	建设地点
4	从化区岭南佳果良种试验示范基地	加工设备升级建设项目	生产、加工	广州市从化华隆果菜保鲜有限公司	从化
5	2020年从化荔枝产业园	产业园建设相关	加工	广州市从化华隆果菜保鲜有限公司	从化
6	2020年从化荔枝产业园	产业园建设相关	加工	广州市从化顺昌源绿色食品有限公司	从化
7	农业产业强镇项目	加工保鲜技术与设备提升项目	加工	广州市从化先一水果专业合作社	从化
8	农业产业强镇项目	加工保鲜技术与设备提升项目	生产	广州莲心农业生态有限责任公司	从化
9	农业产业强镇项目	建设荔枝检测中心	加工	广州市佳荔干鲜果食品有限公司	从化
10	农业产业强镇项目	加工保鲜设施设备提升项目	加工	广州市从化李根水果专业合作社	从化
11	农业产业强镇项目	糯米糍加工保鲜与冷链运输设备提升项目	加工	广州钱岗糯米糍荔枝专业合作社	从化
12	农业产业强镇项目	加工保鲜设备提升项目	加工	广州市从化星群水果专业合作社	从化
13	农业产业强镇项目	加工保鲜设备提升项目	加工	广州市甘之果家庭农场	从化
14	从化区岭南佳果良种试验示范基地	基地设施设备提升建设	生产	广州市晟源农业发展有限公司	从化
15	荔枝加工（"一村一品"）	零下18度冷库速冻机	加工	广东祺盛农业科技有限公司	阳东
16	省级荔枝产业园	产业园相关建设	加工、物流	阳西县西荔王果蔬合作社	阳西
17	荔枝"双创"	荔枝"双创"相关建设	加工、物流	阳西县西荔王果蔬合作社	阳西
18	2019年"一村一品、一镇一业"项目	扶持荔枝加工生产线升级、品牌宣传等	生产、加工	惠州市日辉农业发展有限公司	惠东
19	荔枝酒厂项目	荔枝酒深加工	加工	博罗县山前荔枝专业合作社	博罗

序号	项目名称	主要建设内容	项目类型	项目建设单位	建设地点
20	电白意顺食品荔枝精深加工项目	荔枝精深加工项目	加工	电白意顺食品有限公司	电白
21	茂名荔枝综合精深加工中心项目	荔枝精深加工项目	加工	广东泽丰园农产品有限公司	电白
22	高州荔枝仓储加工物流园	农业设施	加工、物流	茂名新竣实业投资有限公司	高州
23	东方村集约式加工长坊	农业设施	生产、加工	茂名新竣实业投资有限公司	高州
24	东方村（水果加工专业村）提升项目	农业设施	加工	茂名新竣实业投资有限公司	高州
25	农产品加工企业扶持项目	农业设施	加工	高州市丰盛食品有限公司	高州
26	柏桥新农产品交易市场	农业设施	加工	高州市丰盛食品有限公司	高州
27	农产品销售一条街提升项目	产业融合	加工、物流	茂名新竣实业投资有限公司	高州
28	冷链仓储	农业设施	加工、物流	高州市铭景农业发展有限公司	高州
29	交易市场提升项目	农业设施	加工、物流	高州市丰盛食品有限公司	高州
30	预冷设备	农业设施	加工、物流	高州市晟丰水果专业合作社	高州
31	冷链销售体系建设	优质早熟荔枝示范基地建设、荔枝冷藏、包装销售、销售平台建设	冷藏、包装、销售	雷州市赴源农业发展有限公司	雷州
32	荔枝产业	农业设施	加工	汕尾市隆兴源现代农业科技有限公司	汕尾
33	湛川河谷荔枝	荔枝集中收购场所（钢构大棚）	贸易流通	遂溪县湛川河谷荔枝种植专业合作社	遂溪
34	新兴县现代特色农业产业项目	加工包装储存区建设等	加工、物流	新兴县新荔种植专业合作社	新兴

参考文献：

［1］关于印发广东荔枝产业高质量发展三年行动计划（2021—2023 年）的通知［EB/OL］. http：//dara. gd. gov. cn/gkmlpt/content/3/3164/post_3164871. html#1603.

［2］广东省人民代表大会常务委员会. 广东省荔枝产业保护条例［EB/OL］. http：//www. gdrd. cn/pub/gdrd2012/gdrdfb/ggtz/201702/t20170206_155546. html.

［3］广东印发《关于进一步加强广东农产品 "12221" 市场体系建设工作的通知》［EB/OL］. http：//dara. gd. gov. cn/nyyw/content/post_3559457. html.

［4］麦倩明，张子煜. 踏平坎坷成大道——2021 广东荔枝季圆满收官［N］. 南方农村报，2021 – 07 – 19.

［5］省农业农村厅. 关于进一步推动我省荔枝市场营销与 "520 消费" 活动有效对接工作的通知［EB/OL］. http：//dara. gd. gov. cn/tzgg2272/content/post_2390645. html.

［6］省农业农村厅. 关于扎实推进 2021 年我省荔枝出口工作的通知［N］. 南方日报，2021 – 07 – 08.